Les Sciences
mystérieuses

COULOMMIERS
Imprimerie PAUL BRODARD.

Les Sciences mystérieuses

*LES LIGNES DE LA MAIN
L'ÉCRITURE — LA PHYSIONOMIE
L'ÉTUDE DE LA TÊTE
LES SECRETS DES CARTES*

ÉTUDE NOUVELLE
ILLUSTRÉE DE PLUS DE CINQ CENTS DOCUMENTS
(FIGURES ET AUTOGRAPHES)

DESLINIÈRES, ÉDITEUR
8, rue de Chantilly, Paris.
M DCCC XCIX

AVANT-PROPOS

Chercher à se connaître, à connaître les autres, s'efforcer de pénétrer les secrets de l'inconnu, de soulever le voile de l'avenir, telle a été de tout temps la préoccupation des hommes.

Les Grecs avaient écrit au fronton du temple d'Apollon cette vieille divise : « Connais-toi toi-même », le fondement de toute leur philosophie. Un auteur latin résumait aussi l'éternel souci de tous ses contemporains et de toute l'humanité en général : « Je suis homme, et rien de ce qui touche à l'homme ne m'est étranger ». Montaigne disait au xvi⁰ siècle avec cette langue savoureuse qui lui est particulière : « L'étude la plus agréable, la plus divertissante est de mettre à nu l'âme des autres », et au xviii⁰ siècle Lavater écrivait : « C'est de tous le spectacle le plus digne d'être vu et l'homme est le spectateur le plus digne de voir ». Chaque individu est un mystère, nous le savons tous, et bien souvent l'homme est à lui-même le mystère le plus impénétrable.

Aussi tout ce qui peut donner une connaissance approfondie et sûre de ce qui touche à l'humanité est le bienvenu pour nous. Passe-temps, délassement peut-être, mais au fond désir ardent de satisfaire ce besoin tout psychologique d'observer le jeu des facultés d'une âme, le développement d'un caractère. C'est cette recherche si humaine, si estimable, de la vérité que les trois premières parties de ce livre viennent aider.

L'étude des lignes de la main offre un moyen presque infaillible de connaître l'esprit, le caractère, le tempérament des autres ; on n'a même pas négligé quelques conseils pratiques qui, mis en usage, permettront d'éviter des maladresses et de s'assurer l'estime et la sympathie des personnes avec qui l'on est en relations. Rien n'est infaillible ici-bas ; bien des données pourront tromper, bien des signes sembler inconciliables avec ce que l'on sait ; mais les personnes mêmes qui n'ajoutent aucune foi à toutes ces prédictions trouveront dans cette première partie une source inépuisable de distractions pour elles et leurs amis. Elles pourront du reste étudier dans les chapitres du livre consacrés à la Graphologie une manière plus scientifique, mais peut-être aussi amusante de se renseigner sur ceux qui les entourent.

Personne ne nie en effet que l'écriture soit l'expression vivante du caractère et de l'esprit ; les graphologues, même les plus illustres, les plus savants, peuvent se tromper, mais il est certains traits de plume, certaines formes de lettres dont le sens est absolument clair. Qu'on lise les explications très simples qui sont données, qu'on examine attentivement les autographes, et on verra que les principes ne trompent guère.

On n'a pas toujours pour juger quelqu'un des lignes de son écriture à sa disposition, pas plus qu'on ne peut toujours soumettre sa main à une inspection minutieuse.

La physiognomonie ou étude de l'expression du visage

donne alors des règles qu'on peut facilement appliquer et qu'on a essayé de rendre aussi simples que possible ; chacune des parties du visage a été étudiée spécialement au point de vue tout spécial de la connaissance du tempérament et du caractère d'après la physionomie ; on n'a même pas négligé les études plus intéressantes que scientifiques faites par Gall sur le crâne et ses anfractuosités, sur la localisation dans le cerveau des différents organes.

Grâce à ces notions si diverses, l'âme humaine est moins impénétrable, moins inquiétante dans ses manifestations et la conduite dans la vie peut devenir moins incertaine et plus conforme à ce que l'on sait sur la vie, les habitudes, la façon de penser et d'agir des autres. Elles permettent en outre de se donner vis-à-vis de ses amis un faux air de devineresse qui amuse les uns, effraie un peu les autres, intéresse tout le monde.

Si l'on est bien pénétré aussi des principes si simples à suivre pour dévoiler l'avenir d'après les cartes, on est sûr de porter cet intérêt au plus haut degré.

Après avoir révélé aux gens leurs pensées, leurs sentiments, leurs secrets espoirs, dévoiler l'avenir — aussi bien l'avenir tout proche que l'avenir le plus lointain, — il y a là, n'est-ce pas ? de quoi effrayer même les plus incrédules.

Vous en arriverez du reste à prendre votre rôle au sérieux, et rien ne vous semblera plus captivant que de lire sur la physionomie de ceux qui vous entourent l'effet produit par vos prédictions, que d'analyser sans qu'ils s'en doutent les manifestations involontaires de leurs sentiments, et de leurs pensées. Rien n'accroît et n'aiguise autant l'esprit d'observation et rien ne développe autant le sens psychologique qui dort en chacun de nous. Votre tact, votre délicatesse, la vivacité de votre esprit vous feront éviter les froissements que ne manqueraient pas de susciter des paroles trop sincères, et le charme de votre sourire atténuera ce que vos prédictions pourront avoir de peu agréable ou de peu rassurant.

On a multiplié dans ce livre les gravures et les autographes. C'était la façon la meilleure de rendre ces études plus faciles et plus claires. On a essayé aussi de simplifier autant que possible les principes parfois un peu ardus de pareilles sciences, pour leur conserver leur caractère à la fois sérieux et amusant, sévère et plaisant.

Et de même qu'on n'a point reculé devant le très grand nombre de clichés, on n'a point négligé de s'appuyer sur les ouvrages les plus connus, prétendant non point inventer des choses toutes nouvelles, mais mettre à la portée de tous ces sciences si intéressantes.

Le vif désir des auteurs a été de répondre à la curiosité publique qui s'attache particulièrement, depuis quelques années, à toutes ces questions un peu inquiétantes et malgré tout si dignes d'intérêt et si amusantes. C'est pour cela qu'ils ont essayé de résumer dans un livre très simple, très court les données les plus précises et les renseignements les plus certains que l'on possède. Ils ont voulu aussi que ce livre fût digne de ses lectrices : ils lui ont donné un format commode, des caractères faciles à lire et une enveloppe originale qui lui laisse son empreinte mystérieuse et inédite.

Les Sciences *mystérieuses*

LES LIGNES DE LA MAIN

I. — Ce que c'est que la Chiromancie.

De toutes les manières de consulter le sort, la Chiromancie, qui tire ses inductions des lignes de la main, est à juste titre la plus célèbre. C'est grâce à cette science que l'on peut arriver à connaître le tempérament, le caractère, la façon d'agir, la vie tout entière des hommes.

Crédule ou non, favorisé par le sort ou en butte à toutes les rigueurs de la fortune, révolté ou soumis aux lois inéluctables de la fatalité, quel est celui d'entre nous qui n'éprouve pas une sorte de contrainte pénible et d'angoisse inavouée devant la personne qui prétend par la seule inspection des mains deviner notre tempérament, notre caractère, les événements de notre vie passée, prédire les joies et les tristesses de l'avenir? Ce sentiment complexe et obscur mis à part, est-il un passe-temps plus agréable, un délassement plus intéressant que cet examen amical qui permet une connaissance plus intime des autres et donne plus de confiance en soi-même?

Ne craignez rien du reste, amies lectrices, rien de plus facile à apprendre, de plus simple à appliquer; votre esprit, votre délicatesse, votre modestie vous feront sûrement éviter les froissements, les susceptibilités et vous attireront la sympathie et l'estime de tous.

Vous serez du reste en bonne compagnie pour vous occuper de semblables mystères : d'Aristote et Platon à Desbarolles, sans oublier Job, maints grands hommes ont étudié cette science et en ont parlé avec respect. Le souci de l'avenir, le désir de savoir toutes choses, ne sont-ils point les passions les plus vives et les plus profondes qui soient?

Il existe deux sortes de chiromancie : la *chiromancie astrologique* qui examine l'influence des planètes sur les lignes de la main et en particulier sur la vie de l'homme, et la *chiromancie physique*, qui se contente de la simple inspection des lignes de la main.

II. — Influence de la date de la naissance sur le tempérament.

Sans vouloir entrer dans des détails trop minutieux, voici ce à quoi peut se résumer l'influence des astres sur le tempérament des hommes.

Avant toutes choses lorsque vous voulez, selon l'expression consacrée, dire la bonne aventure à quelqu'un, demandez à cette personne en quel mois elle est née et appliquez les règles suivantes :

Janvier. — Ceux qui naissent dans ce mois ont un goût

poétique et romanesque très prononcé; en général ils vivent fort longtemps; industrieux, ils réussissent en tout et partout. Les demoiselles sont belles, bonnes, affables et d'une forte constitution.

Février. — Ceux qui naissent sous cette constellation sont d'une probité, d'une constance et d'une discrétion à toute épreuve; naturellement entreprenants. Ils sont heureux dans tous leurs projets, car ils sont passionnés pour les grandes affaires, dans lesquelles ils réussissent presque toujours.

Mars. — Ceux qui viennent au monde sous l'influence de cette planète sont bons, francs, généreux, économes, travailleurs et compatissants; les jeunes personnes sont des plus belles, sans vanité, parfois malheureuses en amour, mais prudentes, réservées et persévérantes.

Avril. — Ceux ou celles qui naîtront dans le mois d'avril seront bien faits, forts, d'une fierté extrême; les filles d'une rare beauté, les garçons d'une haute stature, confiants, francs et sincères, réussissant dans les grandes entreprises.

Mai. — Ceux qui naissent sous ce signe aiment les sciences et les arts; ils ont cependant l'esprit pratique et savent se procurer de l'aisance pour leurs vieux jours.

Juin. — Ceux qui naissent sous cette planète sont petits de taille, parfois chétifs sans que leur vie soit de courte durée; leur tempérament est sanguin; ils ont bon cœur, bon caractère, aiment à s'instruire et font honneur à leurs entreprises.

Juillet. — Ceux qui naissent sous cette étoile sont d'un esprit parfois inquiet, parfois pédants, mais doux de caractère; ils ne transigent jamais avec la lâcheté et le déshonneur; les demoiselles sont douées d'une grande modestie et d'un esprit pénétrant.

Août. — Les personnes qui naissent sous ce signe joignent à la beauté de leurs traits une grande douceur de caractère; douces, aimantes, affables, obligeantes, mélancoliques et parfois boudeuses, l'avenir leur promet d'heureux jours; leurs enfants et une nombreuse postérité tiendront d'eux pour les qualités physiques et morales.

Septembre. — Ceux qui prennent naissance sous ce signe sont d'une complexion forte, entêtés, aiment à rendre service : confiants, loyaux et sincères, adonnés aux plaisirs et constants dans leurs affections.

Octobre. — Ceux qui naissent sous cette étoile sont parfois d'une humeur un peu sombre, circonspects et réservés, aimant les jouissances terrestres et la bonne société : ils sont généralement très économes.

Novembre. — Les personnes nées sous cette constellation sont d'un extérieur charmant, polies dans leurs manières, aimantes, probes, de belle taille, d'un physique avantageux; exposées aux coups inconstants de la fortune, elles ne tardent pas à en triompher.

Décembre. — Ceux qui naissent dans ce mois sont d'un tempérament faible et délicat, d'une susceptibilité particulière, ombrageux, mais très discrets, très philanthropes, d'un génie élevé et subtil, d'une figure assez agréable.

III. — Examen de la main. — Considérations générales.

Ceci connu, regardez attentivement les mains.

Pour bien juger de cette curieuse science de la chiromancie, et surtout pour obtenir une connaissance parfaite de tous les événements de la vie d'après l'inspection des lignes, il faut affranchir son esprit de la haine, de l'amour, de l'intérêt, de toutes les passions qui peuvent le préoccuper; il faut de même que la personne à qui on veut dévoiler l'avenir soit d'esprit dispos, d'humeur calme.

Il importe que la main que l'on examine ait cessé toute sorte de travail depuis trois heures, qu'elle soit soigneusement lavée, car elle doit être plus humide que sèche.

Les lignes doivent être observées dans la plus grande clarté du jour, loin des rayons directs du soleil, dans un lieu ni trop chaud ni trop froid, la personne étant à jeun ou n'ayant fait aucun excès. N'examinez jamais les mains de personnes fatiguées par le travail, accablées d'infirmités, trop âgées ou trop jeunes; au-dessous de sept ans les lignes ne sont pas formées.

Considérez ensuite exactement les deux mains, afin de comparer et de n'émettre un jugement qu'en toute connaissance de cause. La main gauche est en général plus favorable à ceux qui sont venus au monde la nuit, la main droite à ceux qui sont nés le jour; fixez spécialement votre attention sur la main *droite* des hommes et sur la main *gauche* des femmes, l'homme étant surtout un être chez qui la raison l'emporte sur le sentiment et la femme une créature toute de sensibilité et de cœur. Les hommes doivent du reste avoir les lignes de la main plus profondes, plus nettement indiquées que les femmes. Le contraire indique un caractère efféminé, des qualités et des défauts plus féminins que virils, une vie toute dominée par la passion.

Après cette comparaison silencieuse et rapide, il faut, en s'en rapportant aux indications générales qui formeront l'objet du chapitre suivant, examiner la qualité de la main. La main est-elle ferme, sans abandon? Caractère plutôt tenace, énergique. Se laisse-t-elle aller nonchalamment? Nature expansive, impressionnable, toute à la merci de l'impression du moment. Est-il impossible de rapprocher les doigts? Entêtement qui va jusqu'au despotisme. Peut-on les resserrer et les faire occuper un espace très petit? Faiblesse, mollesse, indécision.

Ceci fait, considérez les doigts de la main. Prenez garde s'ils sont resserrés, élargis, transparents. Voyez quelle est leur forme, quelles sont les proportions des différentes phalanges, la forme et la transparence des ongles.

Alors seulement, examinez les différents monts, voyez celui qui a la proéminence la plus considérable et par suite sachez immédiatement quelle planète a présidé à la vie de la personne qui vous parle; puis considérez attentivement les lignes, les grandes lignes primordiales et les quelques lignes secondaires qui ont une importance indéniable dans l'ensemble des événements. Étudiez leur profondeur, leur couleur, leurs rapports entre elles, les contradictions qu'elles présentent, les rapprochements qu'elles suggèrent.

Mais ne jugez jamais absolument par l'inspection d'une seule ligne, de la vie, de la mort, d'accidents passés ou futurs; il faut que toutes les lignes dans les deux mains, l'ensemble des monts vous forcent à une conclusion. Adoucissez toujours votre jugement en disant que la personne est menacée d'un malheur ou d'une infortune en voyant la nature et la forme de certaines lignes, et trouvez toujours quelques signes consolateurs, ou bien atténuez la rigueur de vos paroles. Une femme sait toujours faire accepter les choses même les plus désagréables et les plus pénibles.

N'oubliez jamais que les gens auxquels vous vous adressez, quoiqu'ils s'en défendent avec énergie, gardent au fond d'eux-mêmes une crainte un peu superstitieuse devant l'avenir ainsi dévoilé. Laissez-leur la surprise de leurs joies à venir, qui s'émousseraient s'ils en jouissaient trop tôt, et des malheurs possibles qui les feraient souffrir trop longtemps à l'avance par l'appréhension et la douleur auparavant éprouvées.

IV. — Division de la main.

La main se divise en quatre parties : haute, basse, supérieure et inférieure. La partie haute comprend les doigts, la partie basse la paume de la main; la supérieure comprend le pouce dans son ensemble et l'inférieure la partie opposée, ce qu'on appelle la percussion (fig. 1).

1° Tout le monde sait que la main comprend cinq doigts : le pouce, l'index, le médius, l'annulaire et l'auriculaire, ayant chacun trois phalanges, à l'exception du pouce, qui n'en a que deux.

2° La paume de la main est divisée en sept parties, sur chacune desquelles préside et domine l'un des sept astres : *Vénus* donne son nom à l'élévation qui se trouve sous le pouce, *Jupiter* se trouve sous l'index, *Saturne* sous le doigt du milieu, le *Soleil* sous l'annulaire, *Mercure* sous l'auriculaire, *Mars* dans le triangle placé au centre de la main, et enfin la *Lune* sur ce qu'on appelle le mont de la main (fig. 2).

Les lignes de la main sont très différentes et très nombreuses. Il y en a six principales :

1° La *ligne de vie*, qui commence entre le pouce et l'index, contourne le mont de Vénus et se termine vers les quelques lignes qui séparent le bras de la main; la rascette.

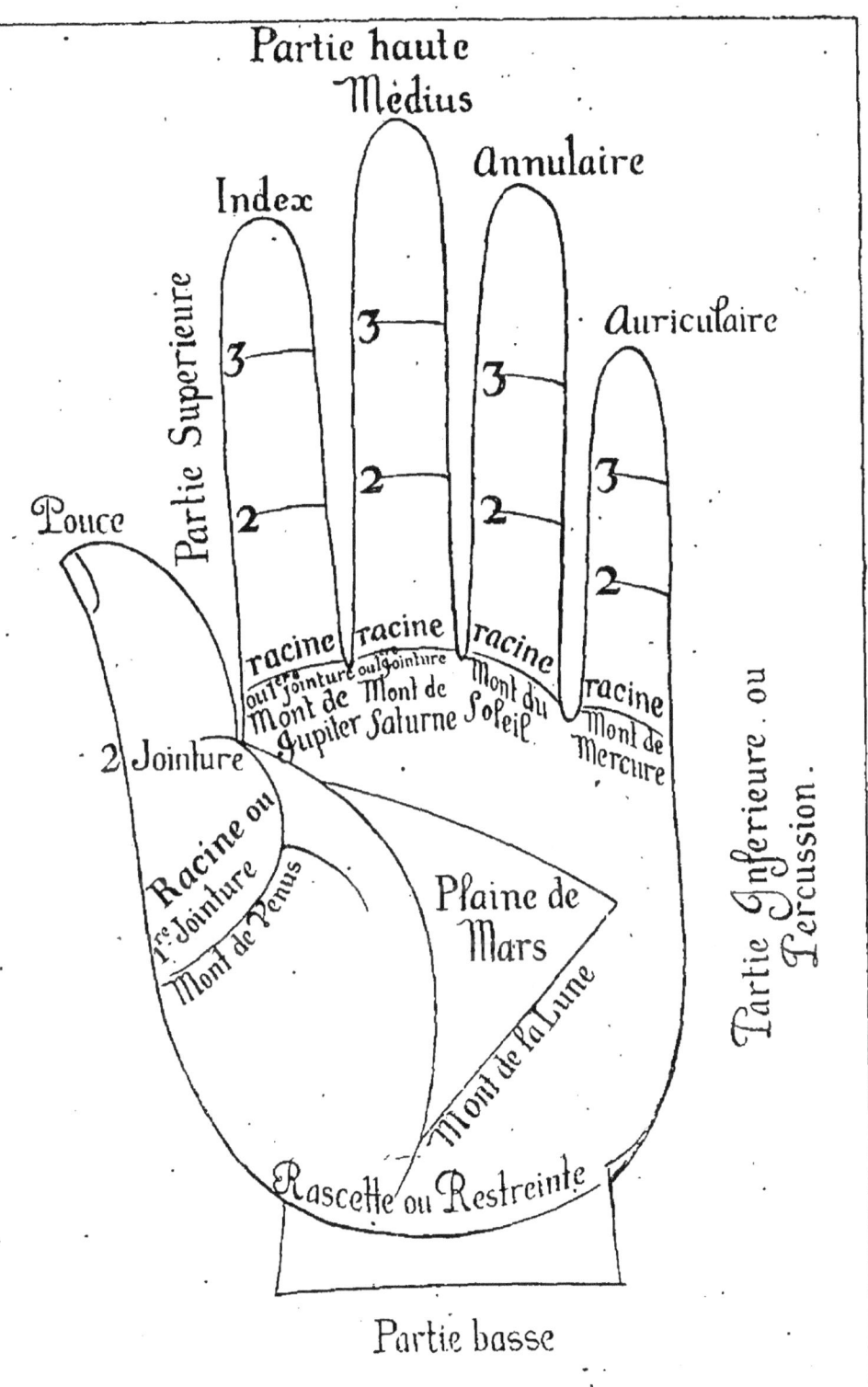

2° La *ligne de tête*, qui prend son origine vers le commencement ou proche de la ligne de vie, traverse le creux de la main et se termine vers le mont de la lune.

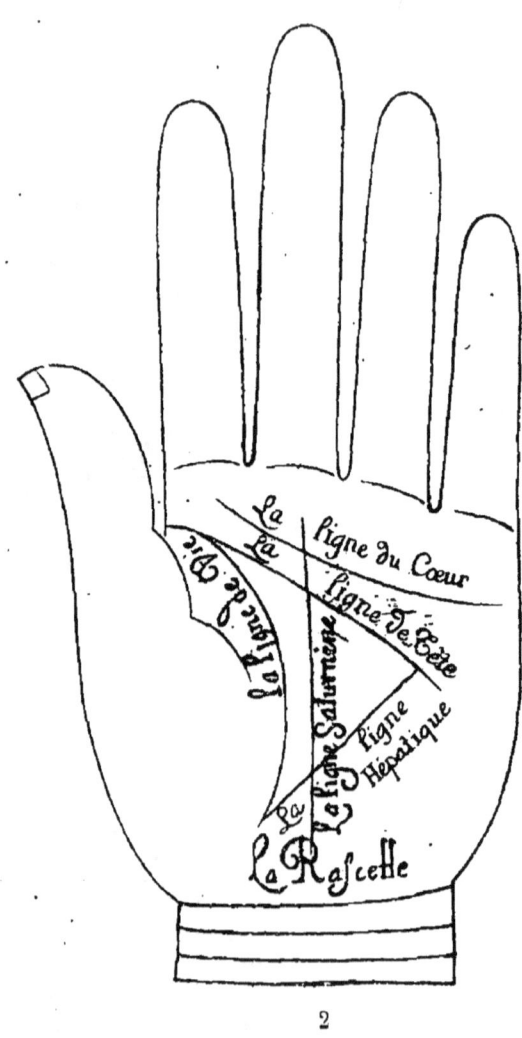

3° La *ligne de cœur*, qui commence sous le mont de Mercure et se termine vers le mont de Jupiter.

4° La *ligne hépatique* ou du foie, qui commence vers l'extré-

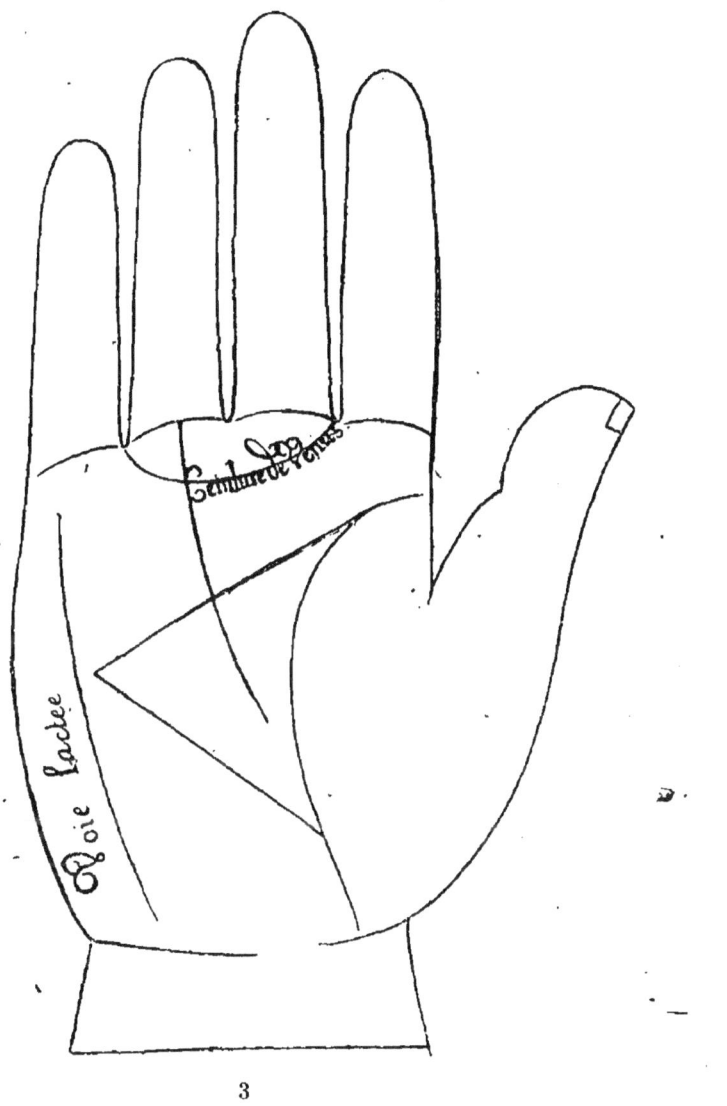

mité de la ligne de vie et se termine vers l'extrémité de la ligne de cœur, en perfectionnant le triangle.

5° La *rascette*, qui est composée de lignes transversales à la jointure commune du bras et de la paume de la main.

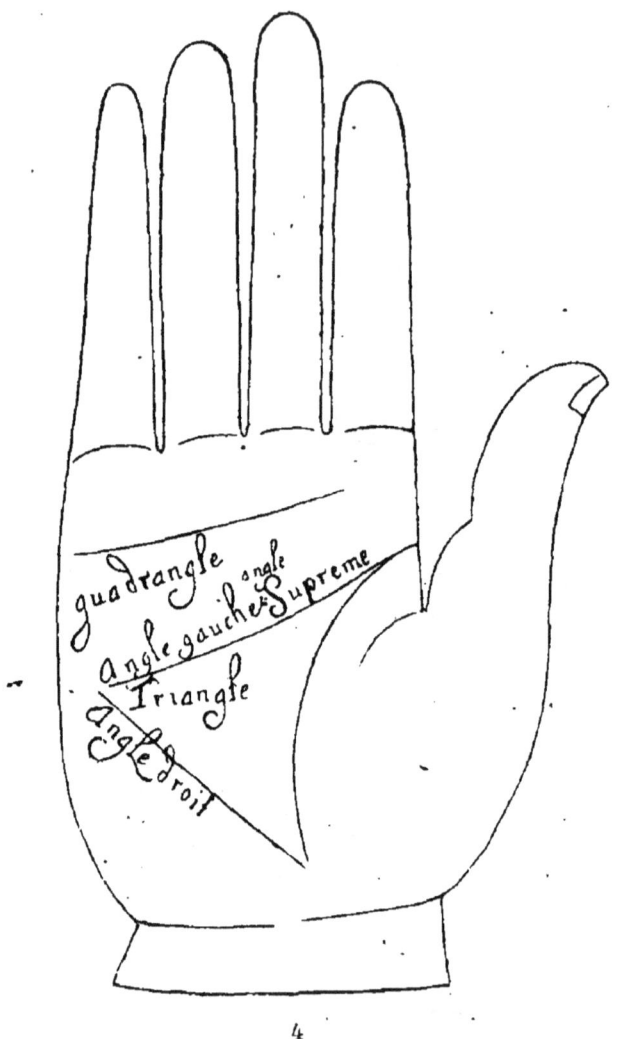

6° La *ligne de chance*, qui monte ordinairement de la rascette, traverse la plaine de Mars jusqu'au mont de Saturne et divise d'ordinaire la paume de la main en deux parties.

A côté de ces lignes principales s'étendent encore d'autres lignes secondaires qui en augmentent ou en diminuent la signification (fig. 3). Les plus importantes sont :

La *voie lactée*, qui part de la base du pouce au point d'intersection de la ligne de chance et de la ligne hépatique et remonte en faisant une légère courbe vers l'annulaire.

L'*anneau de Vénus*, qui forme un demi-cercle en partant de la base de l'index et s'arrête avant le petit doigt.

Parmi toutes ces lignes, quatre surtout sont très importantes : la ligne de vie, la ligne de tête, la ligne de cœur et la ligne hépatique. Ce qui le prouve, c'est qu'elles sont souvent accompagnées d'autres lignes parallèles qu'on appelle les *lignes sœurs*, qui parfois se confondent avec elles, souvent les remplacent.

Dans l'espace qui se trouve entre les grandes lignes, lignes de vie, de cœur, ligne hépatique, se trouve un *triangle* dont l'un des angles, celui qui est compris entre la ligne de vie et la ligne de cœur, s'appelle l'angle suprême (fig. 4).

Le *Quadrangle* est formé de l'espace qui s'étend entre la ligne de tête et la ligne de cœur.

Il existe encore dans la main d'autres petits signes dont voici généralement la signification :

Un *cercle* annonce en général la réussite, une brillante renommée.

Des *étoiles* indiquent également la réussite, mais plus cachée dans des événements moins éclatants.

Des *triangles* dénotent beaucoup de talent, de savoir-faire et un grand succès après de longs efforts.

Des *carrés* sont le signe de la force, d'une énergie qui va jusqu'au despotisme.

Des *croix* sont des empêchements.

Des *points blancs* annoncent la réussite.

Des *points noirs* des disputes, des voies de fait.

Des *grilles* des empêchements.

V. — Qualité de la main.

Un tempérament pondéré, aux facultés saines, harmonieuses et bien équilibrées est indiqué par une main dont les parties essentielles, paume, doigts et pouce, sont bien proportionnées entre elles et par rapport à la grandeur, à la grosseur du corps tout entier.

Des mains trop courtes eu égard aux autres parties du corps dénotent toujours une personne fine, adroite, subtile, forte, bavarde et gourmande. Au contraire, des mains et des doigts trop longs laissent supposer une personne peu loyale, perfide, autoritaire et malhonnête.

Des mains légèrement trop longues par rapport au corps tout entier marquent une personne subtile, fine, fourbe, bavarde et railleuse.

Au contraire, des mains larges et courtes dénotent un esprit spontané, une nature franche, ouverte et droite.

VI. — La paume de la main.

La paume de la main se mesure de la jointure du bras ou rascette jusqu'à l'endroit où les doigts commencent.

1° La paume de la main sensiblement plus longue que le doigt du milieu appartient aux esprits raisonneurs et fermes, sans subtilité cependant; elle se trouve chez ceux qui voient l'ensemble plus que le détail, vont droit au but sans tergiversations ni railleries, recherchent l'explication de tous les faits, de tous les actes, de tous les jugements, chez ceux qui ne reculent point devant la conséquence fatale des principes, devant les appréciations à émettre, les responsabilités à encourir.

2° Une paume très courte se trouve chez les personnes de tempérament et de caractère tout opposés. Ces personnes sont raisonneuses, s'attachent à des vétilles, à des mesquineries et essaient de masquer par un esprit de mauvais aloi le vide de la pensée et du sentiment. Minutieuses et tatillonnes, elles sont incapables d'avoir une vue d'ensemble nette et précise sur quelque sujet que ce soit; elles ne savent rien approfondir, rien assimiler, se contentent de phrases et d'opinions toutes faites, sans cesser d'être vaniteuses et très satisfaites d'elles-mêmes.

Ce sont des esprits superficiels, des âmes peu élevées, des natures prétentieuses dans toute l'acception du terme.

3° Une paume de la main aussi longue que le doigt du milieu dénote une parfaite harmonie entre le cœur et l'esprit, le sentiment et la pensée, l'intelligence créatrice et la faculté d'assimilation.

L'esprit est ouvert, logique, ferme.

Le caractère est loyal, affable et sûr.

La conduite toujours en rapport avec les principes, sans forfanterie et sans exagération de simplicité.

4° La paume de la main résistante, dure indique un tempérament vigoureux, un esprit lent, tenace mais sûr. Accompagnée de doigts gros et courts, elle dénote une grande impuissance de raisonnement, une aptitude parfaite aux travaux des mains, qui exigent de la force. Avec des doigts longs, maigres, noueux, elle est la marque des natures lentes, au travail pénible, mais tenace, à la bonne volonté et à la persévérance intenses, sans vivacité d'esprit, sans originalité de vues.

5° Flasque et molle, la paume de la main est un signe infaillible d'insensibilité, d'apathie, de nullité. Elle laisse supposer une nature changeante, capricieuse, à la merci de la première impression ou de la décision du moment, sans but, sans direction et par suite peu estimable.

VII. — Les doigts. Considérations générales.

Les doigts, plus qu'aucune partie de la main, révèlent le tempérament.

1° Les perssonnes très *nerveuses*, impressionnables, aimantes, ont une ligne, l'anneau de Vénus, très développée en général qui réunit l'index au petit doigt en formant une courbe apparente. De plus le mont de Vénus qui est l'attache intérieure du pouce, est très apparent, le plus souvent recouvert de lignes transversales et longitudinales qui forment une sorte de grille ; un creux très prononcé apparaît à la naissance de la ligne de vie et de la ligne de tête.

Ces personnes sont bienveillantes, affectueuses, de commerce facile et très passionnées.

2° L'annulaire très long au milieu de doigts très irréguliers, sans caractère bien tranché, caractérise en général les artistes, les savants, les écrivains, les *penseurs* de toutes sortes, tous les amis du beau et du vrai, cette autre forme du beau ; l'attache intérieure de l'annulaire est du reste sillonnée de lignes verticales.

3° Les gens de tempérament *bilieux* ont en général le médius ou doigt du milieu très développé ; ils sont graves, posés, réfléchis et lents.

4° Le développement anormal de la partie charnue qui termine la main en bas du côté du mont de la Lune est la marque d'un tempérament *lymphatique* sans énergie comme sans initiative.

5° Les *sanguins* ont en général l'index très long, un peu

carré du bout. Ce sont des gens d'humeur gaie, sociable, amis des plaisirs et des amusements.

6° Enfin les nœuds très développés à l'articulation des phalanges appartiennent aux tempéraments arthritiques et rhumatisants, à des personnes capricieuses, railleuses, peu indulgentes pour les autres et d'humeur inégale.

VIII. — La forme des doigts.

Les *doigts lisses*, sans rugosité, agréables au toucher, appartiennent aux natures spontanées, vives, ayant horreur de tout calcul, amies du beau, mais détestant tout ce qui exige un travail long et acharné (fig. 5).

Les personnes qui possèdent de tels doigts doivent éviter les décisions trop brusques, les jugements trop prompts et surtout les relations trop vite établies. Elles sont amies du beau, poètes en général, artistes, ayant le souci de la forme et de l'élégance.

Les *doigts à nœuds* sont toujours la marque de la lenteur dans les jugements, de la profondeur de la pensée, de la réflexion (fig. 6).

Si le nœud est très développé à la troisième phalange (nœud philosophique), la personne doute de tout, ne croit rien sans preuve, discute tout, se pose en juge infaillible et des hommes et des choses, est avant toute chose indépendante et absolue dans ses principes. Ce nœud se rencontre en général chez tous les penseurs, les raisonneurs, les sceptiques.

Si le nœud se trouve entre la première et la deuxième phalange (nœud matériel), cela dénote un souci très grand, beaucoup plus de l'ordre dans les affaires que de l'ordre dans les idées, une recherche ardente du bien-être, de la fortune, des jouissances de la matière. Ce nœud se rencontre chez les commerçants, les gens d'affaires et souvent chez les égoïstes.

Les *doigts pointus* dénotent un tempérament artistique, une nature de rêver, de poète, sujette aux emballements, aux enthousiasmes exubérants comme aux découragements les plus soudains, désireuse de se mettre en avant et de se distinguer des autres (fig. 7).

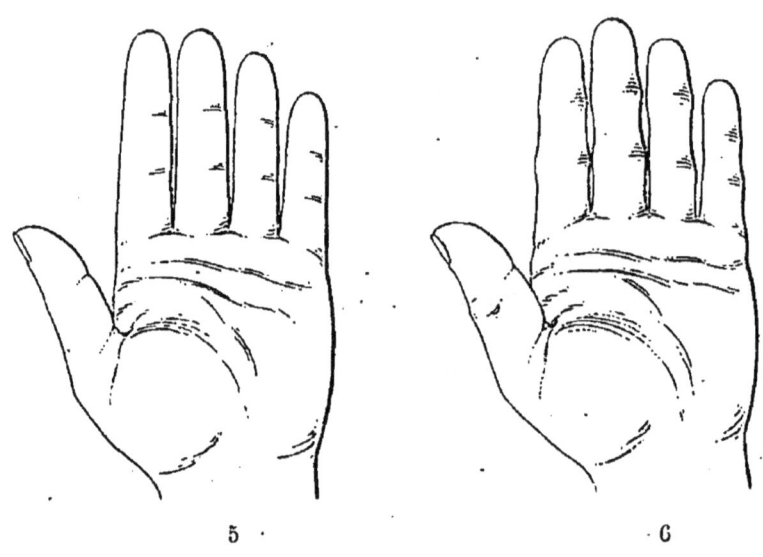

5 . . 6

Au reste désintéressée, généreuse, capable de s'oublier et de se dévouer, sans rancune, ni haine durable malgré une susceptibilité évidente.

Les *doigts carrés* sont toujours le signe de l'ordre, de la réflexion, de la pensée (fig. 8).

Les personnes qui ont les doigts carrés ont un sens pratique très développé, une compréhension de la vie très sûre avec quelque chose de loyal et de parfaitement probe dans les relations de toutes sortes. Leur souci de l'exactitude, de la justice les amène parfois à être maniaques et un peu prudes.

Les *doigts spatulés* décèlent toujours une activité dévorante,

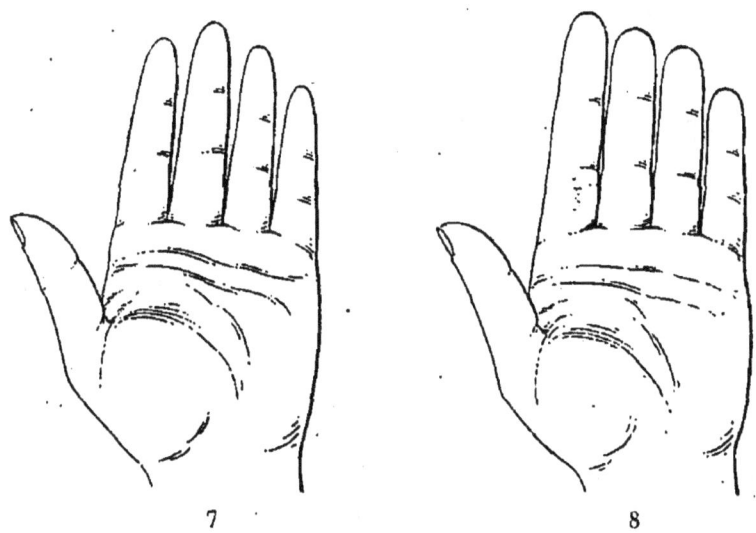

l'amour des voyages, des explorations, des sports, de tout ce qui est mouvement (fig. 9).

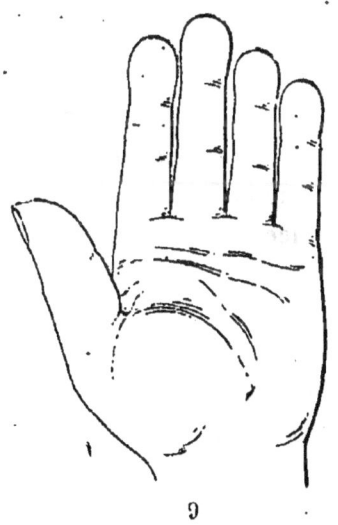

Nature en général peu patiente, peu persévérante, fiévreuse

dans toutes les manifestations de l'intelligence ou de l'activité.

Ainsi en résumé :

Les doigts courts indiquent l'amour de l'ensemble, de la masse, la synthèse.

Les doigts longs : l'amour des détails, la susceptibilité, l'analyse.

Les mains dures : l'activité.

Les mains molles : la paresse.

Les doigts pointus : la tendance vers l'idéal, la poésie, les arts. Manque de sens pratique.

Les doigts carrés : réflexion, pensée. Un peu trop de minutie.

Les doigts spatulés : mouvement, activité, manque de réflexion et de sens rassis.

Les doigts lisses : inspiration. Bon goût. Étourderie.

Les doigts noueux : calcul, raisonnement. Égoïsme.

IX. — Importance du pouce.

Tout instinct, toute disposition naturelle peuvent être transformés, annihilés même par la forme et la qualité du pouce.

Chacun sait l'importance du pouce. Pour ne citer que les exemples les plus frappants, voyez les pouces des criminels et des avares.

Les criminels ont la dernière phalange du pouce ronde, en bille, large et épaisse, ce qui dénote la colère, la rage, une fureur continuelle. Les avares ont le pouce tourné vers les autres doigts et l'ensemble de la main se crispe, semble vouloir saisir et retenir quelque chose.

C'est le pouce, du reste, qui résume toutes les lignes de la main et leur donne leur véritable signification.

La phalange ongulée représente la volonté, l'initiative, la persévérance et souvent le despotisme.

La seconde phalange, qui suit immédiatement la première, est celle de l'intelligence, du raisonnement.

Le mont de Vénus, qui se trouve à la base même du pouce, indique le degré de sensibilité, la force de l'amour, le désir des jouissances matérielles.

Tout est donc contenu dans le pouce, tout ce qui constitue les principaux mobiles de la vie : la volonté, l'intelligence, la sensibilité.

1° *Première phalange* : toute personne qui a la phalange ongulée du pouce très développée a une volonté énergique, puissante, une confiance en soi absolue qui va jusqu'à la présomption, comme l'énergie peut aller jusqu'au despotisme.

De grandeur moyenne, cette phalange indique une inertie presque insurmontable, une force de résistance purement passive. Très courte, elle dénote un laisser-aller complet, des enthousiasmes et des découragements aussi soudains qu'excessifs, une nature toute à la merci du milieu environnant, des impressions subies, des volontés imposées.

2° La *deuxième phalange*, très longue, épaisse, forte, marque une raison ferme, une logique implacable qui va malgré tous les obstacles jusqu'à la conséquence extrême des principes et des faits, un coup d'œil toujours sûr, une perspicacité toujours en éveil. Courte, elle annonce un esprit faible, inconsistant, sans ressources personnelles, un raisonnement illogique jusqu'au sophisme.

La *troisième phalange*, ou pour mieux dire la racine du pouce, le mont de Vénus représente la puissance plus ou moins grande des sens et des jouissances matérielles; très épaisse, dominant toute la paume de la main, elle montre l'homme en proie à la passion brutale, essayant de satisfaire tous ses instincts sans frein, sans guide. En harmonie avec la main, elle laisse à l'amour la place qu'il doit avoir dans la vie, sans excès, sans emballement; mais avec profondeur et joie. Faible, plate, elle détruit toute jouissance matérielle, tout appel vers l'amour, elle annonce une nature peu affectueuse, très égoïste.

Tels sont donc les penchants naturels indiqués par les trois phalanges du pouce.

Abstraction faite des données qu'apporte l'étude des lignes

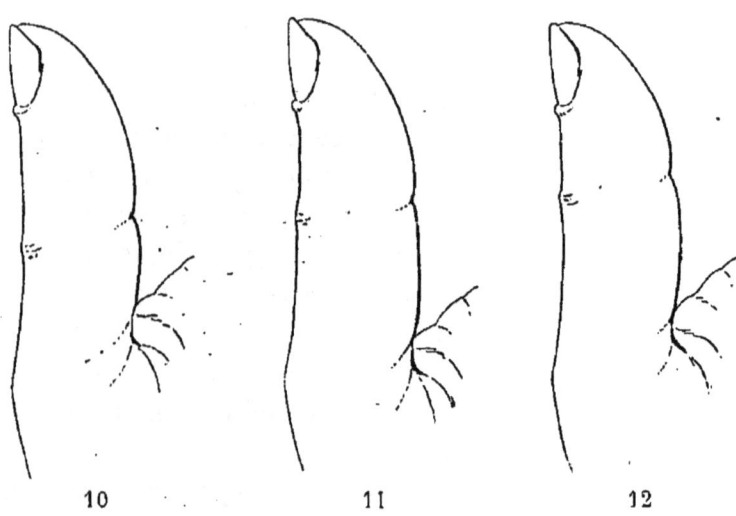

de la main, il faut savoir combiner toutes les indications précédentes.

Un homme qui a une première phalange très longue, très épaisse et une seconde phalange très courte a une grande volonté, mais une volonté qui s'applique à toutes sortes de sujets, sans but, sans efforts suivis (fig. 10).

Il réussit rarement, parce que l'énergie déployée est en disproportion absolue avec les moyens et avec le but à atteindre.

Quand le pouce est long, relativement au reste de la main, et que les deux phalanges sont à peu près d'égale longueur, c'est le signe d'une volonté d'autant plus puissante qu'elle s'appuie sur une intelligence plus ferme et plus logique, consciente du but à atteindre, éclairée sur les moyens à prendre et soucieuse de combiner tous ses efforts et d'en faire un tout un et résistant (fig. 11).

La personne qui a la deuxième phalange plus développée que la première, a plus de raison que de volonté; elle voit avec une lucidité parfaite ce qu'il faut faire, comment il convient de le faire, forme des projets superbes, donne des conseils excellents, mais n'arrive à rien, parce qu'elle s'arrête, hésite, revient sur ses pas, n'a point l'énergie nécessaire pour vaincre les obstacles et aller de l'avant sans regarder derrière elle (fig. 12).

La racine du pouce très développée et surtout accompagnée d'une grille et de l'anneau de Vénus, indique une nature passionnée, avide de suivre ses instincts en dépit de toutes les convenances et de tous les préjugés.

Si la première phalange est en même temps très longue, la volonté pourra diriger cet excès d'amour et en faire de l'abnégation de soi-même, un dévouement continuel aux autres. C'est ce qui arrive par exemple chez les grands bienfaiteurs de l'humanité, chez les martyrs des religions, de la science, de la patrie.

La deuxième phalange, celle de la logique, peut avoir la même influence par l'effet du raisonnement; mais la lutte entre la raison et la passion est longue et souvent fatale ou incertaine quand la volonté n'intervient pas.

On voit donc toute l'importance du pouce en chiromancie. Au reste les vieux auteurs avaient dédié le pouce à Mars, le dieu de la guerre, à Vénus, la déesse de la beauté. L'amour et la lutte, n'est-ce pas là toute la vie ?

X. — Dispositions particulières des doigts.

La longueur des doigts les uns par rapport aux autres change aussi la nature des indications données.

L'*index* long, par exemple, indique l'orgueil et une vanité excessive (fig. 13).

C'est parfois même un sens artistique très développé,

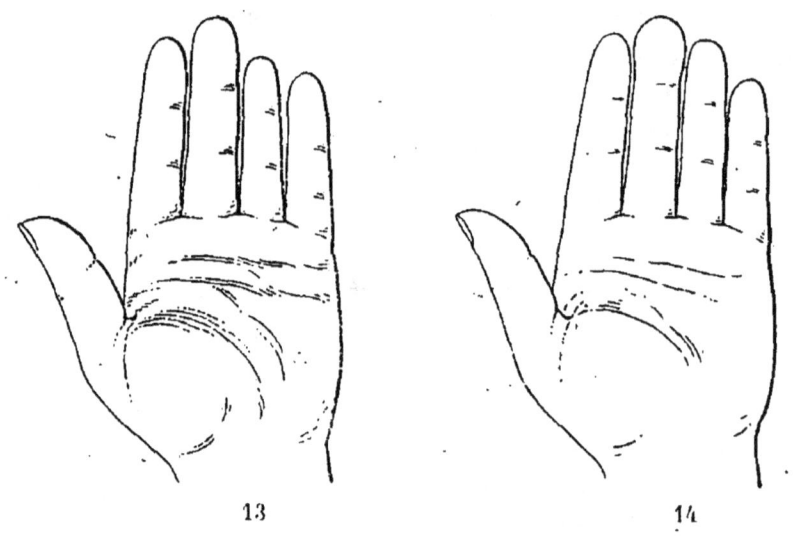

13 14

mêlé d'un amour excessif du luxe et des choses voyantes. De toutes façons, un index aussi long dénote une grande estime de soi-même, un mépris absolu pour les gens de condition moyenne.

Un tel doigt pointu est toujours un signe de fanatisme.

Le *médius* très spatulé, c'est idées noires, nostalgie, ennui profond qui peut aller jusqu'au désespoir et au suicide (fig. 14).

Si le médius penche vers l'index, c'est profond orgueil; s'il penche vers l'annulaire, c'est dispositions artistiques très marquées.

L'*annulaire* très développé, plus long que l'index, indique la prédominance des goûts artistiques, surtout quand le médius incline vers lui (fig. 15).

Aussi long que le médius, c'est l'amour de l'imprévu, du jeu, des aventures.

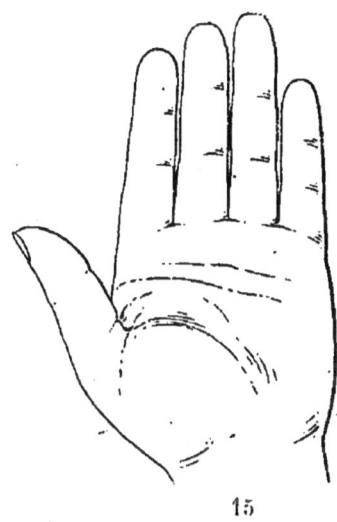

15.

Le *petit doigt* très long est le signe du travail approfondi, patient, tenace, réfléchi. Court et très lisse, c'est un esprit spontané qui comprend rapidement les choses et les saisit sous leurs aspects les plus multiples et les plus complexes. Lorsqu'il est sillonné à la base de petites lignes verticales et que le mont de la Lune est très développé, la personne craint constamment la maladie.

Lorsque le mont Mercure sur lequel il s'appuie est proéminent, cela signifie toujours entente remarquable en tout ce qui regarde les affaires d'intérêt.

XI. — Les ongles.

Les ongles ont aussi leur importance :

Quand ils sont *durs*, longs, bombés et rosés, c'est signe de longue vie, de santé robuste et de vive intelligence.

Mous, sans couleur, se cassant facilement, c'est mauvaise santé, faiblesse d'intelligence et de volonté.

Les ongles *courts* appartiennent généralement aux gens minutieux, tatillons, maniaques dans leur désir d'ordre et de rangement.

Rongés, ils indiquent une nature nerveuse, toujours agitée, souvent mélancolique et presque toujours susceptible, railleuse et taquine.

Les *signes qui se trouvent sous les ongles* influent aussi sur la connaissance du tempérament.

Ils sont d'un heureux présage quand ils sont blancs; noirs ils indiquent des malheurs selon la nature de la planète qui domine sur ce doigt.

S'ils se trouvent sur l'*index*, ils se rapportent aux honneurs et aux dignités.

Sur le *doigt du milieu*, à la bonne ou à la mauvaise chance en ce qui regarde la culture de la terre et la direction de la maison.

Sur l'*annulaire*, les grandeurs, les arts.

Sur l'*auriculaire*, les arts mécaniques.

Sur le *pouce*, du côté de l'index, l'amour, et du côté opposé la lutte, le combat.

Si ces points sont aplanis et larges, ils produiront un bon effet; à peine indiqués ils seront peu avantageux.

Ceux qui se trouvent à la racine de l'ongle indiquent les choses à venir; ceux qui se trouvent à l'extrémité, les choses passées.

Ceux qui ont beaucoup de semblables marques dans les ongles sont ordinairement volages, inconstants, font beaucoup de projets, commencent de belles entreprises, bâtissent des châteaux en Espagne, mais ils ne mènent rien à bonne fin.

Les points noirs supposent toujours la prison.

XII. — Les monts en général.

Après avoir examiné attentivement la paume de la main, les doigts, les ongles, la main d'une façon générale, il faut passer à l'étude plus particulière des monts et des lignes.

A la racine de chaque doigt, dans la paume de la main, il y a, on s'en souvient, un petit monticule, et chaque monticule correspond à un astre duquel il reçoit son influence favorable ou défavorable, d'après le degré de son développement et les différents signes qui s'y trouvent.

Chacun de ces monts représente les influences bonnes ou mauvaises qui sollicitent l'homme, les fatalités heureuses ou funestes qui le poursuivent impitoyablement : la recherche d'une carrière brillante, l'orgueil (Jupiter); la chance bonne ou mauvaise (Saturne); l'étude de la science, la ruse (Mercure); l'amour de l'art ou de la richesse (Soleil); la domination de soi-même ou la tyrannie (Mars); l'imagination ou la folie (Lune); l'amour et les plaisirs sensuels (Vénus).

Si ces monts sont bien unis, bien pleins, ils donnent les qualités des planètes qu'ils représentent; s'ils sont peu saillants, c'est absence de ces mêmes qualités ; s'ils sont remplacés par un creux, c'est présence des défauts opposés à ces qualités ; s'ils présentent une ampleur excessive, c'est l'excès des qualités qui arrive à devenir un défaut ; s'ils ne sont pas à leur place, ils participent des qualités ou des défauts des monts vers lesquels ils se dirigent.

La présence du mont indique donc les qualités énumérées ; son absence, le défaut opposé ; son excès, la qualité portée à un degré tel qu'elle devient un défaut.

C'est ainsi que le *mont de Vénus* ne doit être ni trop bas, ni trop élevé. Rond, très doux, il marque l'amour des femmes, la recherche du luxe. Éminent, la musique et un amour effréné d'harmonie. S'il est très abaissé, il indique un rêveur et un passionné qui se contient et se cache.

Le *mont de Jupiter* sans lignes et peu élevé marque la personne bonne, juste, libérale ; si quelques lignes transversales, des croix ou des étoiles s'y trouvent, c'est carrière brillante, richesses. Très élevé, il signifie esprit ferme, rigoureux, un peu subtil.

Le *mont de Saturne* sans lignes et d'élévation moyenne, marque une vie calme et tranquille. Assez élevé, c'est du succès dans les travaux des champs, dans la direction de la maison. Coupé de plusieurs lignes, des travaux, des fièvres, des angoisses.

Le *mont du Soleil* assez élevé, avec des lignes verticales, indique la personne très aimée et fort aimante, subtile, ingénieuse, digne de grands honneurs et de grandes dignités. Abaissé, avec des lignes tortueuses, il montre la personne antipathique, égoïste, brutale, dédaignée de tous.

Le *mont de Mercure* un peu abaissé dénote une personne fine jusqu'à la fourberie, menteuse, capable de voler. Très élevé il indique l'horreur du vol, de l'hypocrisie, des dispositions très marquées pour le commerce.

Le mont ou plutôt la *Plaine de Mars* très peu sillonnée de

lignes donne le courage, le calme, la résignation accompagnés d'une forme de résistance et d'une impétuosité irrésistibles. Avec des lignes fatales, elle donne la colère, l'injustice, la brusquerie, la cruauté, la violence, la tyrannie.

Le *mont de la Lune* élevé, sans beaucoup de lignes, indique l'imagination, la mélancolie rêveuse, la poésie, l'amour de la solitude, de la rêverie. Exagéré, il donne une imagination déréglée, des désespoirs sans cause, une grande mobilité, la superstition, le fanatisme et parfois la folie.

XIII. — Le mont de Vénus, le pouce.

Le mont de Vénus et le pouce sont tout entiers dédiés à la déesse de la beauté et de l'amour.

Quand le mont de Vénus n'est sillonné que de lignes allant de la racine du pouce à la ligne de vie, surtout si ces lignes ne sont pas en grand nombre, la personne est aimable, séduisante et gaie.

Quand le mont de Vénus est fort entrecoupé de lignes transversales, plus ces lignes sont étendues et nombreuses, plus la personne est sensuelle, avide de plaisirs matériels.

Un mont de Vénus très élevé avec une ou plusieurs lignes parallèles à la ligne de vie, c'est impudeur, débauche (fig. 16, 17, 18).

Des lignes entre la racine du pouce et le commencement de la ligne de vie indiquent différentes querelles avec des parents (fig. 19).

Des lignes transversales allant de la racine du pouce à travers le mont Vénus sur la ligne de vie indiquent des successions, et si elles sont coupées à leur extrémité, cela indique différents procès avant de recueillir ces successions (fig. 20, 21, 22).

Ces lignes se dirigeant directement de la racine du pouce sur la ligne de vie indiquent ambition et gloire (fig. 23).

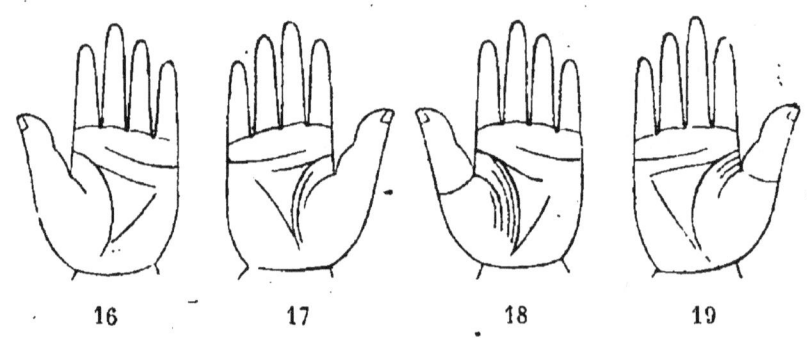

16   17   18   19

La grande multiplicité des lignes soit verticales, soit transversales sur le mont de Vénus, indique toujours manque de

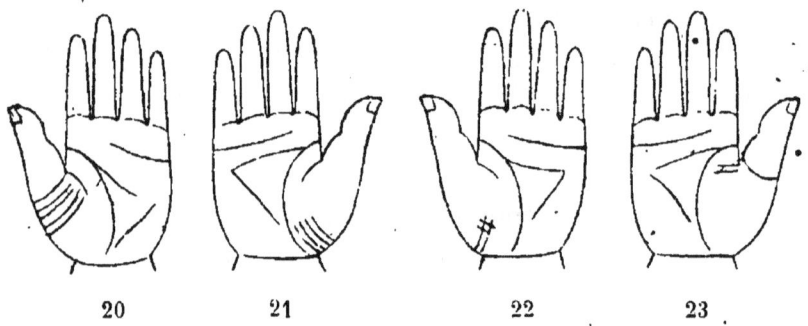

20   21   22   23

chasteté et débauche, parfois même impudicité et méchanceté (fig. 24, 25).

Plusieurs lignes qui s'entrecoupent sur le mont à l'angle supérieur vers la naissance de la ligne de vie indiquent une chute de cheval suivie de danger de mort (fig. 26).

Toutes les lignes droites qui commencent à la racine du

pouce et se dirigent vers la ligne de vie supposent autant de liaisons; une ligne grosse et profonde qui apparaît distinctement au milieu des autres signifie ou mort violente ou liaison

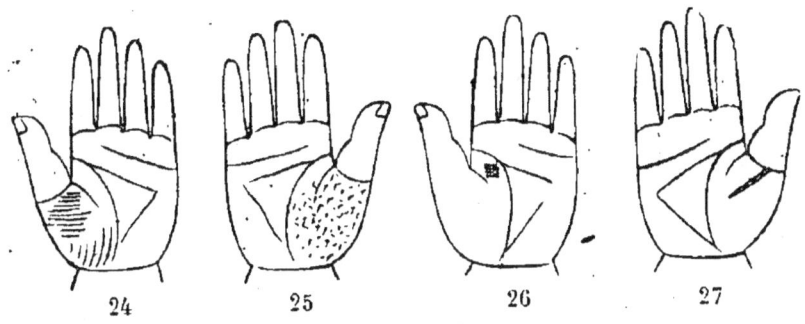

durable avec une femme en dehors des liens du mariage (fig. 27, 28).

Les lignes qui touchent à la ligne de vie, une fois nées sur

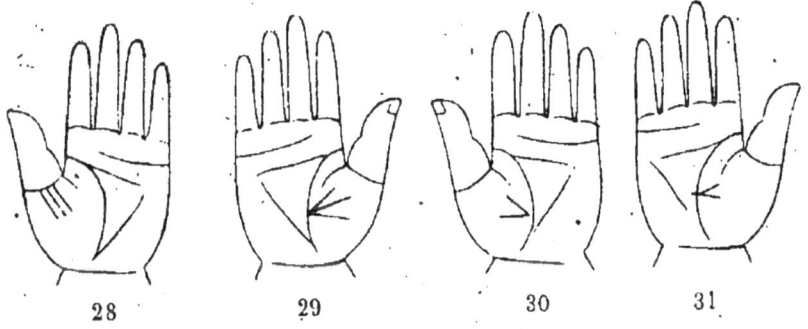

le mont de Vénus, indiquent toujours blessures par le feu (fig. 29, 30, 31).

Si quelques lignes commencent au mont de Vénus, coupent la ligne et descendent vers le mont de la Lune, elles marquent le nombre des voyages qu'on fera (fig. 32).

Si la racine du pouce est coupée par une ou plusieurs lignes, c'est la mort par étouffement, par submersion, par strangulation (fig. 33).

S'il se trouve entre la première et la deuxième jointure du pouce, deux lignes qui forment deux angles avec deux autres, c'est inclination au jeu, qui pourra causer la mort du joueur si

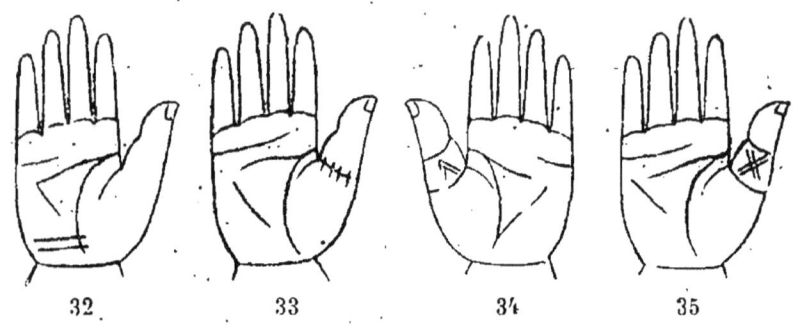

ces lignes forment une croix, et qui causera des pertes continuelles si ces lignes sont courbes et discontinues (fig. 34, 35, 36).

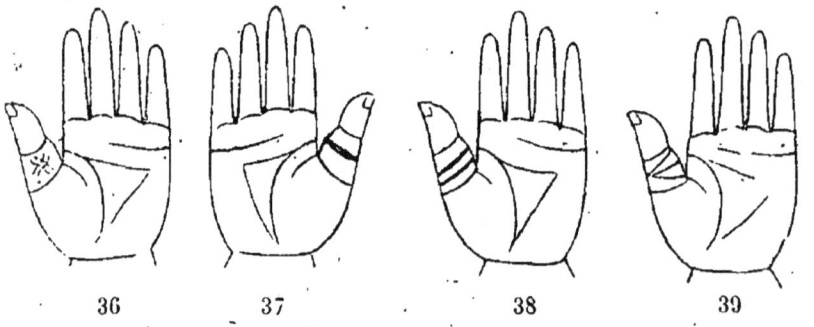

Une ou deux lignes très grosses qui traversent le pouce signifient danger d'être décapité ou assassiné, de même que les lignes montant vers le dos de la main veulent dire emprisonnement proportionné à la longueur de la ligne (fig. 37, 38, 39).

XIV. — Le mont de Jupiter et l'index.

Le mont de Jupiter est en général très favorable, surtout quand il est sillonné de lignes droites.

Sans lignes, clair, élevé ou sillonné d'échelles, il signifie honneurs, grandes dignités, carrière brillante (fig. 40, 41).

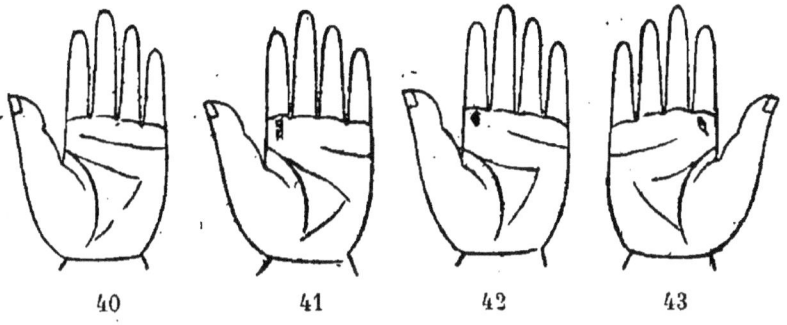

40   41   42   43

Une ligne avec des rameaux vers la ligne de tête signifie

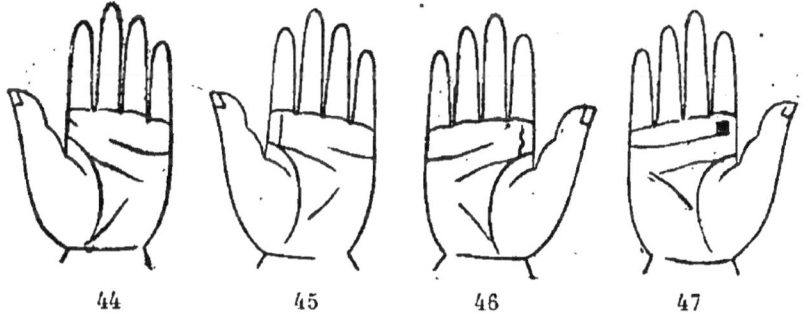

44   45   46   47

apoplexie foudroyante; de même pour une ligne se dirigeant vers le médius. Toutes les lignes qui descendent vers la ligne de tête indiquent du reste des maladies (fig. 42, 43, 44).

Une ligne tortueuse allant de l'angle suprême vers l'index marque la personne irritable et batailleuse, de même qu'une ligne droite ayant la même direction suppose une grande fortune (fig. 45, 46).

Les petites lignes qui vont de la ligne de cœur vers Jupiter,

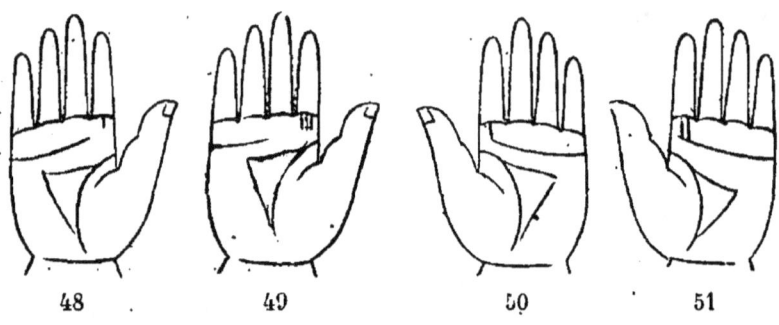

48   49   50   51

de même que celles qui viennent de la racine de l'index indiquent toutes honneurs, dignité, carrière brillante (fig. 47, 48, 49).

Une ou deux lignes bien accentuées qui se dirigent de la

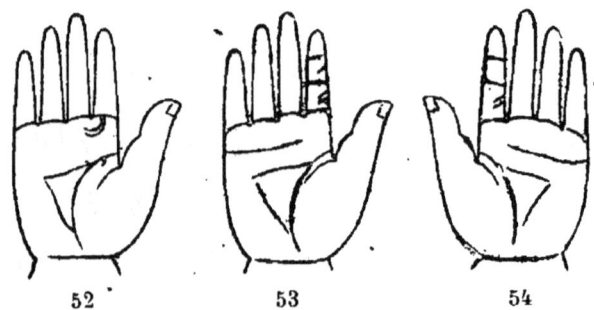

52   53   54

ligne de cœur vers la racine de l'index en coupant Jupiter signifient mort violente ou blessures à la tête (fig. 50, 51, 52).

Les lignes qui traversent la partie supérieure de la main supposent un tempérament irascible et sanguin ; si elles proviennent du doigt du milieu elles supposent une inclination irrésistible à la mélancolie (fig. 53, 54).

XV. — Le mont de Saturne et le doigt du milieu.

Le mont de Saturne et le doigt du milieu appartiennent à Saturne, c'est-à-dire à la planète de la bonne et mauvaise chance. Le plus souvent les personnes chez qui cette planète domine sont malheureuses et infortunées dans tous leurs desseins sauf quand les lignes sont en longueur.

Il faut remarquer du reste que pour que la fatalité soit heureuse, ce mont doit être simple et la ligne qui le traverse

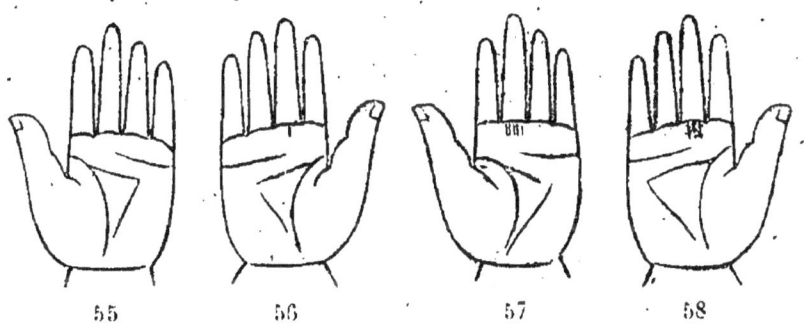

55   56   57   58

unique; dès que les lignes se multiplient, ce sont autant d'obstacles et de difficultés qui naissent sous les pas.

S'il ne se trouve aucune ligne sur le mont de Saturne, la personne est simple, laborieuse, sa vie est douce, sans soucis; de même que coupé par une seule ligne, c'est d'un bon augure pour l'acquisition des richesses (fig. 55, 56).

Des lignes fines, déliées ou entrecoupées sur le mont de Saturne signifient toujours tristesse, mélancolie, infortune (fig. 57, 58).

Des lignes coupées, interrompues et discontinues supposent un tempérament colérique (fig. 59, 60).

En forme d'échelle ou de gril, elles veulent dire maladies surtout dans les reins ou emprisonnement (fig. 61, 62).

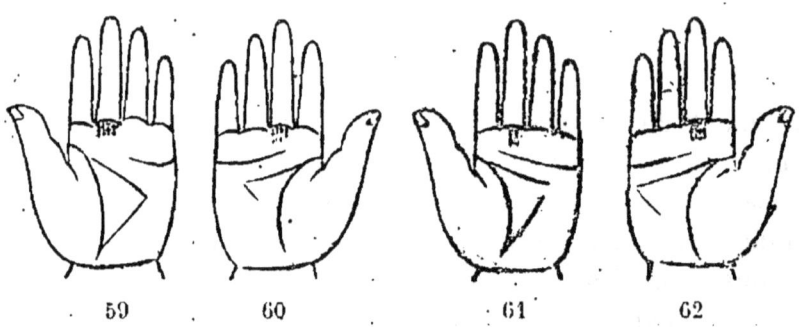

59   60   61   62

Des lignes amoncelées signifient des inimitiés, des persécutions nombreuses et violentes (fig. 63).

Une ligne qui vient du creux de la main, traverse Saturne et

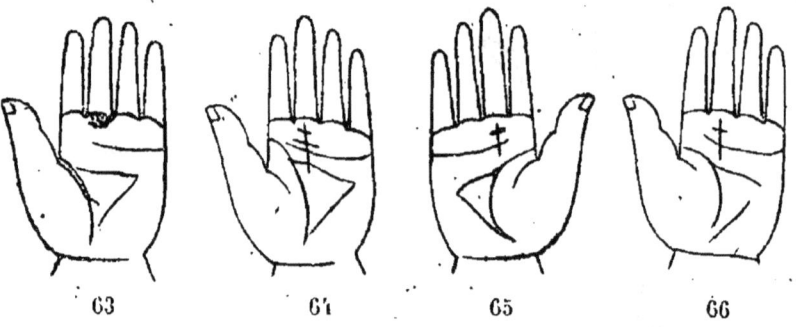

63   64   65   66

se dirige vers le doigt du milieu, annonce des blessures, à la tête si elle est grosse, à la poitrine si elle est rouge, aux membres si elle est fine et délicate (fig. 64, 65, 66, 67).

S'il se trouve une ligne tortueuse entre la première et la deuxième jointure du médius, cela signifie malheur et opposition à tous les desseins; plusieurs lignes dans le même espace, menace d'être mordu par une bête enragée ou venimeuse (fig. 68, 69).

Autant il y a de lignes verticales (suivant quelques auteurs)

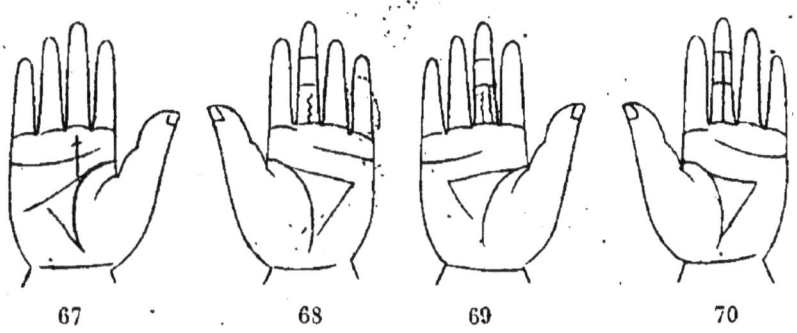

entre la deuxième et la troisième jointure du médius, autant d'enfants soit pour un homme, soit pour une femme (fig. 70).

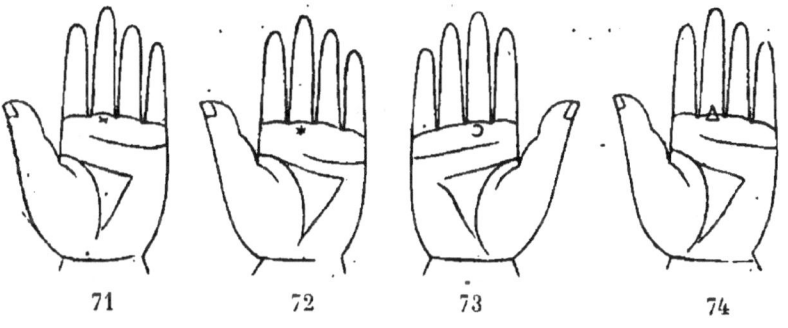

Tout signe, croix, étoile, triangle sur le mont de Saturne ou sur le médius indique emprisonnement, blessures ou mort (fig. 71, 72, 73, 74).

XVI. — Le mont du Soleil et l'annulaire.

Le mont du Soleil et l'annulaire sont sous la domination du Soleil. Rien que des lignes en long sur ce mont indiquent une personne spirituelle, aimable, bienveillante, d'humeur toujours égale. Si, au contraire, les lignes vont dans tous les sens et sont très nombreuses, elles annoncent une grande sécheresse du cœur, de la vanité et un égoïsme sans bornes. Une ligne nette, profonde, montant de l'extrémité du triangle vers le mont du

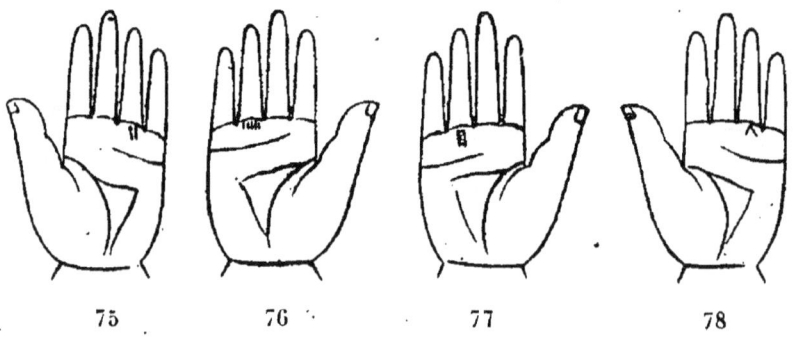

75   76   77   78

Soleil, indique des protections et des amitiés influentes et considérables.

Le mont du Soleil coupé par deux lignes droites profondes annonce de grandes richesses; plusieurs lignes droites très fines montrent l'homme juste, délicat, mais malheureux par ses amis; en forme d'échelle ce sont des honneurs, des dignités (fig. 75, 76, 77).

Deux lignes sur le mont formant un angle près de la racine

de l'annulaire supposent une chute grave et une ligne tortueuse suffocation ou submersion (fig. 78, 79).

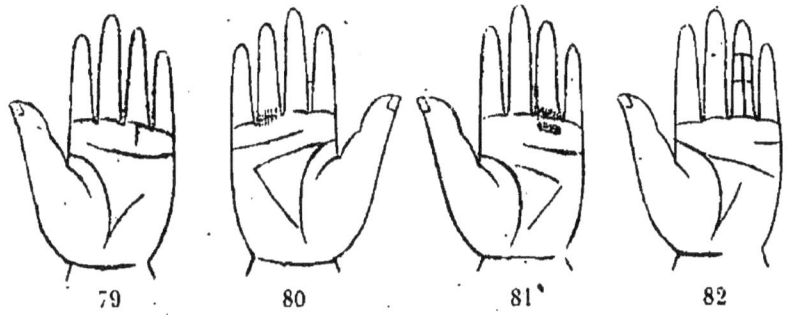

La racine de l'annulaire coupée par quelques lignes déliées

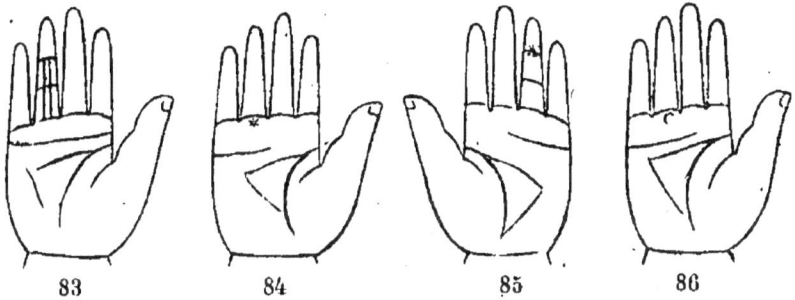

et délicates indique une disposition très accentuée à la colère,

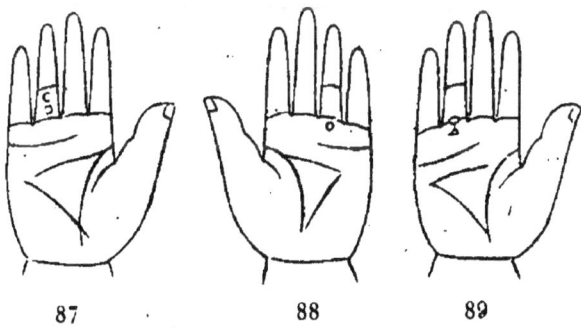

ou la fidélité et le courage en ce qui concerne les affaires publiques (fig. 80, 81).

Une ou plusieurs lignes droites et colorées de la racine de l'annulaire à la troisième jointure supposent un excellent esprit, de hautes et puissantes relations (fig. 82, 83).

Les croix, les cercles, les triangles ou les étoiles sur le mont du Soleil et sur l'annulaire indiquent acquisition de richesses; les demi-cercles seuls annoncent ingratitude, blessures et même assassinats (fig. 84, 85, 86, 87, 88).

Tout signe sur la racine de l'annulaire indique une maladie d'yeux (fig. 89).

XVII. — Le mont de Mercure et l'auriculaire.

Le mont de Mercure et le petit doigt sont soumis à l'influence de Mercure. Plusieurs lignes en long indiquent un excellent

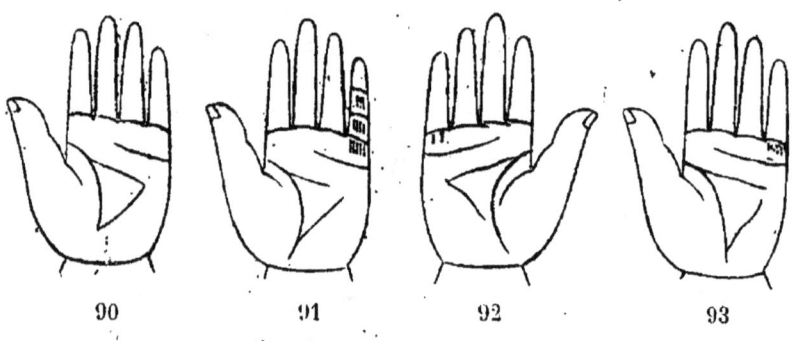

90　　　　91　　　　92　　　　93

naturel et un bon tempérament. Des lignes multiples dirigées dans tous les sens dénotent une personne méchante, fine, rusée autant que fourbe; plus le mont de Mercure est développé du reste, plus grand est le sens pratique de la personne, mais plus égoïste et plus intéressé son caractère.

Une ligne délicate sur le mont suppose la personne avare et envieuse, plusieurs lignes claires un esprit dissimulé ; de grosses lignes courtes un bavard et un hâbleur (fig. 90, 91, 92).

Beaucoup de lignes sur le mont ou à la racine de l'auriculaire supposent une personne menteuse, trompeuse, voleuse,

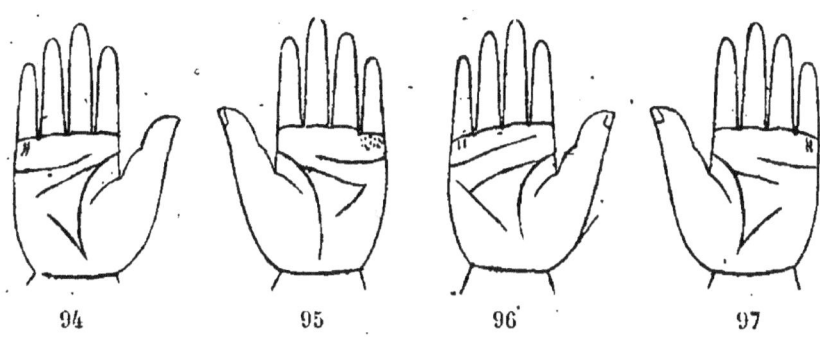

94   95   96   97

même homicide, en tout cas une personne dont il faut se méfier (fig. 93, 94, 95).

Toutes les lignes qui se rencontrent sur ce mont près de la

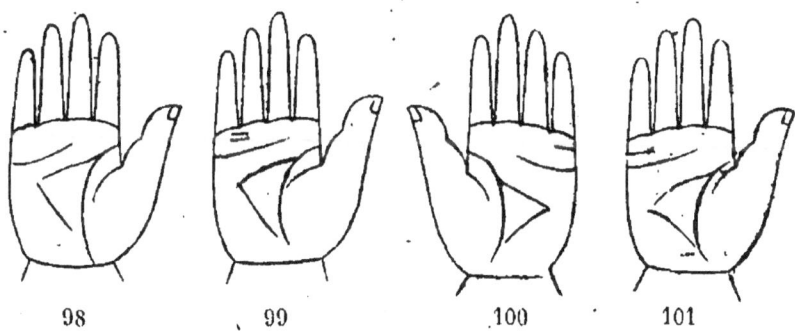

98   99   100   101

racine du doigt indiquent le nombre d'enfants mâles qui mourront jeunes si ces lignes sont courtes ou sont déjà morts si elles sont coupées (fig. 96, 97, 98).

Les lignes entre le mont du Soleil et le mont Mercure supposent des blessures aux genoux (fig. 99).

LES LIGNES DE LA MAIN

Les lignes profondes qui vont de la percussion au dos de la main sur le mont de Mercure marquent autant de mariages ou d'amours secrètes en dehors du mariage. Si elles sont coupées d'une croix, la femme épousée doit être riche; si elles sont

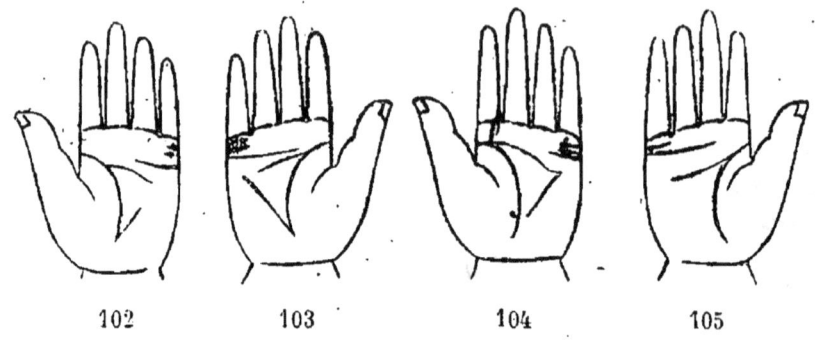

petites et souvent interrompues, elles signifient que la femme sera maîtresse à la maison (fig. 100, 101, 102).

Si ces lignes sont trop souvent interrompues, c'est un signe

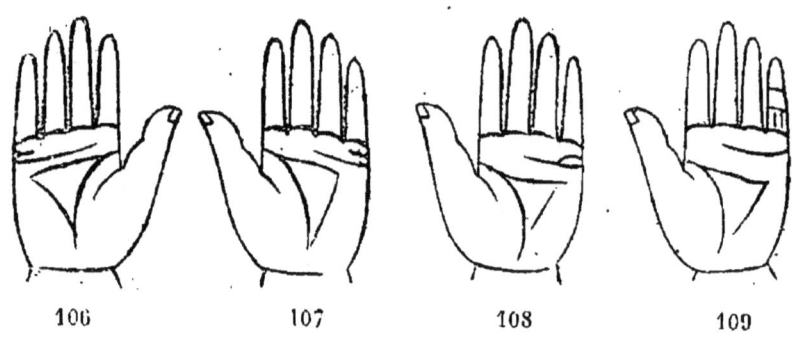

évident de célibat. Coupées sur le mont, le mari mourra le premier; coupées sur la percussion, c'est la femme (fig. 103, 104, 105).

Une ligne fourchue, tortueuse ou peu apparente signifie changements fréquents dans les affections, querelles, discussions. Inclinée vers la ligne de cœur, elle veut dire que la personne jouira de la vie et se mariera très tard pour faire une fin (fig. 106, 107, 108).

Autant il y a de lignes droites entre la première et la deuxième jointure de l'auriculaire autant d'enfants dans la

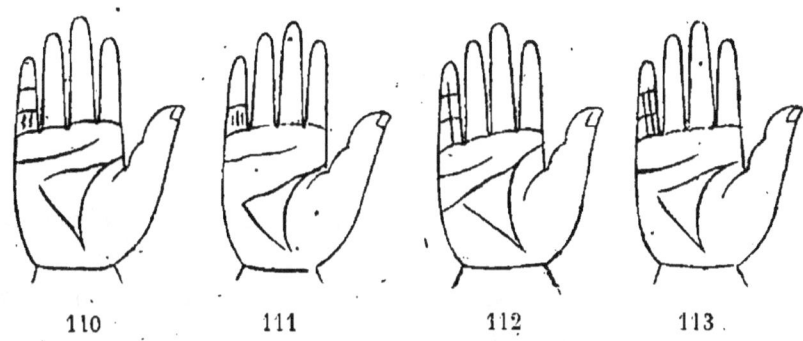

main d'un homme, de filles dans celle d'une femme; si l'une des lignes dépasse les autres, c'est que l'un des enfants sera

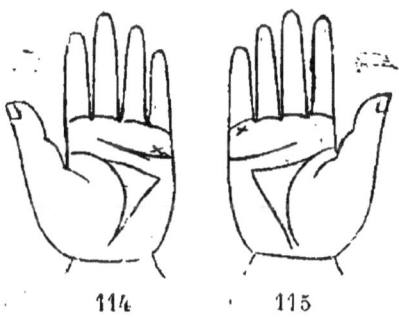

supérieur aux autres par le cœur, l'intelligence ou la beauté (fig. 109, 110, 111).

Une ligne qui monte de la racine de l'auriculaire à l'extrémité du doigt ou troisième jointure indique un homme de bien et de bon esprit, un savant; plusieurs lignes supposent un homme curieux, grand faiseur d'hypothèses, mais vivant plus par l'imagination que dans la réalité (fig. 112, 113).

Des croix sur le mont de Mercure signifient ou charges honorables, ambassades, dignités, ou voyages lointains par mer et par terre (fig. 114, 115).

XVIII. — Le mont de la Lune.

Le mont de la main est sous la domination de la Lune dont l'influence a quelque chose de mystérieux, de mélancolique et s'exerce surtout sur l'imagination, sur les relations amicales avec des parents ou avec des étrangers.

Le mont élevé donne un tempérament robuste, des facultés

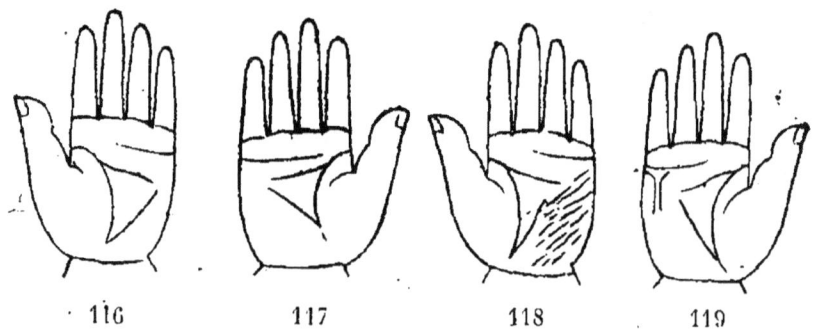

116   117   118   119

harmonieuses dominées par l'imagination. Son abaissement est un signe évident de malheur; ridé et âpre, il dénote un esprit méchant, une personne vicieuse (fig. 116, 117, 118).

Quelques lignes allant du mont de la main à la ligne de cœur annoncent des amis étrangers; si elles commencent vers la rascette ce sont des parents habitant le pays; infléchies vers la rascette, ce sont des amis officieux mais impuissants (fig. 119, 120, 121).

Autant de lignes commencent à la percussion, et se terminent vers la ligne de cœur, autant d'ennemis mortels et des ennemis

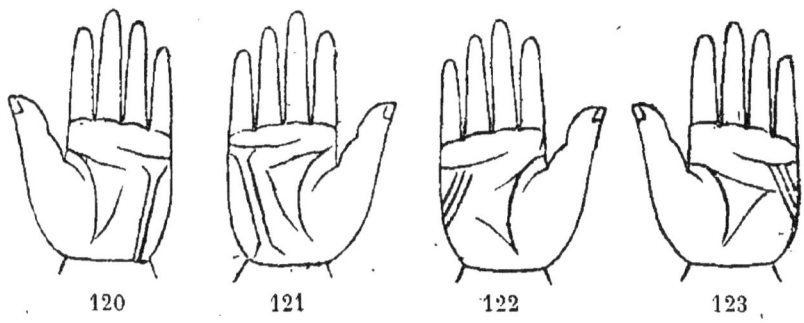

de jeunesse si ces lignes touchent la ligne de cœur; si elles

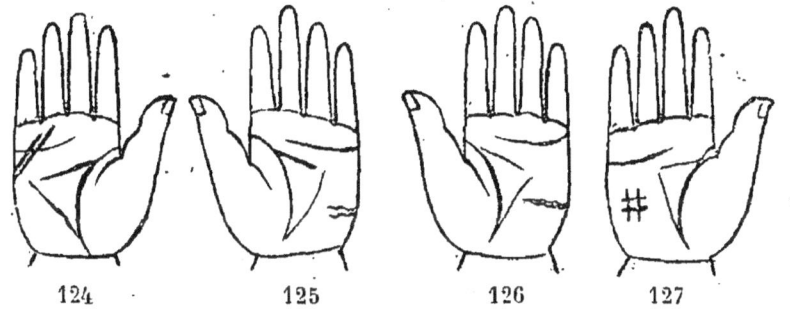

coupent la ligne de cœur et aboutissent à l'annulaire, elles

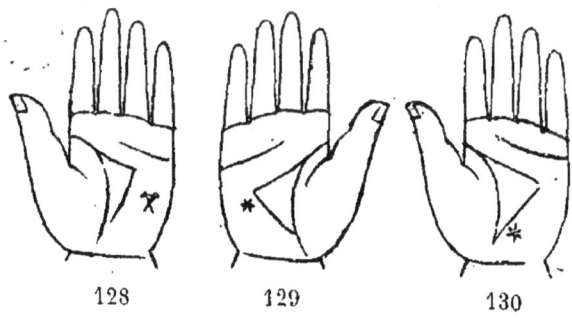

supposent la mort d'une personne qui nous est très chère (fig. 122, 123, 124).

Des lignes tortueuses sur le mont, des petits chaînons qui commencent à la percussion et finissent sur le mont, des carrés annoncent une mort dans l'eau (fig. 125, 126, 127).

Des croix sur ce mont indiquent une personne dévote jusqu'au fanatisme; une étoile annonce des infamies commises ou des héritages (fig. 128, 129, 130).

XIX. — Les lignes de la main.
Observations générales.

On a vu, dans un chapitre précédent, le nom et la disposition des différentes lignes de la main qui viennent compléter les données des monts, des ongles, des doigts et de la paume.

Avant d'aborder une étude spéciale de ces lignes, il est bon de faire quelques observations.

Et d'abord toutes les mains ne possèdent pas les lignes indiquées. Une main d'homme, par exemple, est beaucoup plus simple, infiniment moins délicate au point de vue des lignes qu'une main de femme. De plus, nous avons déjà vu que parfois des lignes manquaient et étaient remplacées par leurs sœurs.

Il faut aussi ne pas oublier la différence qui existe entre la main gauche et la main droite. La main droite est la main du travail et de l'activité, la gauche celle de la pensée et du sentiment. Si donc les lignes sont plus nettes, plus profondes dans la première, on se trouve en présence d'une nature active, vigoureuse, le plus souvent énergique, chez laquelle la raison et la volonté l'emportent presque toujours sur le sentiment.

Au contraire, si les sillons de la deuxième sont plus nettement accusés, on a affaire à un tempérament sensible, plus affectueux qu'énergique, plus intelligent qu'actif.

Considérez aussi qu'il ne s'agit pas seulement de voir la forme et les divisions des lignes que vous étudiez, qu'il faut encore voir leur couleur et leur étendue.

En général, une ligne étroite, profonde, colorée a une influence heureuse; au contraire, toute ligne pâle et large avec des solutions de continuité, annonce le défaut opposé à la qualité qu'impose ordinairement la ligne.

XX. — De la division des lignes.

Comme la ligne de vie est en quelque façon la première de toutes les autres et la principale, il est très important de commencer par la connaître exactement pour considérer et remarquer les principaux accidents de notre vie, dont elle marque plus particulièrement les circonstances. C'est pourquoi si d'abord il vous paraît une vie brève, de peu de durée par l'inspection de ladite ligne de vie, il serait inutile de parler de l'esprit, des mœurs, des richesses, des alliances, des voyages, des maladies, des honneurs, des dignités et ainsi de plusieurs autres accidents et circonstances de la vie (fig. 131).

Donc, pour procéder par ordre, il faut observer soigneusement sa division, qui se fait arithmétiquement. On pose la première pointe du compas sur le milieu de la racine de l'index et l'autre sur le milieu de la racine de l'annulaire. On rapporte sur la ligne de vie, la première pointe du compas, tenant toujours ferme l'autre branche sur la racine de l'index, on établit les dix premières années de son âge.

En troisième lieu, la première pointe demeurant toujours sur le milieu de la racine de l'index, on porte l'autre sur le milieu de la racine de l'auriculaire, et on la rapporte sur la ligne de vie, on a ainsi les trente premières années de son âge.

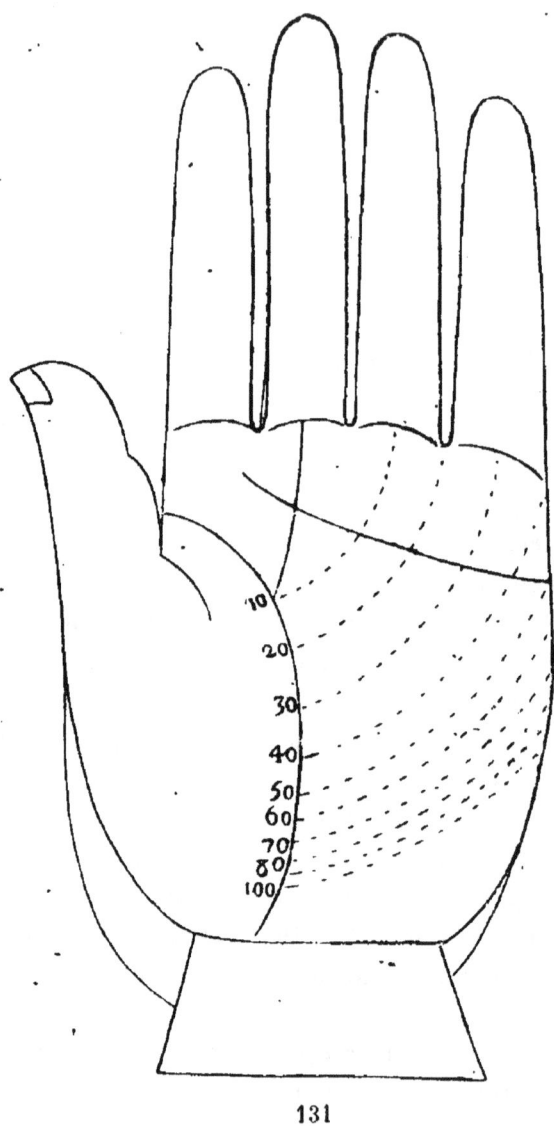

131

En cinquième lieu, la pointe du compas demeurant toujours

ferme sur le milieu de la racine de l'index, on porte l'autre au commencement de la ligne de cœur, et sur la ligne de vie, on forme les cinquante premières années de son âge.

En sixième lieu on prend avec les deux pointes du compas la longueur de l'espace qui se trouvera entre la quarante et cinquantième année de l'âge marqué sur la ligne de vie, on le marque sous la ligne de cœur le long de la percussion de la main vers la rascette et on étend la première pointe du compas du milieu de la racine de l'index comme ci-dessus; l'autre pointe, qui est demeurée sur la percussion au-dessous de la mensalle, est rapportée sur la ligne de vie, nous avons la soixantième année de notre âge.

De plus pour trouver la soixante-dixième année de son âge, il faut diviser la ligne de vie depuis son commencement jusqu'à la soixantième année en trois parties égales et apposer la troisième partie de cette division au-dessous du commencement de la ligne de cœur et ainsi de suite comme précédemment. On obtient ainsi les différentes périodes de la vie d'une façon précise et sûre. C'est un peu long, un peu difficile; mais on acquiert vite l'habitude de partager ainsi la ligne de vie et on le fait de façon moins mathématique.

On divise de la même manière les autres lignes, la ligne de cœur, la ligne de tête et la ligne hépatique.

XXI. — De la ligne de vie. Pourquoi elle est appelée ligne de vie.

Les véritables principes de la chiromancie bien établis, pour en avoir une connaissance plus certaine, il faut étudier chaque ligne en particulier. De cette étude dépend absolument l'entière et parfaite connaissance des événements de la vie.

C'est la ligne de vie qui tient le premier rang au milieu des autres lignes comme étant le principe de la vie. En effet, c'est grâce à elle que l'on peut connaître quelle doit être la durée de la vie humaine aussi bien que ses accidents, soit que nous considérions attentivement cette ligne dans sa situation, ou dans sa forme, dans sa continuité, ou dans sa discontinuité, dans son étendue, dans sa grosseur, dans sa délicatesse, dans sa couleur et enfin dans les différentes qualités qu'elle possède.

Si la ligne de vie apparaît dans la main, enfoncée, longue, non discontinuée, la personne jouit d'une parfaite égalité d'humeur, d'une bonne santé et on peut presque, à coup sûr, lui prédire une longue vie.

Si elle n'est pas égale dans son étendue, si elle paraît en quelques parties, ou plus large, ou plus enfoncée, elle dévoile la personne colère, ou sujette à quelque autre passion violente.

Si dans son commencement avec l'angle suprême, elle est délicate et apparente, elle marque la personne bonne, d'un esprit fort docile; au contraire, si elle est trop grosse et trop dilatée, elle indique la personne rude, indocile et de mauvaise volonté.

Une ligne de vie longue et étendue fait supposer une personne emportée et brutale.

Une ligne de vie brève et déliée est le propre des personnes de faible complexion, dont la vie doit être très courte.

Si elle est courte et peu allongée, et grosse, ou enflée, elle annonce une vie de peu de durée.

Au reste un événement inopiné, un accident imprévu peuvent subitement trancher le fil de la vie sans que le tempérament fasse prévoir une fin aussi rapide.

Là encore la chiromancie peut aider puisqu'elle aide à prévoir non seulement ce qui peut arriver, mais encore le moment précis où la chose se produira. N'y a-t-il pas là un moyen précieux de prolonger la vie et d'éviter des hasards funestes?

Par exemple si, par un accident inopiné, la personne doit être emportée, la ligne de vie semble être rompue tout d'un coup, en sorte que si les rameaux sont séparés et désunis, ceci marque une prompte congestion et par conséquent une mort subite.

De la même façon, on trouve quelquefois des signes par lesquels la ligne de vie est manifestement et apparemment traversée. Ces signes ont leur principe dans quelques lignes qui descendent du mont de Vénus. La personne est particulièrement menacée de douleurs, ou d'accidents dans la tête.

La ligne de vie longue, continue, droite et bien colorée, suppose une vie longue et peu sujette aux maladies et infirmités (fig. 132).

Courte et large, elle suppose un tempérament peu robuste, avec brièveté de vie (fig. 133).

Courte et coupée de petites lignes, elle suppose la personne valétudinaire et infirme, avec imbécillité d'esprit (fig. 134).

Longue et déliée, elle dénote la personne infidèle et inconstante (fig. 135).

Grosse et rouge, elle suppose la personne inconstante (fig. 136).

Cette ligne grosse et large, au-dessus de l'angle supérieur, marque la personne colère et peu sage (fig. 137).

Large et longue, elle suppose la personne colère et brutale (fig. 138, 139).

Large et mal colorée, elle marque la personne mal élevée et infidèle.

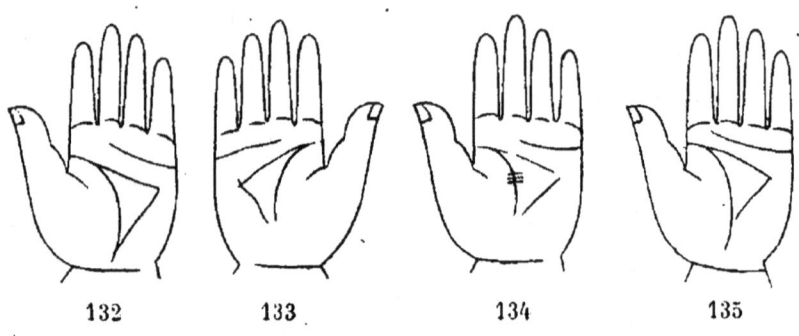

132   133   134   135

Tortueuse, elle suppose la personne méchante et fourbe (fig. 140); déclinant vers le mont de Vénus, elle signifie être menacé par le feu, exposé aux brûlures (fig. 141).

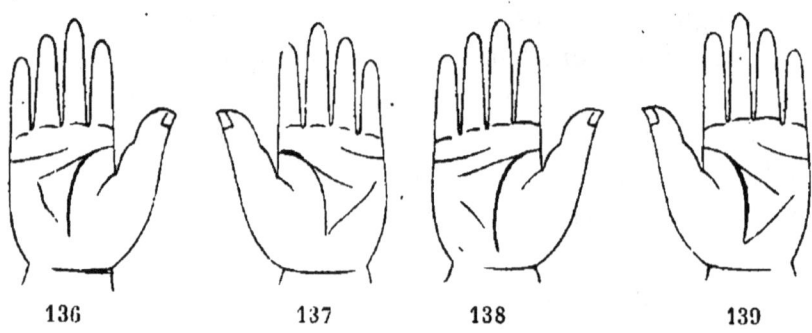

136   137   138   139

Ladite ligne rouge et tortueuse vers la ligne de cœur, marque la personne trompeuse, grande parleuse, et de méchant esprit (fig. 142).

Avec des points, elle signifie infidélité et trahison principalement (fig. 143).

Avec des points non profonds, elle suppose la personne pensive et mélancolique, fantasque et infidèle (fig. 144).

Avec des points pâles, elle suppose la personne malicieuse, curieuse, grande parleuse, et qui se plaît fort à elle-même.

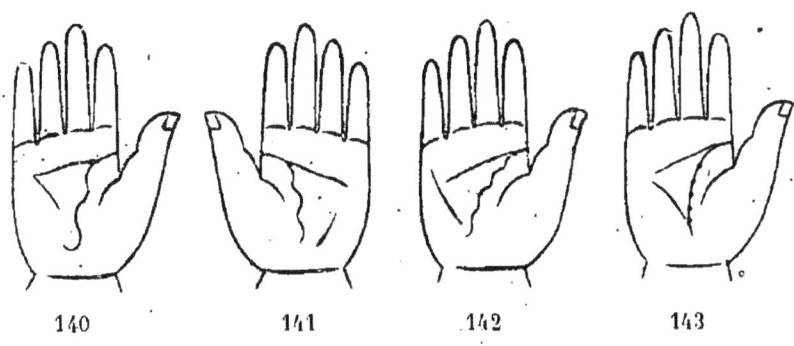

140   141   142   143

S'ils sont rouges, ils supposent la personne mélancolique (fig. 145-146).

Avec des points vers le mont de Vénus, suppose la personne

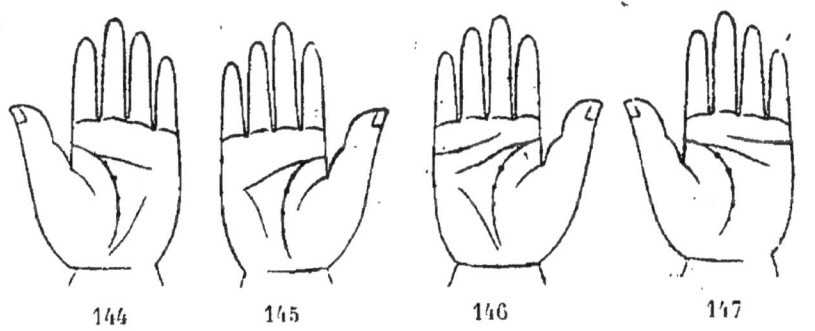

144   145   146   147

infidèle, méchante et dont l'esprit est toujours occupé au mal (fig. 147).

Ladite ligne avec des points profonds signifie mort violente (fig. 148).

La ligne de vie fourchue vers le mont de Jupiter, signifie honneur et richesse (fig. 149).

Fourchue dans l'angle, elle suppose la personne inconstante, variable, impertinente en paroles et extraordinaire en ce qu'elle fait.

Ladite ligne fourchue vers la ligne de cœur marque la per-

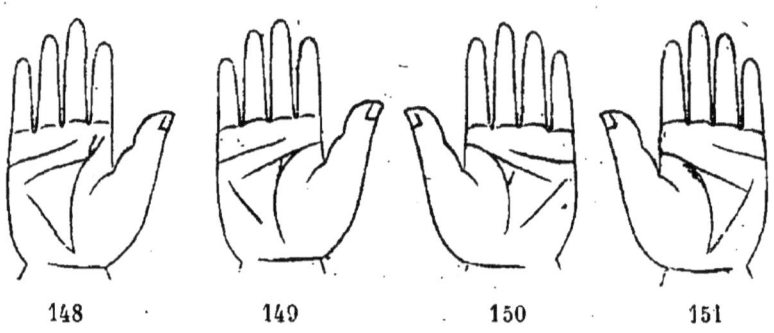

sonne fidèle, sage, de bonnes mœurs et qui souffrira quelque blessure (fig. 150).

La ligne de vie ayant des rameaux au commencement, mon-

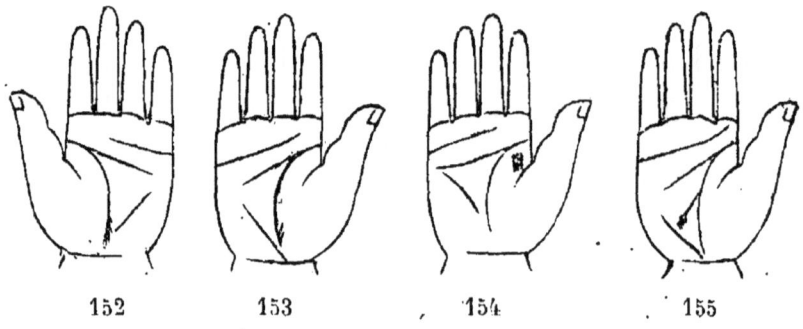

tant en haut du côté du mont de Vénus, suppose qu'on deviendra fort riche et opulent (fig. 151).

Tous les petits rameaux qui descendent de la ligne de vie à la rascette vers le mont de la main, supposent autant de maladies à venir (fig. 152).

Si sur l'extrémité de la ligne de vie se rencontrent de petites lignes montant vers le mont de Vénus, elles supposent un homme de bien, vertueux, sage et craignant Dieu, et qui doit mourir en son pays (fig. 153).

Si, sur la ligne, se trouvent quelques lignes interrompues vers le mont de Vénus, elles avertissent que la personne doit prendre garde de tomber de cheval. Plus les lignes sont courtes, plus elles signifient de mal (fig. 154).

S'il se trouve une ligne sortant de la ligne de vie et tendant vers la rascette avec extension de ses rameaux, elle suppose la

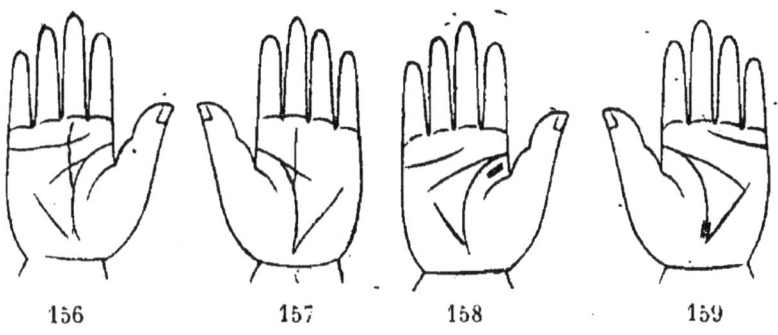

156   157   158   159

personne devenue pauvre et sujette à être facilement trompée par l'infidélité de ses serviteurs (fig. 155).

Si de ladite ligne de vie monte une ligne vers le mont de Saturne en forme de sillon, elle suppose la personne savante dans l'art de prédire les choses à venir (fig. 156).

Si une ligne droite monte de la ligne de vie sur le mont de Saturne coupant les lignes de tête et de cœur, elle suppose une mort violente (fig. 157).

S'il se trouve des lignes entrecoupées près du commencement de la ligne de vie vers le pouce, elles supposent discorde avec les proches parents (fig. 158).

Ladite ligne de vie courte, avec deux petites lignes parallèles de part et d'autre dans son extrémité, signifie courte vie et mort subite (fig. 159).

S'il se trouve une petite croix à l'extrémité de la ligne de vie, de quelque côté que ce soit, elle suppose une fin heureuse et des richesses (fig. 160).

S'il se trouve quelques étoiles au commencement de ladite

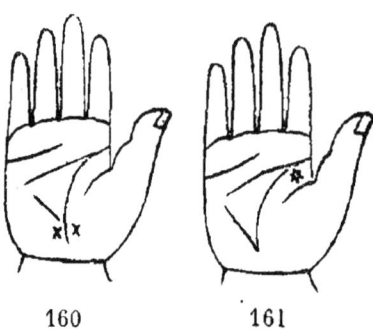

160   161

ligne de vie vers le mont de Vénus, elles supposent la personne heureuse et fortunée selon son état et sa condition (fig. 161).

XXII. — De la ligne de tête

A côté de la ligne de vie, prenant naissance au même endroit, se trouve la ligne de tête qui est à proprement parler la ligne de l'intelligence et du raisonnement. Elle forme avec la ligne précédente ce qu'on est convenu d'appeler l'angle suprême.

La parfaite conjonction de ces deux lignes révèle la personne fidèle, loyale, spirituelle, généreuse et se portant naturellement à l'entreprise des belles actions.

Si ces deux lignes ne sont pas unies dans l'angle suprême, et qu'il se remarque quelque distance de l'une à l'autre, cet éloignement nous marque la personne attachée à ses propres sentiments, d'une humeur fâcheuse, assujettie à ses passions, ne se souciant dans sa jeunesse, ni des biens, ni des richesses, ni de ses parents, suivant les mouvements de sa propre volonté, inconstante, légère, infidèle et colère.

S'il se rencontre quelques petits rameaux qui unissent ces deux lignes, ils font supposer égalité entre le cœur et le cerveau et donnent au caractère quelque chose de plus doux et de plus cordial.

La ligne de tête indique un bon tempérament naturel, un esprit éminent, et doit être droite, entière, profonde; c'est-à-dire très apparente jusqu'au mont de la main.

Si cette ligne naturelle est courte, grosse et profonde, ces qualités supposent une personne fantasque, stupide et malicieuse. Comme au contraire la longueur et la largeur excédant une juste proportion supposent une personne furieuse et brutale.

Si elle est longue et déliée, ou peu apparente, elle annonce une personne infidèle, fourbe, traître et d'un esprit léger.

La ligne de tête étant tortueuse et trop grosse, suppose la personne tout à fait malicieuse et disposée à toutes sortes de maux.

Lorsque cette ligne est tortueuse, déliée et un peu trop étendue, elle ajoute à tous les désordres précédents l'infidélité, la malice excessive, et en un mot toutes sortes de crimes, en quelque circonstance de temps, de lieu et d'occasions que ce puisse être.

S'il se trouve quelque main où la ligne de tête ne soit point marquée du tout, c'est signe évident de mort subite causée par quelque blessure (fig. 162).

Si la ligne de tête est distincte, droite et sans coupure, elle suppose une santé parfaite, une heureuse mémoire, un esprit vif et une bonne conscience (fig. 163).

Longue et large, elle marque l'homme furieux, brutal, d'un tempérament colérique (fig. 164).

Longue et étendue jusqu'au mont de la main, elle signifie un homme joyeux, fort, hardi, qui vivra longtemps (fig. 165).

Traversant la paume de la main, elle signifie infortune, folie, brièveté de la vie et mort malheureuse (fig. 166).

Traversant la paume de la main et descendant vers la ras-

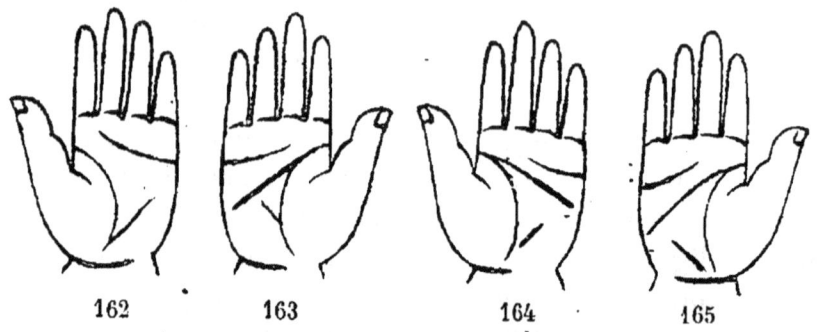

cette, elle signifie obstination et trop de confiance en soi-même dans quelque entreprise difficile et laborieuse.

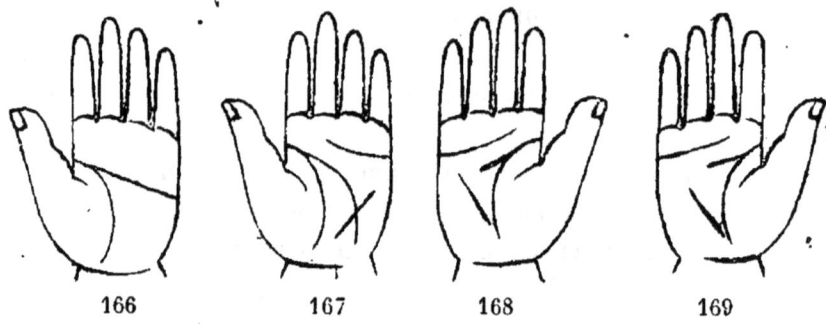

Étendue jusqu'à la rascette, elle annonce un ennuyeux, un avare ou un méchant (fig. 167).

Courte et ne passant pas le creux de la main, elle signifie timidité, impudence, perfidie, meurtre, mauvaise mémoire, mensonge et infidélité (fig. 168).

Se terminant entre les monts de Saturne et du Soleil, elle suppose corruption de mœurs et brièveté de vie (fig. 169).

-Déliée, pâle et livide, elle signifie débilité de cerveau, affaibli par une maladie d'estomac, et par conséquent vie courte.

Déliée, étendue jusqu'à la paume de la main, signifie brièveté de vie (fig. 170).

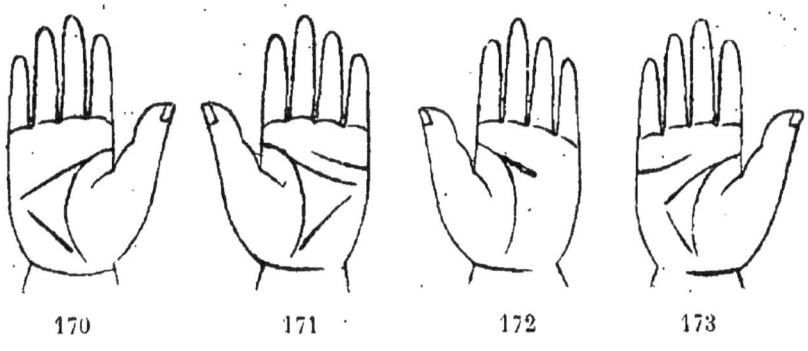

Si la ligne de tête incline vers la ligne de cœur, elle signifie longue vie avec travaux dans la vieillesse (fig. 171).

La ligne de tête très grosse signifie folie (fig. 172).

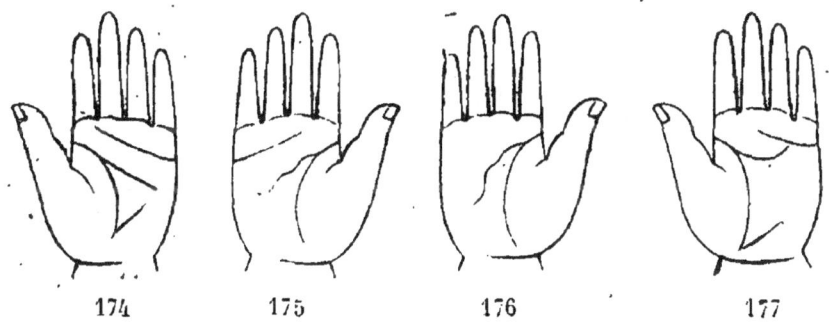

Grosse, large et rouge, elle signifie stupidité, folie et épilepsie.

La ligne de tête plus rouge en un endroit que dans un autre suppose maladie des poumons (fig. 173).

Livide, elle signifie apoplexie ou épilepsie (fig. 174).

La ligne de vie tortueuse et peu apparente signifie blessure par un cheval (fig. 175).

Tortueuse dans le milieu, c'est un signe d'avarice et d'usure (fig. 176).

En forme de cercle tournant vers la ligne de cœur, elle suppose meurtre, brutalité, folie et souvent péril de vie (fig. 177).

La ligne de tête tortueuse à son extrémité et doublée, suppose infortune et infidélité de ses amis.

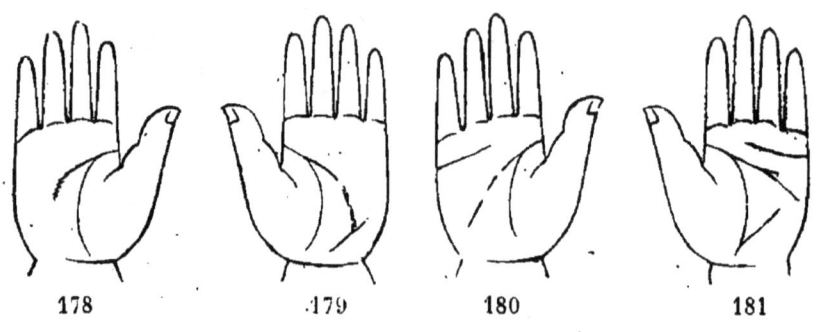

178　　　179　　　180　　　181

La ligne de tête confuse et peu apparente est un signe de faiblesse du cerveau (fig. 178).

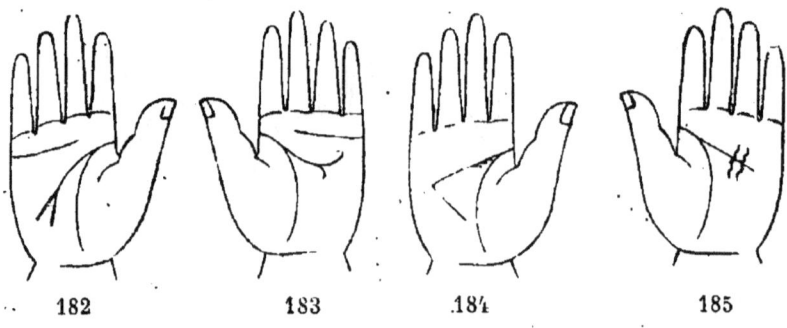

182　　　183　　　184　　　185

Cette ligne dispersée et peu apparente à son extrémité, suppose grande infirmité et peu de biens (fig. 179).

Ladite ligne de tête discontinuée et interrompue, suppose la personne sujette à des maladies (fig. 180).

La ligne de vie fourchue à son extrémité, suppose de méchantes actions cachées, de l'hypocrisie (fig. 181).

Fourchue et formant un angle aigu vers la rascette, elle signifie que la personne doit mourir par les mains de la justice pour ses crimes (fig. 182).

Fourchue et des rameaux s'étendant dans la paume de la main, suppose faiblesse d'esprit (fig. 183).

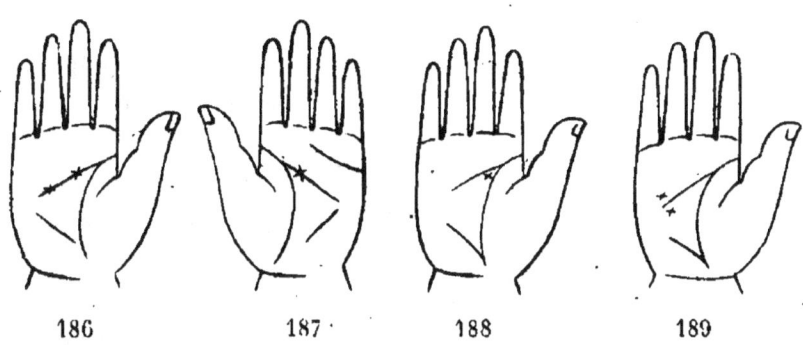

La ligne de vie avec des rameaux à son commencement, suppose fidélité et victoires remportées sur ses ennemis (fig. 184).

Plus la ligne de tête est coupée par d'autres lignes tortueuses,

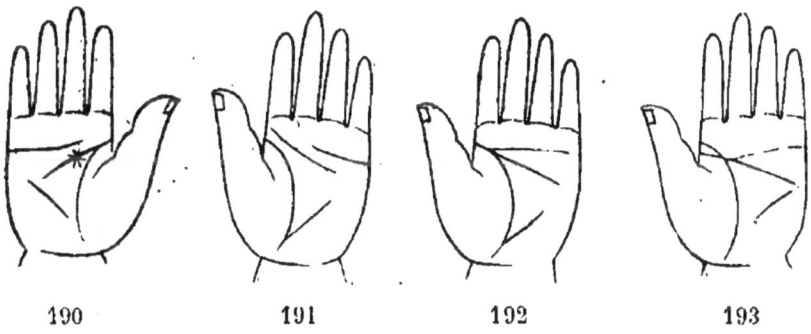

plus elle marque de malheurs, d'infortunes et de fâcheuses infirmités (fig. 185).

Une croix indique une personne riche, mais peu loyale et infidèle (fig. 186).

Au commencement, une croix signifie perte de biens (fig. 187).

Dans l'angle suprême, une croix suppose un homme de bien et un esprit propre à toutes choses (fig. 188).

Si sur les extrémités de ladite ligne de tête il se trouve une croix, en quelque lieu qu'elle soit, elle suppose une heureuse fin et une fortune favorable (fig. 189).

Une étoile suppose des héritages (fig. 190).

Si la ligne de tête est séparée de la vitale dans l'angle suprême et qu'il ne se trouve aucune ligne entre les deux, elle signifie colère, avarice, mauvaise mort (fig. 191).

Si ladite ligne de tête est unie à la ligne de cœur sous le doigt du milieu, elle suppose la mort par apoplexie (fig. 192).

Si ladite ligne de tête est coupée par la ligne de vie, et que la ligne de cœur s'y vienne joindre dans son commencement, elle marque la personne meurtrière, adroite et malicieuse (fig. 193).

XXIII. — La ligne hépatique.

La ligne hépatique ou du foie est la base du triangle qui se trouve dans la plaine de Mars au creux de la main. Elle est importante parce qu'elle révèle de façon certaine le tempérament physique de chacun de nous.

En ce qui regarde la disposition et les qualités de cette ligne, elle doit être unie avec la ligne de vie dans l'angle droit et avec la ligne de tête dans l'angle gauche du triangle et de plus elle doit être droite et continue, car dans cette situation elle suppose une bonne digestion, une forte complexion.

Si elle est interrompue ou discontinue et séparée de la ligne de vie et de la ligne de tête, elle marque un tempérament débile, un estomac délicat.

Si elle est jointe à la ligne de vie, et si dans cette conjonction elle est profonde et entière, sans toutefois toucher la ligne de tête, elle marque une bonne complexion, mais qui cependant doit être altérée plus tard par un accident quelconque.

Si elle est fourchue vers la ligne de vie, elle suppose un mauvais naturel et un penchant vers toutes sortes de crimes..

Si elle est fourchue vers la ligne de tête, elle suppose un estomac faible et une complexion délicate avec de fréquentes indigestions.

Si la ligne du foie est coupée par quelqu'autre ligne, elle indique quelques maladies causées par quelque accident extérieur.

Si elle est interrompue ou composée d'arcs, ou bien de quantités de petites lignes, elle suppose une maladie imprévue.

Si au contraire elle est interrompue et désunie, continuée par plusieurs autres lignes, se succédant les unes aux autres, elle marque un naturel fort robuste.

Il faut remarquer que toutes les maladies qui procèdent du cœur et du poumon sont marquées par la ligne de vie, comme celles de la tête et du cerveau par la ligne de tête, et celles du foie et de l'estomac par la ligne hépatique.

Si la ligne du foie ne se trouve point dans la main, c'est signe de paresse et de gastralgie.

Si la ligne du foie est longue, profonde, large, continue et bien colorée, elle signifie force d'estomac et de plus joie, hardiesse et longue vie (fig. 194).

Si la ligne du foie touche la vitale et la ligne de tête, c'est une marque que les principales parties du corps sont saines et robustes (fig. 195, 196).

Si elle se termine à la ligne de tête, elle indique un homme pieux, modeste et un bon esprit (fig. 197).

Longue et dépassant la ligne de tête, elle marque un esprit rude et grossier (fig. 198).

Si elle s'étend vers la percussion, elle suppose la personne en péril sur l'eau (fig. 199).

Le long de la percussion elle suppose une vie courte et un naufrage évident (fig. 200).

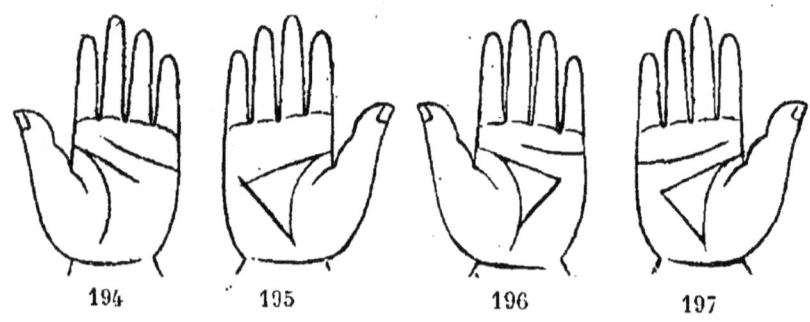

194   195   196   197

Si elle monte depuis la rascette jusqu'au mont de Jupiter, elle signifie grands honneurs et ambassades (fig. 201).

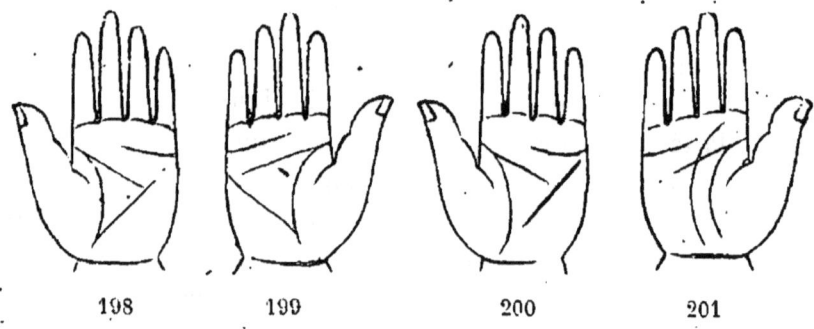

198   199   200   201

Si elle s'étend jusqu'au mont de Saturne, elle suppose une parfaite santé de corps jusqu'à la vieillesse (fig. 202).

Rouge vers la ligne de vie, elle suppose douleurs de tête causées par l'estomac avec palpitations et douleurs de cœur (fig. 203).

Déliée et rouge dans le milieu, elle signifie des fièvres.

Si elle est inclinée dans le creux de la main et séparée de la ligne de tête, elle signifie faiblesse d'esprit, inconstance et infidélité.

Inclinée vers la percussion, elle suppose un estomac faible avec menace d'apoplexie.

Tortueuse et pâle, elle suppose une maladie prochaine.

Coupée, elle marque péril de la vie.

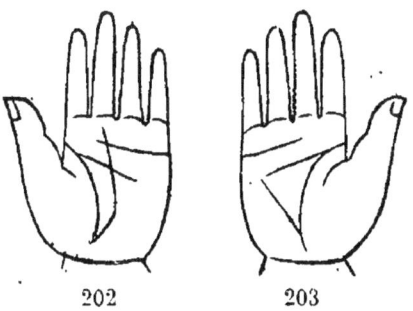

Large et droite et quelque peu discontinuée dans le milieu et de vive couleur, elle signifie bonne disposition du foie (fig. 204, 205, 206).

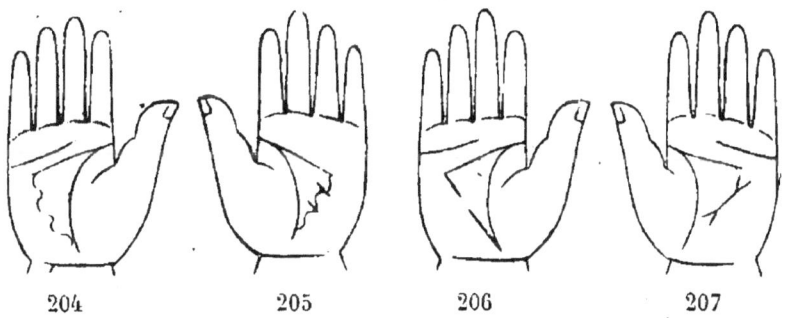

La ligne du foie fourchue, de quelque façon que ce soit, est toujours mauvaise.

Si la ligne du foie est fourchue vers la ligne de vie ou la rascette, elle signifie mort violente.

Fourchue vers la ligne de tête, elle signifie débilité d'estomac et mort violente.

Fourchue vers le creux de la main, suppose mort subite et peut-être violente (fig. 207, 208, 209, 210).

La ligne du foie coupant la ligne de vie, suppose une longue vie avec un courage martial; l'esprit bon et naturellement porté au bien (fig. 211).

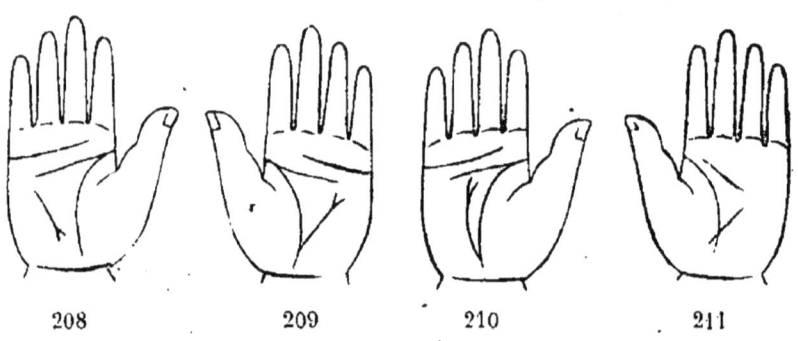

Ladite ligne du foie ne touchant pas la ligne de vie, signifie longue vie, mais vanité et inconstance, un homme sans

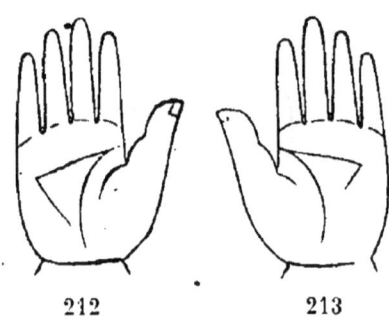

foi, méchant esprit qui pourra commettre quelque meurtre (fig. 212).

S'il se trouve une notable distance entre les lignes du foie et de vie, c'est un signe de mensonge, de folie et de prodigalité (fig. 213).

XXIV. — De la ligne de cœur.

La ligne de cœur fait connaître la puissance et l'intensité de la passion, et comme la passion est dans la vie la source et l'explication de bien des faits, le tempérament passionnel des hommes est peut-être plus important à bien connaître que leur constitution physique ou leur intelligence.

La ligne de cœur doit être droite, entière, continue, profonde et apparente jusqu'après le mont de Saturne, et un peu courbée vers l'index. Dans cette situation elle marque une bonne et forte complexion avec une excellente disposition à avoir beaucoup d'enfants.

Au contraire si elle est discontinue et déliée, elle marque une disposition tout à fait opposée à la précédente.

Si cette ligne est composée de rameaux ou de quantité d'autres petites lignes courbes à leurs extrémités, elle marque un homme fin, rusé, spirituel.

Si cette ligne est fourchue vers le mont de Saturne, elle marque un bon esprit et une bonne complexion avec une intelligence vive et subtile.

Si les rameaux s'étendent vers les doigts, c'est la marque d'un homme malin, malveillant, fourbe, malicieux.

Si les rameaux s'étendent vers la ligne de tête ou vers la ligne de vie, c'est un fort mauvais augure.

Quand elle est entière, continue et sans rameaux, elle marque un homme cruel et très méchant.

Discontinue, elle indique la colère et la cruauté.

Si dans son étendue elle touche la ligne de vie ou la ligne de tête, elle marque la personne entêtée et peu intelligente.

La ligne de cœur ne se trouvant pas dans la main, suppose une personne capable de méchancetés et qui périra misérablement (fig. 214).

Égale, longue, haute et droite, elle signifie une bonne nature, une forte complexion et par conséquent longue vie.

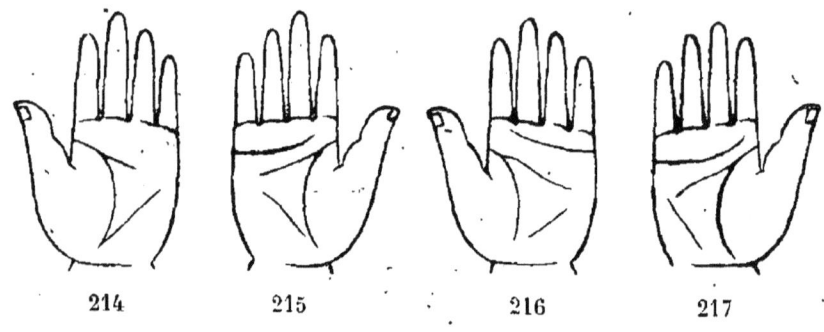

214   215   216   217

Sans rameaux, elle signifie homme infortuné et en danger de mort subite (fig. 215, 216).

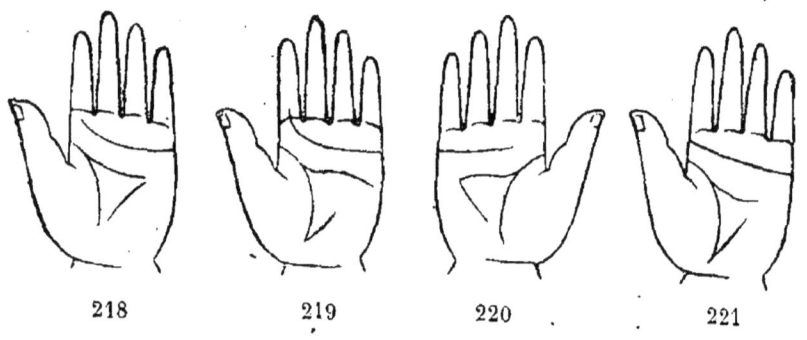

218   219   220   221

Montant vers l'index et déliée à son extrémité et sans rameaux, elle suppose perte de biens.

Montant droit sur le mont de Jupiter, elle signifie richesses, dignité et bonté.

Entrant directement dans l'index, elle suppose un homme de bien et digne de tout honneur (fig. 217, 218, 219).

Et si elle n'a point de rameaux à son extrémité, elle marque une mauvaise mort.

Droite et grosse, traversant la paume au delà de l'index, elle suppose la personne déséquilibrée, désemparée et sans jugement.

Se terminant entre le doigt du milieu et l'annulaire, elle suppose un esprit grossier.

Ladite ligne ne dépassant pas le mont de Saturne, signifie grande pauvreté avec périls et misères (fig. 220, 221, 222, 223).

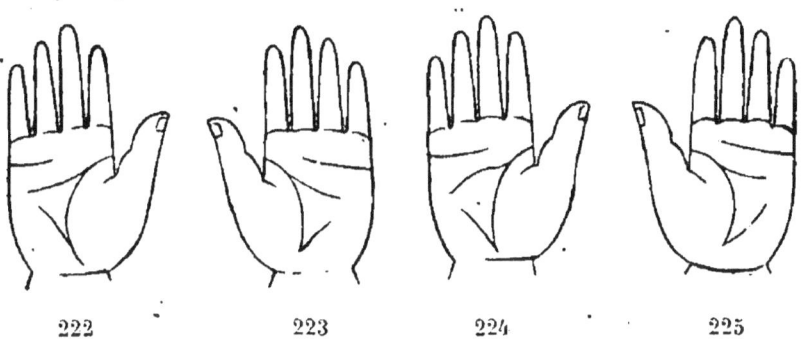

222   223   224   225

Se terminant au doigt du milieu, elle signifie un homme infortuné qui mourra par sa faute, par sa négligence.

Entre l'index et le doigt du milieu, elle suppose acquisition de biens sans travail et sans peine (fig. 224, 225).

La ligne de cœur large et profonde jusqu'au mont de Jupiter, suppose la personne hardie, furieuse et brutale.

Rouge, elle suppose la personne qui prend plaisir à semer des querelles par de faux rapports, souffrant du bonheur d'autrui (fig. 226, 227).

La ligne de cœur livide, suppose la mort causée par apoplexie.

Pâle et déliée, elle signifie discrétion, mais imbécillité et plusieurs autres maladies (fig. 228, 229).

Discontinuée, elle marque une nature froide, et en danger de mort par suite de blessures à la tête.

Courte ou discontinuée et composée de plusieurs petites lignes, elle suppose infidélité, mauvaise digestion (fig. 230, 231).

Discontinuée et montant vers l'index, elle suppose que la per-

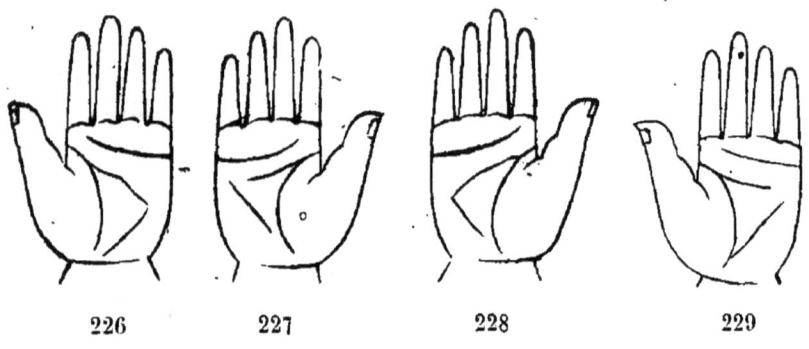

226 227 228 229

sonne parviendra peu à peu aux honneurs, mais avec beaucoup de peine.

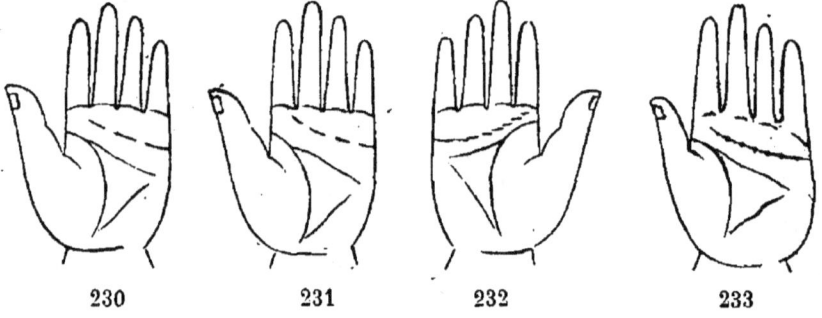

230 231 232 233

Remplie de points en forme de petits points d'aiguilles, elle suppose la personne vertueuse par inclination (fig. 232, 233).

Fourchue un peu vers la percussion, elle suppose des tristesses, toujours du mal, principalement si un des rameaux s'étend vers la ligne de tête.

Si la ligne est peu fourchue dans son extrémité, elle marque chez un homme infidélité, tromperie et malice envers ses parents.

Fourchue entre le doigt du milieu et l'index, elle suppose une vie laborieuse et d'autant plus qu'elle se trouve plus profonde (fig. 234, 235, 236).

La ligne de cœur, la ligne de tête et la ligne de vie réunies,

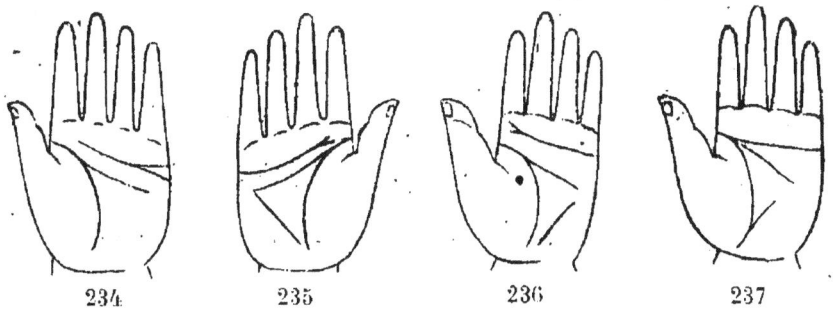

234   235   236   237

formant toutes trois l'angle suprême, supposent un péril si redoutable, que l'on maudira le jour de sa naissance (fig. 237).

XXV. — La Rascette ou restreinte.

La rascette est formée des lignes qui séparent la fin de la main du commencement du bras.

Peu nombreuses, bien colorées, ces lignes indiquent une bonne complexion et une influence favorable de la Lune et de Mars.

Si cette ligne qui, d'ordinaire, sépare la main d'avec le bras, est continue, entière, apparente et profonde, elle marque la personne heureuse, tranquille et fortunée, dont toutefois la jeunesse doit être laborieuse.

Si elle est annelée par petits chaînons continus, elle marque une vie laborieuse.

Si des petites croix, ou encore mieux des étoiles, se remarquent sur la rascette, elles dénotent la personne riche en héritages et en successions, abondance de biens.

Si parmi ces croix ou étoiles se rencontre un point profond, il marque une mort malheureuse.

S'il se rencontre des lignes descendant de la rascette vers la partie inférieure du mont de la main, elles marquent un malheur

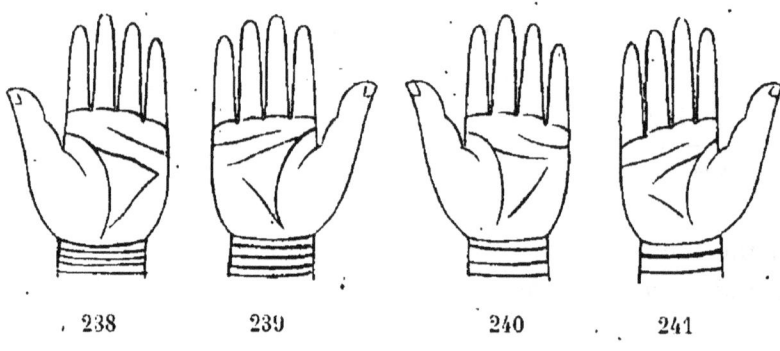

238   239   240   241

dans la fortune et peut-être un danger de faire naufrage dans les pays éloignés et étrangers.

Si ces lignes montent de ladite rascette vers la ligne de tête, elles marquent une grande augmentation dans les biens acquis par le commerce, principalement sur mer.

La rascette continue, entière, apparente et profonde, marque la personne heureuse et pacifique, de bon conseil, d'excellent esprit, modérée dans ses affaires, qui toutefois passera sa jeunesse au travail (fig. 238).

La rascette non ridée, nette et bien colorée, signifie bonne complexion et par conséquent vie longue, fortunée (fig. 239).

Si l'espace qui est entre les deux lignes de la rascette est net et bien coloré, il marque une bonne complexion (fig. 240).

Si la ligne qui est la plus proche de la main est la plus grosse, elle suppose un homme présomptueux et brutal.

Si sur le bras se trouvent quatre lignes qui le coupent de travers, et qui soient continues, entières et bien colorées, elles marquent quatre-vingts ans de vie avec honneurs et richesses (fig. 241, 242).

Si la première ligne de la rascette est tortueuse et discontinue, elle suppose que la personne fait mieux les affaires d'autrui que les siennes.

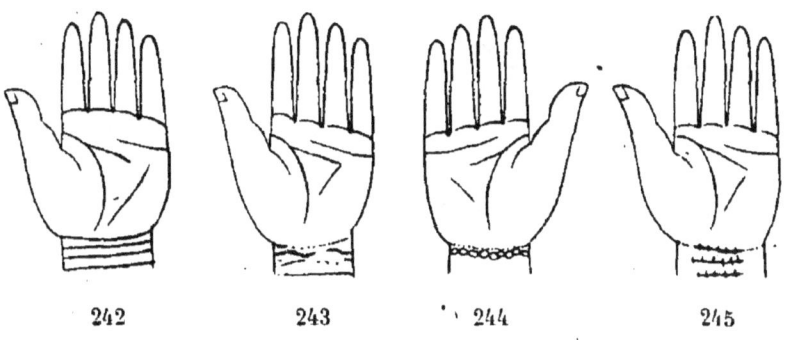

242   243   244   245

Si les lignes de la rascette sont en forme de chaîne continue, elles supposent une vie laborieuse.

Si la rascette est courte et entrecoupée, elle signifie malheur et pauvreté (fig. 243, 244, 245).

Si de la rascette monte vers la main une petite ligne tortueuse, elle suppose une grande maladie.

S'il monte de la rascette une ligne dans le milieu de la main, elle suppose infidélité de ses amis : c'est pourquoi si on est sage et avisé, il sera très bon de ne se fier qu'à soi-même (fig. 246, 247).

S'il monte de la rascette une ligne droite, entière et bien colorée, jusqu'à la ligne de tête, elle marque une vie médiocre au commencement et meilleure à la fin.

S'il monte de la rascette à la ligne de tête naturelle des

lignes tortueuses, elles signifient malheur et méchanceté (fig. 248, 249).

S'il se trouve plusieurs croix dans la rascette, elles marquent la vertu chez une femme.

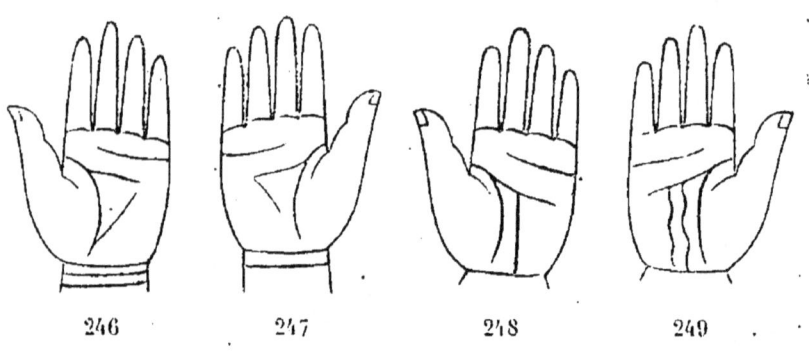

246   247   248   249

Si, dans son milieu, il s'en trouve une seule, elle suppose qu'elle demeurera veuve à l'âge de trente ans.

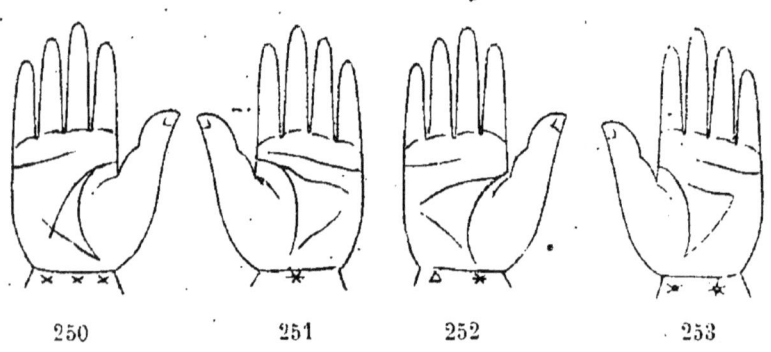

250   251   252   253

S'il se trouve une étoile ou un triangle bien marqué, apparent, dans la rascette, ils supposent une vieillesse riche, opulente et des héritages par successions.

S'il se trouve un point dans le centre des croix ou étoiles, il marque une mort subite (fig. 250, 251, 252, 253).

XXVI. — La ligne de chance.

La ligne de chance, autrefois appelée la ligne de Saturne, Saturnine, ou de prospérité, est celle qui monte de la rascette vers le doigt du milieu; elle apparait au delà du triangle, mais quelquefois aussi elle s'étend jusqu'à la ligne de tête, parfois jusqu'au mont de Saturne, au doigt du milieu, quelquefois elle se joint à la ligne de vie.

Quant à la situation de la ligne de chance, elle marque une personne heureuse et fortunée dans ses biens et dans ses enfants, si elle s'étend droit vers le mont de Saturne.

Si elle prend son origine vers le mont de la main, elle suppose en quelque façon la fortune favorable dans les biens.

Si à l'extrémité de la ligne de chance se trouvent plusieurs lignes assemblées et amoncelées, et qu'elle soit même entrecoupée et tortueuse, elle marque une grande disgrâce après une haute prospérité.

Si la ligne de chance monte de la rascette vers le creux de la main et qu'elle soit bien proportionnée, elle suppose vivacité d'esprit et invention de choses nouvelles (fig. 254).

Si elle se termine vers la ligne de tête, elle suppose un homme de grand esprit qui aime la vertu et vivra longtemps.

Composée de petites lignes, elle suppose des maladies (fig. 255, 256).

Grosse dans son commencement, elle signifie une longue vie, bien que la ligne de vie soit discontinue.

Si elle monte du mont de la Lune, elle indique des richesses.

S'il se trouve à l'extrémité de ladite ligne plusieurs petites lignes amoncelées et assemblées, elles supposent une maladie

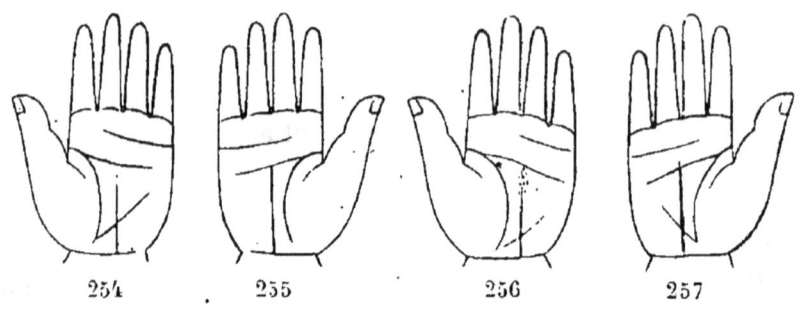

254   255   256   257

de nerfs, et si elle est coupée et réfléchie, elle suppose de grands

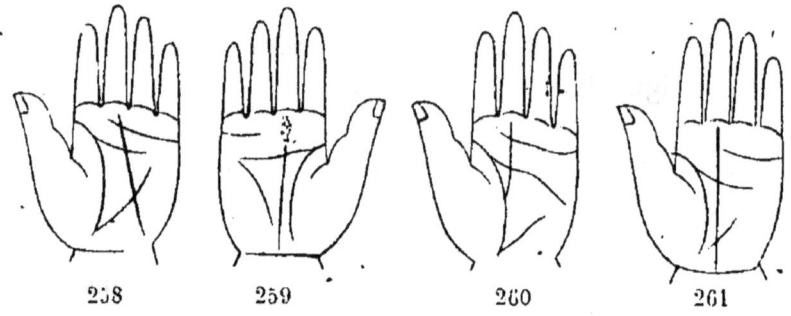

258   259   260   261

malheurs après une heureuse fortune, des persécutions violentes, même la prison (fig. 257, 258, 259).

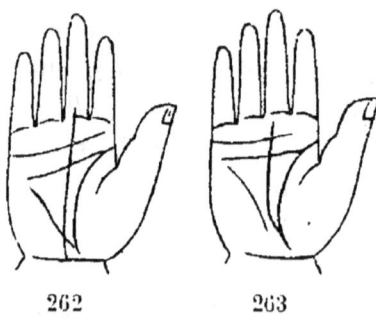

262   263

Si elle commence sur la ligne de vie et passe par le creux de la main, elle marque grande prospérité (fig. 260).

Droite et bien colorée jusqu'au mont de Saturne, elle marque prospérité dans sa vieillesse, avec découvertes ingénieuses.

Si elle entre dans la première jointure du doigt du milieu, elle marque une mauvaise influence de Saturne qui rendra la personne triste et mélancolique par la crainte de la prison qui sera presque inévitable.

Si ladite ligne monte de la rascette comme un sillon jusqu'au mont de Saturne, elle suppose longue vie (fig. 261, 262, 263).

XXVII. — La voie lactée.

La ligne appelée voie lactée est celle qui, prenant son origine vers la rascette, tend vers le mont de Mercure ou vers le com-

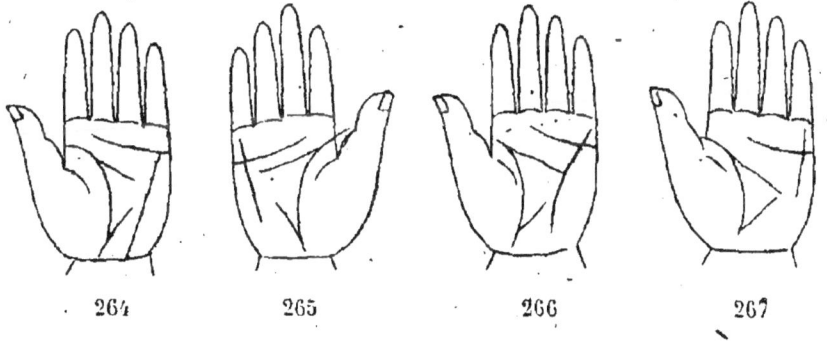

264 265 266 267

mencement de la ligne de cœur. Pour lui donner un nom conforme à sa signification, on devrait l'appeler voie de séduction, car elle suppose les hommes sans retenue, à la tête légère, très inconstants.

Si la voie lactée monte de la rascette par le mont de la

main vers l'auriculaire, se termine à la ligne de cœur, elle suppose un homme efféminé et qui souffrira beaucoup de maux à cause des femmes (fig. 264).

Si ladite ligne commence au milieu du mont de la main, elle suppose manque de tenue (fig. 265).

268

Si ladite ligne se termine vers la percussion, elle suppose beaucoup de mal causé par la mauvaise conduite.

Si ladite ligne se trouve dans les deux mains, elle suppose trop d'ardeur au plaisir.

Si ladite ligne est coupée dans son extrémité en forme de croix, elle suppose inconstance et vanité, avec malheur causé par les passions (fig. 266, 267, 268).

XXVIII. — Signes particuliers.

A côté de toutes ces lignes, on peut trouver dans la main d'autres signes qui ont leur signification très précise.

Les *Points* blancs sont bons; rouges, noirs ou bleus, ils signifient blessure.

Les *Chaines* indiquent des tracas, des ennuis, des difficultés de toutes façons.

Les *Croix* ont des sens différents suivant l'endroit où elles se trouvent placées.

Sur la plaine de Mars, par exemple, ce sont des disputes qui peuvent amener des coups, de la prison. Sur le mont de Vénus, affection profonde, exclusive, en général heureuse. Sur l'index, bonheur en mariage. Sur la saillie du petit doigt, penchant au vol. Sur le mont de la Lune, heureux hasards.

Les *Carrés* sont des signes de combat. Sur des lignes heureuses, ils empêchent la réalisation des souhaits; sur des lignes fatales, ils détruisent les mauvais pronostics.

Les *Ronds* ont des conséquences heureuses quand ils se trouvent sur des monts, malheureuses quand ils se trouvent sur des lignes.

Les *Rameaux* apportent chance lorsqu'ils montent; ils sont défavorables s'ils descendent.

Les *Grilles* sont à tous égards les signes les plus défavorables. Sur le mont de Vénus, elles indiquent les mœurs dissolues, le dévergondage, la débauche.

Sur le mont de la Lune, la peur, les idées noires, la folie même; sur la plaine de Mars, mort subite, naturelle ou violente.

Sur l'index, vanité, pauvreté. Sur le médius, ennuis considérables; sur l'annulaire, efforts stériles; sur l'auriculaire, hypocrisie, fourberie.

Les *Iles* n'ont rien d'heureux non plus. Quelle que soit leur place, elles annoncent toujours ou des maladies, ou des ennuis d'argent, ou des morts de personnes aimées, même des crimes.

Les *Raies* sont en général favorables et augmentent la chance par opposition aux *Barres* qui font obstacle et atténuent les indications heureuses.

Les *Étoiles* indiquent toujours des événements imprévus, heureux ou malheureux; elles naissent, disparaissent dans une main, indiquant ainsi la part considérable due au hasard dans la suite de la vie.

XXIX. — Résumé sur les données fournies par les lignes de la main.

Tous ces signes viennent donc ajouter leur signification à celle des lignes de la main.

Mais il est bon en terminant cette étude à grands traits des principales règles de la chiromancie de préciser encore et de résumer les données fournies par les lignes de la main.

La *ligne de vie* colorée, profonde, indique une bonne santé et une longue vie.

Courte, elle présage une brève existence.

Pâle, discontinue, coupée par des raies, c'est signe de maladie.

Large, très rouge, elle indique la colère, l'emportement.

Livide, la fureur, la folie.

Réunie à la ligne de tête à son principe, c'est gage de prudence et de succès. Avec une solution de continuité dans les deux mains, c'est la mort subite.

Des points ou des ronds indiquent des blessures, des maladies de cœur.

La *ligne de tête* profonde, nette, indique un esprit ferme, une volonté très maîtresse d'elle-même.

Très longue, c'est signe d'égoïsme; trop courte, d'hésitation.

Pâle, inégale, incertitude, irrésolution.

Descendant vers le mont de la Lune, penchant à la rêverie, imagination exaltée.

Trop rapprochée de la ligne de cœur, victoire complète du sentiment sur la raison.

La *ligne de cœur* qui finit ou commence par des rameaux annonce une heureuse nature, une vie agréable.

Sans rameaux, c'est signe de sécheresse, d'indécision.

Faite de chaînons, c'est caprice, inconstance.

Commencée sous le médius, c'est signe de mort violente.

Avec des raies qui la barrent, c'est manque de sérieux, obstacles nombreux en amour.

La *ligne de chance* présage une vie heureuse quand elle va directement de la rascette au médius. Brisée en route, c'est signe d'obstacles surmontés; disparue, malheurs à la fin de la vie. Arrêtée à la ligne de cœur, c'est le bonheur brisé à la suite d'une affection malheureuse ou de la perte d'une personne aimée.

La *ligne hépatique* franche, nette, colorée, indique une forte constitution, un esprit solide, une honnêteté scrupuleuse.

Tortueuse, c'est tempérament faible.

Avec des barres, maladies fréquentes.

La *voie lactée* est la marque de la sensualité et des passions irrésistibles, surtout lorsqu'elle est accompagnée de l'*Anneau de Vénus*. L'anneau de Vénus va du point d'intersection de l'annulaire et du petit doigt au point d'intersection de l'index et du médius.

L'anneau de Vénus indique toujours un tempérament passionné incapable de se maîtriser.

XXX. — L'utilité de la Chiromancie.

L'utilité de cette science est double : elle permet d'abord de se connaître soi-même, ensuite et surtout de connaître les autres.

Par l'étude des diverses lignes de la main, on arrive à connaître son propre tempérament, les maladies, les accidents qui peuvent survenir et contre lesquels on sait ensuite se mettre en garde ; on peut éviter les ennuis, les tracas que causent certains penchants naturels, certains défauts innés.

De la même façon, on peut adopter avec les autres la conduite qui convient le mieux à leur caractère, à leur façon de voir et de juger. Il est évident qu'on ne saurait palper, examiner la main d'un inconnu ; mais il y a certains traits généraux impossibles à dissimuler et que découvrira facilement celui qui est versé dans l'art de la Chiromancie.

Par exemple, le pouce en forme de bille est signe de fureur ; retourné en arrière, de générosité ; la dernière phalange très longue, vanité ; les doigts carrés, besoin de netteté ; longs, minutie, amour du détail ; courts, compréhension rapide des faits.

Les ongles courts ou rongés, susceptibilité, timidité, raillerie ; doigts spatulés, vivacité ; très pointus, prétention, affectation ; la main dure, tempérament laborieux et tenace ; molle, nonchalance et paresse ; noueuse, esprit logique. Le mont de Vénus très en vue : bonté, douceur, désir d'être agréable.

On voit quelle peut être la conséquence de pareilles remarques. Elles permettent d'éviter les impairs, d'avancer sûrement et d'arriver certainement au but qu'on se propose, parce qu'on connaît et les autres et soi-même.

L'ÉCRITURE

I. — Utilité de la graphologie.

Vous paraissez très incrédules, mes chères lectrices, à tout ce qui a été dit dans la première partie de ce livre. Peut-être avez-vous un peu raison et ne faut-il voir dans l'art de lire dans les mains et de prédire l'avenir comme de deviner le passé, qu'un simple moyen de passer le temps, de s'amuser soi et les autres, une illusion agréable, celle de prétendre pendant quelques instants arracher à l'avenir son incertitude, à la vie son secret, à l'âme son mystère.

Comment avoir une ferme croyance, une croyance absolue et indestructible dans les lignes de la main, dites-vous ? Comment croire que tel mont plus ou moins élevé, telle petite ligne inclinée à droite ou à gauche mette votre caractère à nu et suffise pour faire découvrir les événements de votre vie ? De plus, combien de signes trompeurs dans ces mains ! Une personne mariée depuis 15 ans, ayant plusieurs enfants, n'a pas de croix de mariage, un avare présente l'apparence de la générosité, un extravagant montre les signes de la pondération ?

Sans vouloir discuter toutes ces objections, sans même

démontrer que l'exception confirme la règle, je veux, amies lectrices, vous mettre à même de connaître l'intelligence, le caractère, la façon de faire, le tempérament de qui vous voudrez et cela par quelques principes très simples de graphologie et par l'analyse de quelques écritures très ordinaires prises dans la vie de chaque jour et parmi les personnes de classe moyenne. Quelques autographes de grands hommes et de personnages célèbres viendront enrichir et confirmer nos observations.

Objections. — N'objectez pas : « C'est impossible, on ne peut pas d'après quelques lignes juger du caractère et des habitudes de quelqu'un ». Rien n'est infaillible ici-bas, c'est vrai, mais une telle étude est cependant la plus profitable en même temps que la plus vraie de toutes. Une simple observation.

Vous recevez un billet d'une de vos amies ; la marge n'est pas droite, il y a quelques pâtés çà et là ; la plume a éraflé le papier ; on sent partout la hâte, le désordre.

Votre première pensée n'est-elle pas celle-ci : « Qu'a-t-elle donc ? Est-elle malade, ennuyée, fatiguée ? ». Cette lettre vient-elle d'une inconnue, vous vous dites : « Quel désordre, quelle confusion ! Quelle personne sans soin cela doit être ! »

Vous appliquez là sans vous en douter le principe même de la graphologie. L'écriture est le vêtement de la pensée, le reflet de l'âme, le geste écrit, l'expression vivante de tous les mouvements du cœur.

Et de même que le cœur peut saigner et pleurer quand les yeux brillent, quand les lèvres sourient, quand la voix vibre de caresse, de même, malgré les transformations dues à toutes les circonstances extérieures : changement de plume, de papier, travail continu, excitation passagère, les traits essentiels de l'écriture restent toujours les mêmes. Vous déguisez votre écriture. Soyez sûres qu'un graphologue habile saura découvrir dans tous les signes caractéristiques, les signes contraires à ceux que possède votre façon habituelle d'écrire. Vous tremblez, vous êtes sous l'empire d'une grande joie ou d'une profonde tristesse, ces signes s'exagèrent et sous l'irrégularité momentanée, les caractères sont plus visibles et plus nets pour un œil exercé.

Pourquoi dire du reste que votre écriture change à chaque page? Pourrez-vous jamais confondre une page écrite par vous sur un sujet et les mêmes phrases écrites par d'autres, fût-ce même à plusieurs années de distance? « Votre écriture présente donc des signes constants, une nature spéciale, qui la distinguent des autres. »

Mais, ajoutez-vous encore, il est des écritures tellement officielles et calligraphiées qu'elles ne dévoilent rien? Peut-être, mais ces personnes n'en ont-elles pas une autre qui montre leur individualité en dehors du personnage officiel! Sinon, pensez qu'elles sont insignifiantes.

Impossible, dites-vous, de bien juger le caractère d'après les écritures. Chaque pays n'a-t-il pas son écriture spéciale? Cela même est une preuve de la vérité de la science graphologique. — Voudriez-vous, chère lectrice, que la lourde Allemande, à la taille rectangulaire, à la ronde et bonne figure, aux pieds charlemagnesques, à l'esprit lent, au caractère toujours soumis, ait votre écriture à vous, fine et gracieuse Française, à l'intelligence si ouverte et si vive, à l'âme si indépendante et si généreuse. Jugez du reste de la différence. Voici deux autographes écrits par une Allemande et par une Française (aut. 1 et 2).

Ne sentez-vous pas là deux esprits, deux caractères, deux âmes, deux peuples différents?

Ces objections tombent donc d'elles-mêmes. Du reste quelques anecdotes vont venir à l'appui de nos dires et nous montrer toute l'importance des données graphologiques.

Ces anecdotes ont été contées par l'abbé Michon : « Le mariage de Mlle de Duras avec le marquis de Custine devait bientôt être décidé. Un matin, la duchesse de Duras avait dans son salon, outre le jeune couple amoureux, le comte de Nieuwerkerke, le baron. de Humboldt et quelques habitués. Le baron de Humboldt prétendait connaître les caractères rien qu'à voir l'écriture des gens, et cette prétention, assez bien établie par de nombreuses expériences, faisait ce matin-là le sujet de la conversation.

— Voyons, dit tout à coup Mme de Duras, en prenant une

lettre passée dans sa ceinture, voyons, monsieur de Humboldt, si vous allez pouvoir juger, sur l'écriture que je vous livre, le caractère de la personne qui a écrit cette lettre.

Le baron de Humboldt, comme un grand savant allemand qu'il était, se recueille, examine, commence une dissertation sur la forme des lettres, leur physionomie, leur étrangeté; puis il arrive à démontrer que l'écrivain dont elles sont le produit est un être aux goûts extraordinaires, à l'imagination corrompue, sans moralité.

Malgré tous les signes de Mme de Duras, il fait un portrait abominable. C'était le marquis de Custine lui-même dont il dévoilait ainsi le caractère; le mariage fut rompu — et M. de Custine devint le personnage déloyal que chacun connaît. »

M. Michon raconte encore dans l'introduction de sa *Méthode pratique de graphologie*, qu'il étudia un jour l'écriture d'un homme de plus de 40 ans; nature dénuée de toute finesse, mais d'une loyauté parfaite.

« Son écriture, dit-il, horriblement descendante, me disait tristesse, mélancolie, absence de courage. Il était propriétaire, de plus célibataire. Deux idées lui trottaient dans sa pauvre, mais honnête cervelle : quitter ses champs pour entreprendre un commerce; épouser une jeune fille de 25 ans qui lui convenait assez. Brochant sur le tout, il était inquiet d'un mal aux yeux qui le fatiguait beaucoup.

« Ma réponse fut celle-ci, après lui avoir dit ce que son écriture révélait de ses instincts, de sa nature, de son caractère :

« Ne faites pas le commerce; vous êtes trop franc et trop naïf; vous seriez toujours dupé. N'épousez pas la jeune fille de 25 ans ; il y aurait danger; vous êtes trop vieux. Occupez-vous de guérir vos yeux, c'est le plus pressé; et demeurez en paix dans votre village. »

Le bonhomme fut sauvé des deux accidents les plus graves de sa vie : compromettre sa fortune, risquer son bonheur.

Michon raconte encore certaines autres anecdotes typiques.

« L'éducation des enfants, dit-il, est l'œuvre capitale de la vie ; la graphologie, sur quelques lignes de leur écriture, met à nu leurs instincts, leurs penchants, leurs aptitudes.

« Une famille honorable de Genève me montra l'écriture de deux enfants ; l'aîné tenait de la mère. C'était un idéaliste, un esprit original, un cerveau théoricien, systématique. Le cadet tenait du père. Le père, en homme sage, voulait donner à l'aîné comme à l'autre une carrière qui assure l'avenir. Le plan était bon à suivre pour le plus jeune. C'était une nature calme, à laquelle convenait une vie positive et occupée. Mais le plan ne valait rien pour l'aîné. Le père me dit : « Cet enfant fait mon désespoir ». Je lui donnai le conseil de le destiner à la science, au professorat. Il comprit, et quelques mois après je reçus une lettre où le père m'exprimait toute sa reconnaissance. »

L'avenir peut donc se rattacher quelque peu à la graphologie.

« A Bruxelles, on me présenta une écriture. C'était celle d'un personnage fort connu, mais dont on me cacha le nom.

« Que dites-vous au point de vue des affaires de cet homme ? me demanda-t-on.

« Je ne lui confierais pas vingt francs, fut ma réponse.

« C'était l'écriture du fameux Langrand-Dumonceau, dont la faillite fit tant de bruit à l'époque. »

La graphologie avait donc dit vrai. De pareilles anecdotes, si elles ne donnent pas dans la graphologie une confiance absolue, démontrent cependant, même à l'esprit le plus prévenu, la véracité de certains principes et de certaines données.

II. — Les principes de la graphologie.

Pour juger avec certitude du caractère et du tempérament d'un individu d'après son écriture, il faudrait avoir sous les yeux des pages sorties de sa plume en diverses circonstances et à diverses époques de sa vie.

« L'habitude de voir des tableaux et des dessins apprend à distinguer les écoles et à reconnaître aisément les maîtres d'après les œuvres. Pourquoi ne pourrait-on pas se familiariser avec la connaissance d'un caractère par l'inspection de l'écriture? » Chacun de nous ne met-il pas sa propre marque dans tout ce qu'il écrit comme le peintre à son tableau, le sculpteur à sa statue, l'écrivain à son œuvre. Par exemple, un homme rangé ne supporte pas le désordre des lettres et des mots. Le désaccord des idées ne permet pas de régulariser l'écriture. Aussi une écriture désordonnée indique-t-elle un grand trouble de l'intelligence. L'homme sage et prudent ne fait pas usage de majuscules à tout propos; il laisse aux têtes un peu légères les fioritures, les terminaisons en spirale. La sobriété marque la réserve et la retenue. L'énergie et la hardiesse se révèlent surtout dans les écritures des hommes; les femmes ont plus de grâce, plus de finesse, mais moins de vigueur. C'est ainsi que l'aspect général de l'écriture peut donner le trait dominant de la nature intellectuelle et morale d'une personne.

Au reste la graphologie, comme la physiognomonie, touche de bien près à la psychologie et à la physiologie dont elle semble n'être qu'une dépendance. Étudier en effet ce que signifient les traits tracés par une main obéissant à l'impulsion des nerfs, n'est-ce pas faire de la physiologie ? Essayer d'esquisser le portrait moral et intellectuel d'une personne, n'est-ce pas faire œuvre de psychologue ?

C'est ainsi, par exemple, que l'écriture étant un des moyens indispensables au développement de notre intelligence, on conclut d'une écriture très lente, au tracé défectueux, à un esprit arrêté dans son développement; la rapidité de l'écriture ne peut

3

s'obtenir que par une certaine culture de l'esprit et une grande habitude d'écrire (aut. 3 et 4).

Cependant que l'écriture soit plus ou moins rapide lorsqu'elle est courante, elle présente une physionomie particulière qu'il est très facile de noter. L'homme soigneux se révèle par l'arrangement des en-tête, par une ponctuation minutieuse. Le manque d'ordre et de soin, la confusion des lignes indiquent toujours un esprit confus et peu net. Les ambitieux, les passionnés, les grands cœurs ont une écriture montante; les personnes tristes, découragées, écrivent en descendant. Les avares ont une écriture serrée; les gens bienveillants, doux, affables écrivent avec des courbes et des finales arrondies; les traits anguleux révèlent les cœurs durs. La tendresse se manifeste par l'écriture inclinée, la force de caractère et l'énergie par l'écriture droite. L'activité par une écriture nerveuse et rapide, la mollesse par une écriture très arrondie et un peu lâche; la simplicité se reconnaît à l'absence de recherche, la bizarrerie à la singularité de la forme des lettres.

[échantillon d'écriture manuscrite]

4

Il résulte de tout cela que la plume dévoile les impressions constantes ou momentanées de celui qui écrit.

C'est pourquoi, pour qu'une analyse graphologique se fasse avec sûreté, il faut se servir de l'écriture ordinaire qui fait connaître les habitudes, les gestes de tous les jours. On pourrait, il est vrai, découvrir dans une lettre même officielle certains signes habituels de l'écriture familière, mais la difficulté serait beaucoup plus grande en ce qui concerne l'analyse, les données manqueraient de sûreté et de suite.

III. — Signes graphologiques.

f. Pour définir les caractères, on se sert des signes habituels ou momentanés qui nettement ou peu accentués indiquent la nuance. Ces signes sont pris dans l'ensemble de l'écriture et étudient la largeur, la hauteur, l'inclinaison, la régularité; on les nomme alors *signes généraux*; ou bien ils représentent les mots, les lettres, les finales, la ponctuation, ce sont les *signes particuliers*. Les premiers demandent une observation moins grande, car l'habitude apprend facilement à attribuer l'écriture régulière aux esprits calmes et pondérés, l'écriture bizarre aux originaux, et l'écriture peu nette aux brouillons. Les seconds exigent un travail plus attentif. Il est évident qu'une étude persévérante et de nombreuses recherches seules permettent de conclure que l'*n* remplacé par l'*u* est le signe de la bienveillance; que l'imagination se traduit par de grandes majuscules, l'hypocrisie par des majuscules plus basses, comme honteuses.

De plus certains signes, particuliers ou généraux, peuvent se combiner entre eux et permettent une étude plus minutieuse du caractère d'une personne : on les nomme des *résultantes*. Ces combinaisons demandent, avec l'art de graphologue, l'œil exercé du psychologue et presque une sorte de divination.

IV. — Signes généraux.

Les signes généraux peuvent se grouper sous deux têtes de chapitre : 1° la forme des lignes et leur direction; 2° l'inclinaison de l'écriture.

1° Forme et direction. — De sa nature une ligne d'écriture est rectiligne, serpentine ou curviligne; la direction est droite ascendante ou descendante.

L'*écriture rectiligne* est toujours la marque d'un esprit sûr,

[échantillon d'écriture manuscrite]

5

persévérant, d'un caractère énergique, qui ne se laisse déconcerter par aucun obstacle et qui va droit au but sans hésitation comme sans faiblesse (aut. 5).

Au contraire, l'*écriture serpentine*, ondulée, indique toujours une nature habile, intelligente, parfois rusée.

C'est celle de tous les diplomates (aut. 6).

L'écriture *curviligne* (courbe) dénote toujours la mollesse, l'indécision, l'abandon, soit qu'elle affecte la forme descendante, soit qu'elle affecte la forme montante (aut. 7 et 8).

La deuxième forme indique que la volonté hésitante au début se raffermit à la fin.

L'écriture de *direction normale* est parallèle au papier. Elle

6

appartient aux personnes peu ambitieuses, contentes de leur sort et ne sortant pas de la moyenne ordinaire des gens.

7

La direction *ascendante* appartient aux ambitieux, à ceux que rien n'effraie, et qui, confiants dans leurs propres forces, abordent sans hésiter les tâches les plus rudes, les aventures les plus périlleuses (aut. 9).

Tous ceux qui éprouvent une grande joie, qui sont sous

l'excitation d'un triomphe inattendu, d'un succès inespéré, adoptent cette écriture momentanément.

8

9

10

La *direction descendante* dénote le découragement, la tristesse, le dégoût de la vie. Les mélancoliques, les malades, les désespérés écrivent ainsi (aut. 10).

On peut du reste trouver dans une même lettre des lignes montantes et d'autres descendantes; il faut, pour porter un jugement, attendre la fin de la lettre ou bien examiner quelques autres spécimens de la même écriture.

Un bon conseil à suivre : Ne pas juger absolument d'après les premières lignes d'un écrit quelconque, attendre absolument la fin, car le soin disparaît et le naturel apparaît sans voiles, surtout dans la signature.

2° INCLINAISON DE L'ÉCRITURE. — Les femmes ont en général l'écriture penchée à droite alors que les hommes écrivent plus droit. C'est sur cette observation qu'est fondé le principe graphologique qui veut que l'écriture inclinée soit le propre d'une sensibilité très désintéressée, alors que l'écriture droite est la marque d'un raisonnement logique, d'une intelligence et d'une volonté dominant les sentiments.

Il ne faudrait pas conclure de là que toutes les écritures inclinées appartiennent à des femmes. Il est beaucoup d'hommes qui sont femmes sur ce point, et beaucoup de femmes qui ne le cèdent en rien aux hommes pour la fermeté de l'esprit et la vigueur de la volonté. Les premiers ont quelques-unes des qualités féminines; les deuxièmes ont les vertus et les défauts virils nettement accentués.

Donc deux points extrêmes :

Écritures penchées à droite, natures sensibles et passionnées ;

Écritures redressées, natures froides, insensibles.

Restent les *écritures penchées à gauche*, très rares, mais signes toujours, d'entêtement.

Écriture penchée à gauche. — Cette écriture est très rarement employée, car elle est plus affectée que naturelle. Elle est adoptée généralement par ceux qu'une mauvaise écriture naturelle oblige à employer dans leurs documents officiels une façon nette et lisible de se faire comprendre. Beaucoup de journalistes, d'employés, ceux qui ont souvent à écrire, aiment ainsi à se faire une écriture appropriée à leurs fonctions. Dans les

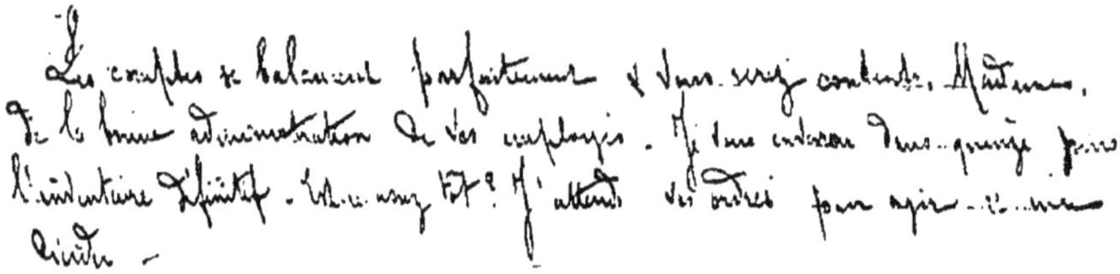

11

lettres intimes et les écrits négligés, la véritable nature réapparaît toujours.

Ne craignez rien, ma chère amie ; à la détresse momentanée de l'âme, au déchirement poignant du cœur succèdent toujours une accalmie, une détente bienfaisantes ; je l'éprouve aujourd'hui et je me dis que la grande philosophie est encore celle qui consiste à ne pas demander à la vie ce qu'elle ne peut nous donner —

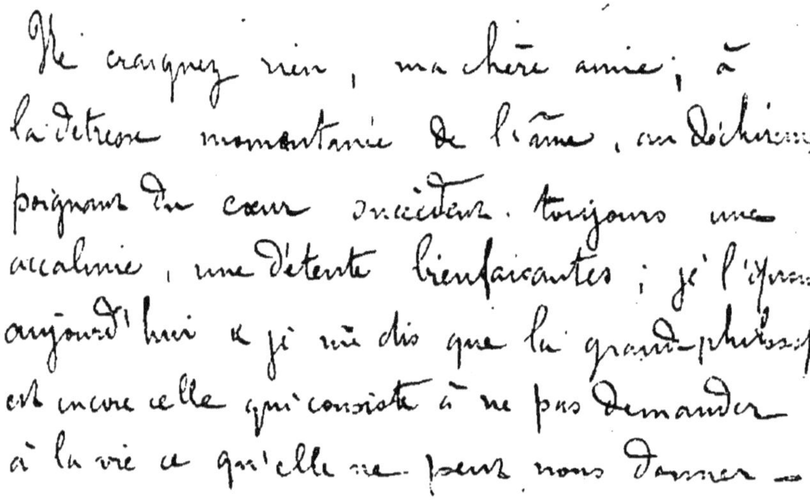

12

C'est pourquoi on serait très mal venu à voir dans cette façon d'écrire un signe d'opiniâtreté et d'entêtement ou d'hypocrisie (aut. 11).

Écriture droite. — L'écriture droite se rencontre plus fréquemment que l'écriture précédente; acquise tout d'abord, elle est devenue la façon habituelle de certains genres, ce qui fait qu'on peut l'étudier comme l'expression d'un état d'âme bien caractérisé.

C'est l'écriture des personnes à l'esprit net, clair, au raisonnement logique, à la réflexion sûre, au tempérament froid, sans élan comme sans rudesse, sans expansion comme sans hypocrisie. « Écriture droite, esprit droit, caractère droit », disait George Sand; il semble que ce jugement ait son application ici (aut. 12).

Écriture inclinée à droite. — Les écritures penchées à droite sont très nombreuses, ce qui indique que la faculté d'aimer et la sensibilité sont très développées dans toutes les âmes.

Plus l'écriture est penchée, plus le sentiment est vif et accentué. L'écriture tracée sous un angle presque droit signifie sensibilité affective; plus inclinée la passion; très inclinée sensibilité extrême, susceptibilité maladive, paresse. Quoi qu'il en soit, les écritures inclinées, celles des femmes en particulier, appartiennent à ceux qui aiment avec force et délicatesse, à ceux dont les joies sont aussi grandes que les souffrances ont été douloureuses.

Voici l'écriture de Mme Henry Gréville. L'inclinaison bien marquée annonce la tendresse; l'écriture inégale la sensibilité et l'ensemble dénote l'affabilité, la bienveillance, un désintéressement absolu aux amis, en même temps qu'un esprit ouvert, délicat et cultivé (aut. 13).

Ces quelques lignes de Mme Caron révèlent de même un tempérament exceptionnellement tendre et passionné avec un esprit ferme, une ambition résolue et une nature originale, géniale, ardemment amoureuse du beau sous toutes ses formes (aut. 14).

L'écriture et surtout la signature de Mlle Calvé sont la marque d'une nature passionnée chez qui la passion, toujours sincère et débordante, dirige toutes les décisions, explique tous les

[lettre manuscrite signée Gréville]

actes. Tempérament artistique admirablement servi par une âme généreuse et par une ambition louable (aut. 15).

Examinez de même l'inclinaison, l'irrégularité, la forme artistique des majuscules de l'écriture de M. Catulle Mendès. Vous vous trouvez là en présence d'une nature féminine par l'extrême passion, l'inégalité de l'humeur, l'abandon et la

nonchalance de caractère soumis sans retenue au sentiment, tempéré par certains traits énergiques qui sont bien d'un homme doué d'une puissante imagination (aut. 10).

Écriture mixte. — Le billet de M. de Freycinet renferme des lettres très inclinées à côté d'autres qui se redressent. Il semble que l'auteur de ces quelques lignes s'abandonne d'abord à

15

l'impulsion de son cœur et se reprenne ensuite par un effort d'intelligence et de raisonnement.

16

Cette façon d'écrire appartient souvent à ceux qui ont été

dupes de leur générosité ou à ceux que leurs fonctions empêchent de suivre l'inspiration de leur sensibilité (aut. 17).

Il est d'autres types d'écriture dont il faut dire un mot si nos

17

lectrices veulent être en état de juger à première vue toute façon d'écrire.

L'*écriture rapide* répond à une vive surexcitation nerveuse, à une grande habitude d'écrire. Elle appartient donc en général aux esprits cultivés et aux natures vives, spontanées. Elle peut être aussi le résultat d'une précipitation momentanée (aut. 18).

L'*écriture claire* est l'indice de l'ordre, de la clarté d'esprit (aut. 19).

18

19

Outre la clarté de l'esprit, la personne à qui appartient cette écriture a un amour immodéré de l'ordre, du rangement; elle est énergique, active, voire autoritaire (barres des *t*).

L'*écriture grande* veut dire orgueil le plus souvent, quelquefois aussi noblesse, générosité, fierté, grandeur d'âme. Elle

Vous me pardonnerez de vous quitter, mais je veux vous donner signe de vie et on part déjeuner aux environs et pas de poste ici

Bon courage

20

est souvent aussi celle des gens peu cultivés ou de ceux qui s'appliquent en écrivant (aut. 20).

L'*écriture petite* signifie généralement mesquinerie, médiocrité, manque d'ouverture de l'esprit. Elle peut être simplement la marque de la minutie, de l'amour des détails ou un signe de myopie comme l'écriture grande est un signe de presbytie (aut. 21).

L'*écriture anguleuse* signifie fermeté qui peut devenir de

[handwriting sample]

21

l'entêtement, possession de soi-même qui va parfois jusqu'à l'égoïsme (aut. 22).

[handwriting sample]

22

L'*écriture modérément arrondie* signifie douceur, grâce,

bonté, parfois faiblesse; elle marque en général un sens esthétique très développé (aut. 23). Trop ronde elle exprime la nonchalance, la mollesse et la paresse d'où dérivent souvent la lâcheté et la fourberie.

23

L'*écriture hésitante* ou tremblante signifie indécision, timidité, crainte, manque de confiance en soi (aut. 24).

L'*écriture sobre* est celle dont les finales s'arrêtent brusquement comme par un mouvement de retenue et de circonspection. Elle est toujours la marque d'une grande supériorité parce qu'elle exprime une attention volontaire, la prédominance de la raison, la pleine possession de soi-même et de son génie (aut. 25).

Elle peut aussi n'être que le signe de la méfiance du caractère et de la prudence de l'esprit, celui de l'économie, de la

dignité, de la bonne éducation comme celui de la modestie et de l'hypocrisie.

L'*écriture mouvementée* a une infinité de significations.

Elle signifie ou l'imagination exaltée, ou le manque de tenue et de réserve (aut. 26) ;

Ou la vivacité, l'impressionnabilité, la gaieté, l'expansion (aut. 27 et 28) ;

L'étourderie, le bavardage, l'orgueil quelquefois (aut. 29).

L'*écriture ornée* est souvent le signe de la prétention, de l'insignifiance de ceux qui, n'ayant pas de valeur par eux-

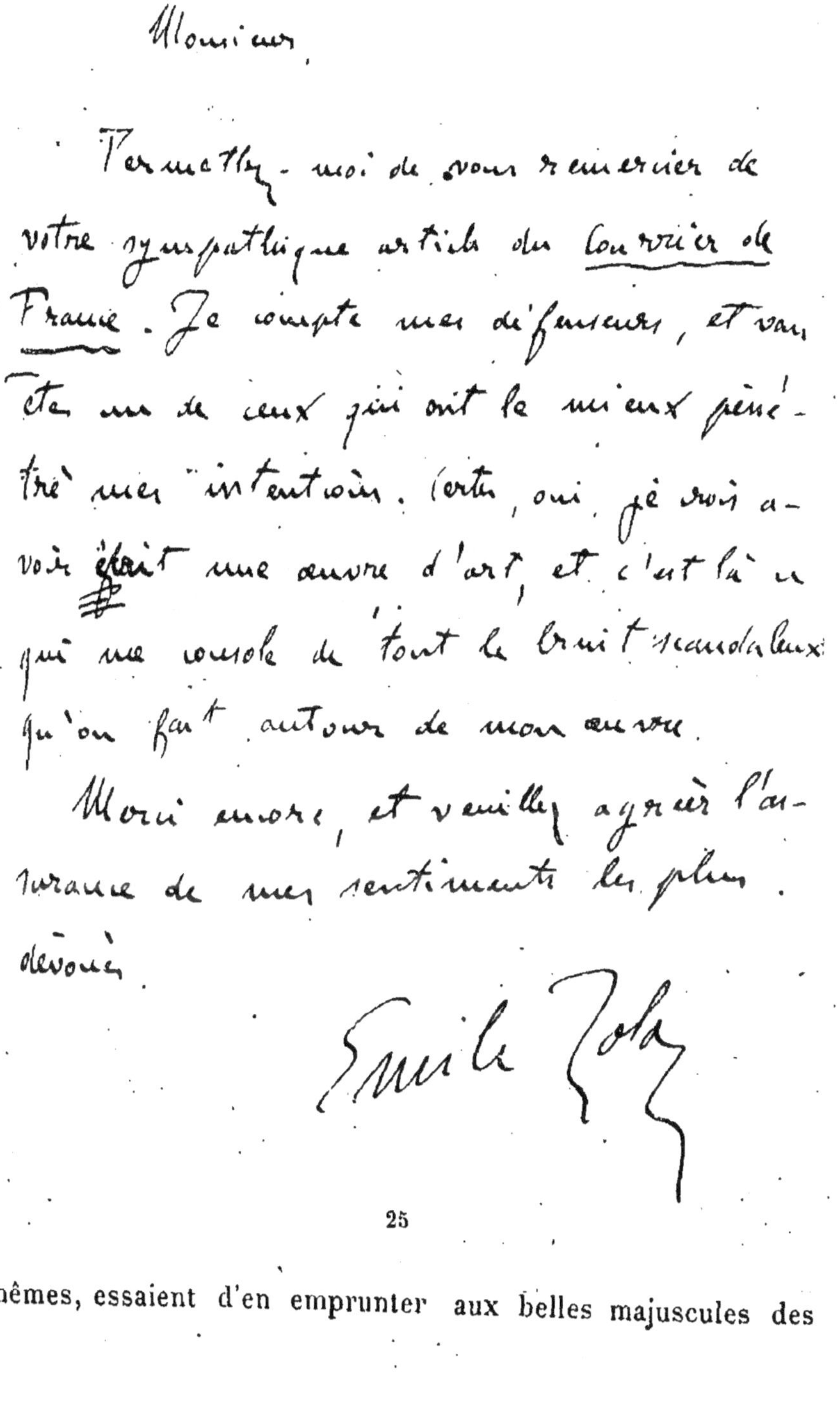

Monsieur,

Permettez-moi de vous remercier de votre sympathique article du *Courrier de France*. Je compte mes défenseurs, et vous êtes un de ceux qui ont le mieux pénétré mes intentions. Certes, oui, je crois avoir fait une œuvre d'art, et c'est là ce qui me console de tout le bruit scandaleux qu'on fait autour de mon œuvre.

Merci encore, et veuillez agréer l'assurance de mes sentiments les plus dévoués.

Emile Zola

25

mêmes, essaient d'en emprunter aux belles majuscules des

méthodes d'écriture (aut. 30). Elle peut être comme dans le

[manuscrit 26]

26

[manuscrit 27]

27

cas présent la marque de la pleine possession du talent (aut. 31).

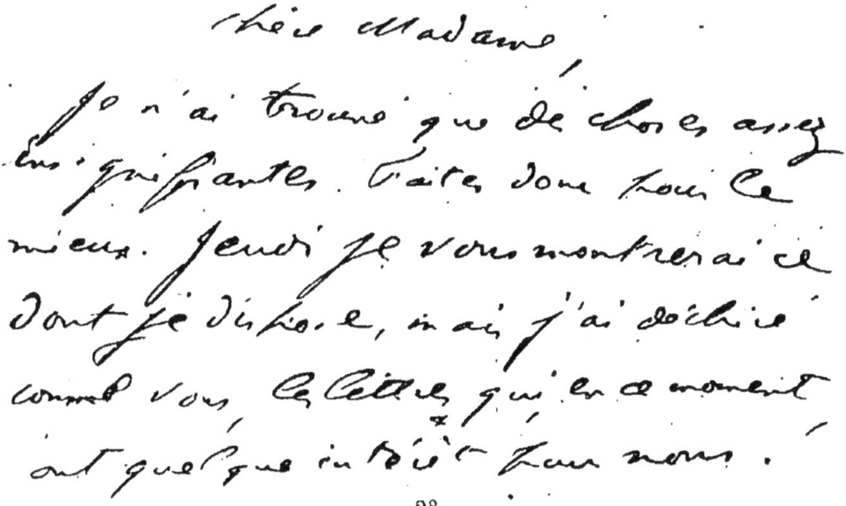

Chère Madame,

Je n'ai trouvé que des choses assez insignifiantes. Faites donc pour le mieux. Jeudi je vous montrerai ce dont je dispose, mais j'ai déchiré comme vous, les lettres qui en ce moment ont quelque intérêt pour nous.

28

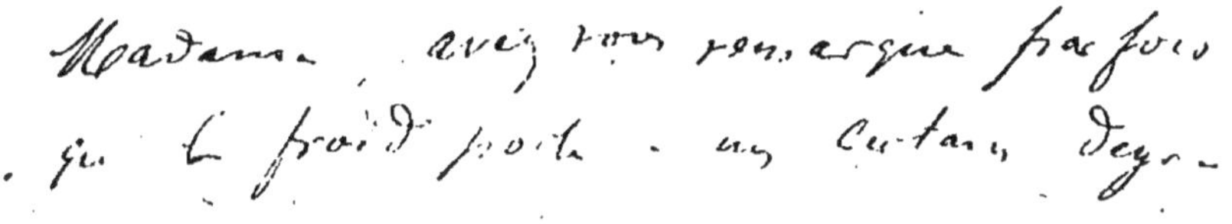

Madame, avez vous remarqué parfois que le froid porte — un certain degré—

29

[illisible]

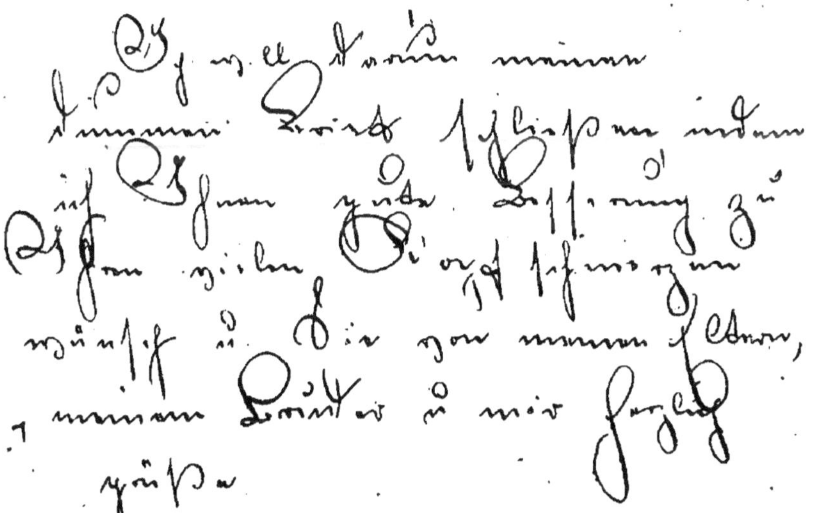

30

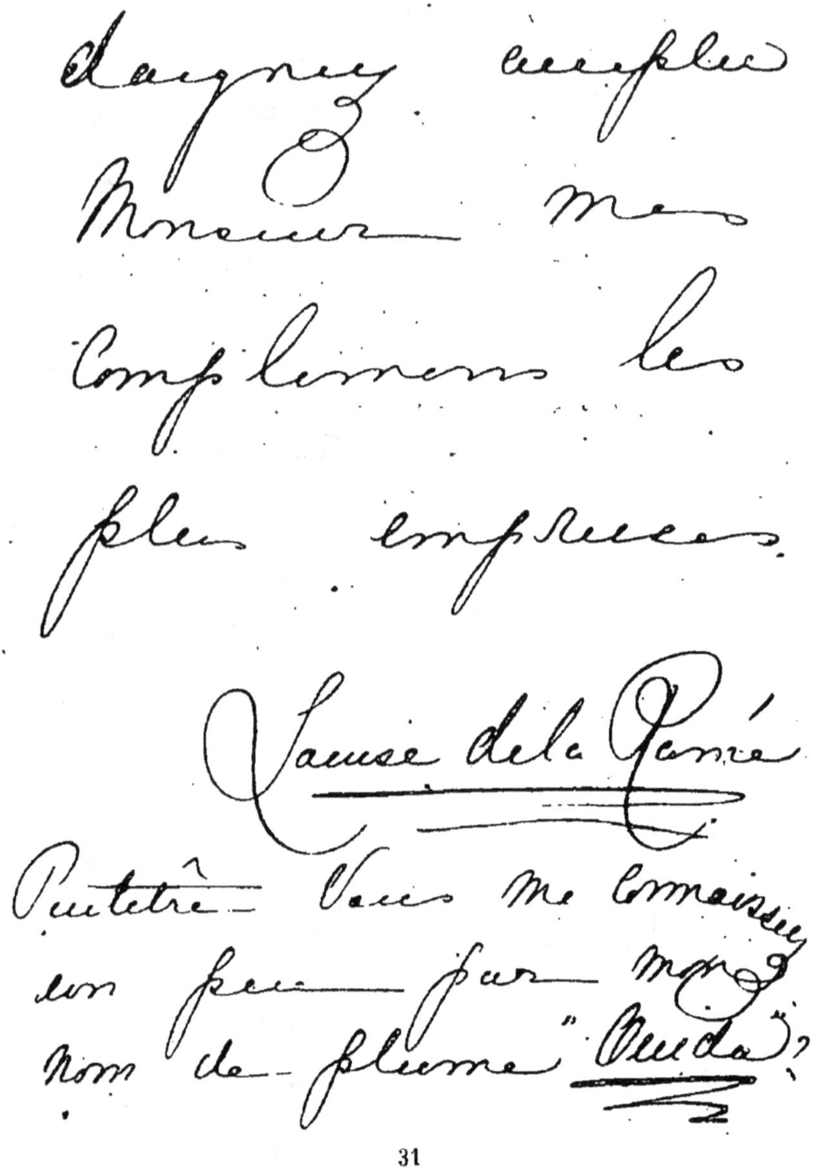

Daignez accepter

Monsieur mes

Compliments les

plus empressés.

Louise de la Ramée

Peutêtre Vous me connaissez
un peu par mon
nom de plume "Ouida"?

31

Importance de la barre du t. — Une barre de *t* très longue
signifie toujours vivacité, car il faut de la modération pour
donner à la barre du *t* juste la longueur qui lui convient.

Une barre très fine annonce la délicatesse, tandis qu'une barre énorme et courte représente une nature violente, presque brutale, agressive même.

La persévérance est marquée par l'uniformité de la barre qui est du reste assez longue.

32

Des *t* barrés très mollement, ou non barrés indiquent toujours désordre, manque de volonté (aut. 32).

33

Barrés de façon inégale, il y a inégalité dans le vouloir (aut. 33).

34

La barre en retour indique l'entêtement (aut. 34).

35

L'extrémité de la barre extrêmement grande indique la brutalité (aut. 35).

Le *t* barré en bas est un signe de soumission, de flatterie (aut. 36).

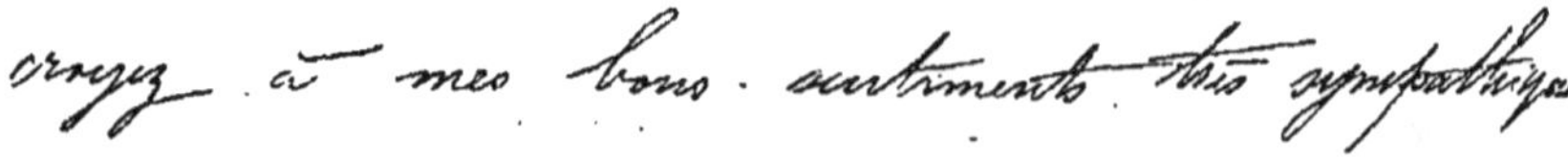

[figure 36]

La barre placée en haut du *t* indique une volonté autoritaire et despote (aut. 37).

[figure 37]

Placée au-dessus, elle est la marque de la tyrannie (aut. 38).

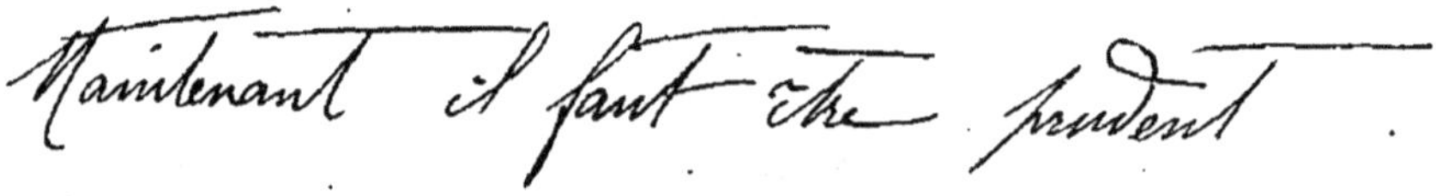

[figure 38]

Le T barré en montant signifie taquinerie, chicane (aut. 39).

[figure 39]

En descendant, entêtement, opiniâtreté (aut. 40).

[figure 40]

L'extrémité de la barre terminée en pointe signifie causticité, raillerie (aut. 41).

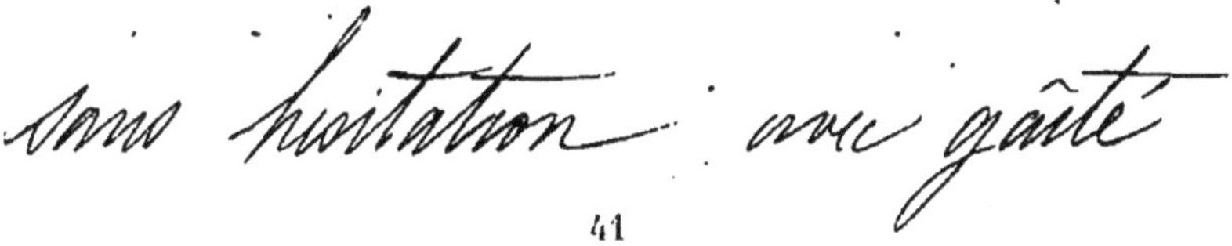

sans hésitation — avec gaîté

41

Placée en avant du t, la barre signifie vivacité d'esprit (aut. 42).

42

Placée en arrière, lenteur (aut. 43).

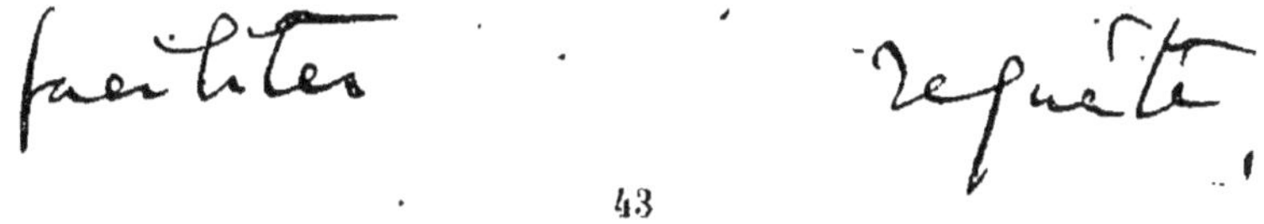

43

Terminée par un harpon, elle signifie toujours entêtement, ténacité (aut. 44).

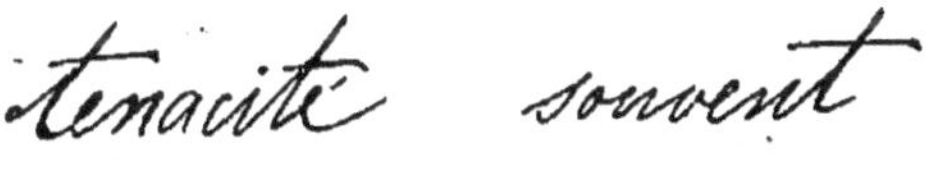

ténacité souvent

44

La *barre de soulignement* fine et longue signifie délicatesse, vivacité (aut. 45).

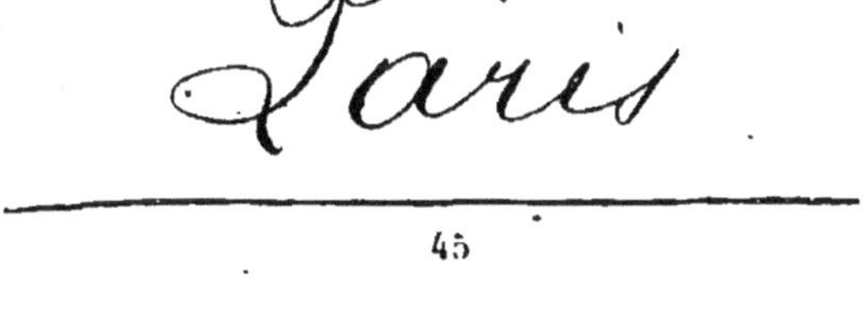

Paris

45

Terminée en massue, une volonté très énergique (aut. 46).

46

De forme curviligne, la grâce, la gaîté (aut. 47).

47

Onduleuse, la souplesse, l'adresse.
Tremblante, l'hésitation, l'indivision.
Fréquemment employée, l'exaltation, l'enthousiasme

V. — Les signes particuliers.

L'étude des signes généraux une fois terminée, on aborde l'examen des signes particuliers : Majuscules, Minuscules, Ponctuation, Marges, Alinéas.

MAJUSCULES. — L'étude des majuscules est féconde en révé-

Le catalogue De seul fin que je puisse me Choisir les

48

lations de toutes sortes, principalement en ce qui concerne le degré d'orgueil ou d'égoïsme, d'entêtement ou de ténacité. Nous n'étudierons que les plus usitées

Lorsque les majuscules abondent ou manquent absolument, c'est généralement manque de culture, importance trop grande donnée aux petites choses ou trop minime aux choses considérables (aut. 48 et 49).

Si les majuscules rappellent par leur forme les minuscules, c'est signe de simplicité et de sens artistique (aut. 50).

Des majuscules menues, très fines indiquent la timidité, la délicatesse (aut. 51).

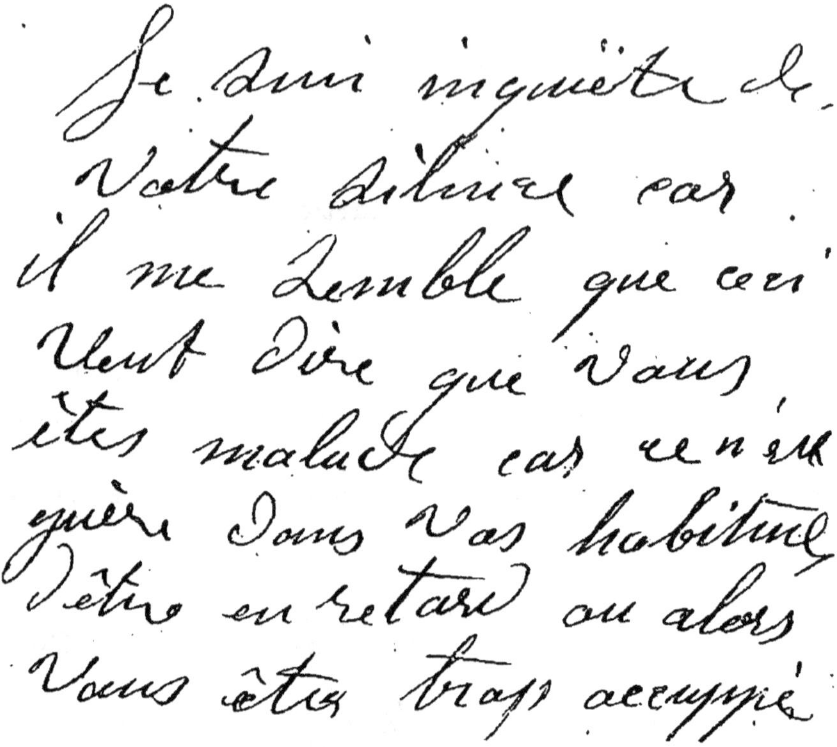

> Je suis inquiète de
> votre silence car
> il me semble que ceci
> veut dire que vous
> êtes malade car ce n'est
> guère dans vos habitudes
> d'être en retard ou alors
> vous êtes trop occupé

49

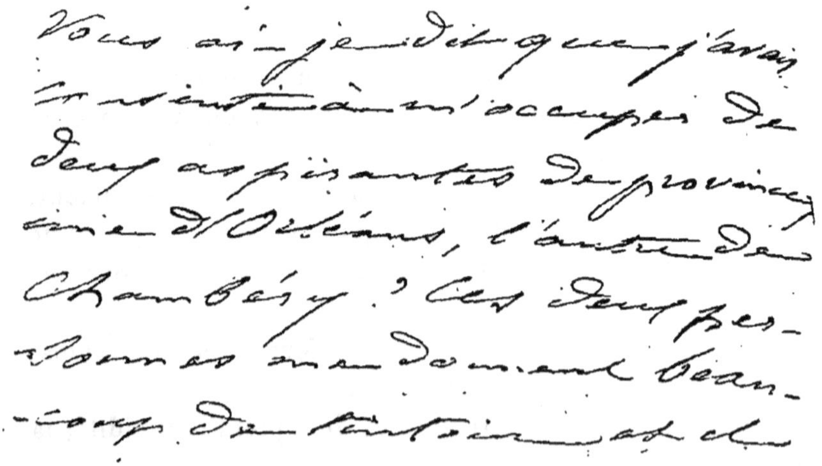

> Vous ai-je dit que j'avais
> consenti à m'occuper de
> deux aspirantes de province
> une d'Orléans, l'autre de
> Chambéry ? Ces deux per-
> sonnes me donnent beau-
> coup de satisfaction et el...

50

Au contraire, des majuscules aux pleins bien formés, aux

51

boucles renflées appartiennent à un caractère sensuel (aut. 52).

52

Quand les majuscules sont bien proportionnées aux minuscules, c'est calme, modération, modestie (aut. 53).

53

D'une grandeur disproportionnée, elles sont la marque des

natures orgueilleuses et présomptueuses, prétentieuses si on constate la présence de fioritures (aut. 54).

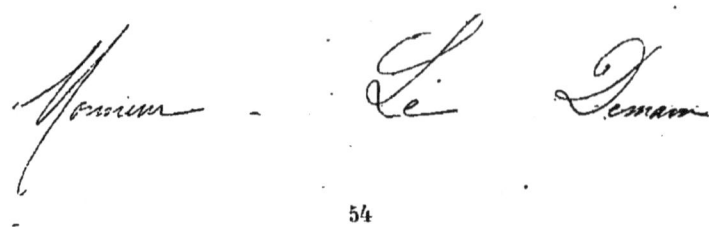

54

De taille moyenne avec quelques embellissements gracieux, c'est gaîté et esprit (aut. 55).

55

Une majuscule aux formes arrondies, aux courbes gracieuses

56

et en harmonie avec les minuscules indique le sens du beau, le génie (aut. 56).

Toute majuscule, du reste, qui se rapproche de la forme

calligraphiée est le signe d'une nature artistique, spirituelle et de commerce sûr (aut. 57).

57

Une majuscule échevelée, sans proportions, sans harmonie est la marque d'une nature déséquilibrée (aut. 58).
Quand la majuscule est de même hauteur que les minuscules,

58

mais bien formée cependant, c'est signe de modestie et de simplicité — et comme dans le cas présent la marque d'un esprit cultivé, ouvert, d'une nature affable et d'un talent en pleine possession de lui-même (aut. 59).

La lettre M. — La lettre M est la plus intéressante à observer

59

à cause de la multiplicité de ses jambages. C'est là que réside

60

l'orgueil, l'amour de la domination, la présomption (aut. 60).

Un peu d'orgueil dans le premier, plus dans le deuxième, une variété dénoncée dans le troisième, parce que le premier jambage dépasse les autres.

Égalité des jambages, modestie, sans humilité ; on sait ce

61

qu'on vaut, mais on ne songe nullement à faire connaître sa supériorité (aut. 61).

Le deuxième jambage plus haut que l'autre appartient géné-

62

ralement aux parvenus de toutes conditions qui se sont élevés d'une situation médiocre à un rang élevé (aut. 62).

L'écartement exagéré entre les deux jambages comme entre

63

ceux de toutes les autres majuscules indique la nonchalance, le laisser-aller et parfois la mauvaise éducation (aut. 63).

Trop rapprochés ou confondus, les deux jambages indiquent la timidité, l'embarras (aut. 64).

Principes généraux. — Lorsque la majuscule, quelle qu'elle soit, forme à la fin un crochet en retour, c'est toujours égoïsme

d'autant plus grand que le crochet est plus prononcé (aut. 65).

La majuscule commençant par un petit crochet indique l'avidité, l'avarice (aut. 66).

Si elle se lie au mot qui suit, c'est bonté, générosité et ici fermeté de l'esprit, vigueur et clarté du raisonnement associés à un tempérament passionné et à une simplicité parfaite (aut. 67).

Quand les finales descendent au-dessous du mot tout entier,

[manuscrit :]

> Croyez monsieur, que
> j'aurais voulu vous faire
> une meilleure réponse,
> mais cela ne dépend pas
> de moi.
>   Agréez l'expression
> de mes sentiments distingués
>
>   G Sand
>
>   Nohant 1er mars 74.

67

on a affaire à des natures fières d'elles-mêmes, heureuses de s'admirer (aut. 68).

[signatures : Mon — Louise]

68

Toute majuscule harmonieuse dénote le bon goût, toute

majuscule trop grande, disgracieuse ou discordante, l'orgueil, la prétention, la sottise, le manque de culture (aut. 69).

69

Une majuscule commençant par un trait de plume arrondi annonce la douceur et souvent la gaîté (aut. 70).

70

MINUSCULES. — Il faudrait pour arriver à être fixé de façon précise sur la forme, la hauteur, l'épaisseur des minuscules faire usage de la loupe. Mais comme on ne saurait porter toujours une loupe sur soi et comme l'examen des écritures pour être intéressant ne saurait durer très longtemps, il faut se borner à quelques indications sur l'apparence de l'écriture à l'œil nu.

La lettre o et ses composés a, g, d, q. — Ou l'o qui entre dans la composition de ces lettres est ouvert et dans ce cas la personne est franche, expansive, ou il est fermé et on a affaire à des natures peu ouvertes et prudentes.

Trop ouvert l'o indique l'indiscrétion.

Fermé quand l'écriture est penchée et montre tous les signes de la tendresse, c'est la marque des natures franches seulement avec ceux qu'elles aiment.

La *lettre d* peut affecter plusieurs formes d'après la nature de la hampe : droite (71), elle signifie simplicité; courbée, intelligence, esprit cultivé (72); enroulée égoïsme, coquetterie (73); liée à la lettre suivante, liaison dans les idées (74); avec des

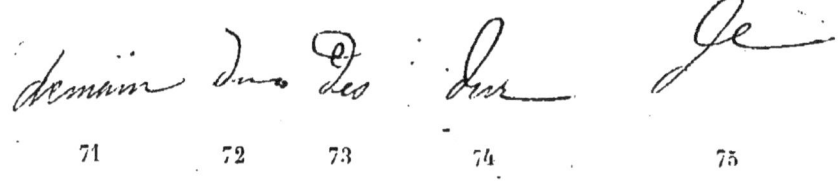

fioritures extravagantes, imagination déréglée, manque de simplicité (75).

La *lettre e* bien fermée, c'est signe de clarté (76); à peine

indiquée à la finale, ruse, défiance (77); peu ordinaire, bizarrerie (78).

Les *lettres m et n* avec des jambages espacés dénotent l'ima-

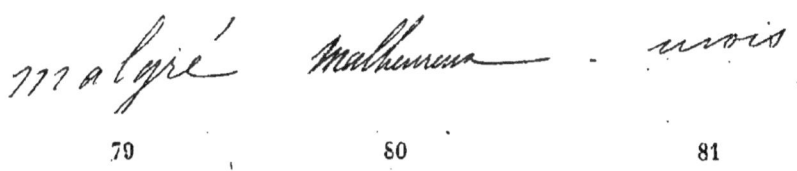

gination (79); avec le premier jambage plus grand que les autres, égoïsme, orgueil (80); ayant la forme de l'*u* (81), bienveillance innée.

Les *lettres l, b, g, h, y*, arrondies signifient grâce, douceur;

anguleuses, entêtement; de forme peu harmonieuse, vulgarité (82, 83, 84).

faiblesse   mollesse   facile

    82   83   84

La *lettre s* enroulée signifie coquetterie (85); plus haute que

maison   Supérieur   sans

   85   86   87

les autres minuscules, imagination (86); très simple, modestie (87).

La *lettre v* très élevée au-dessus des autres annonce une

Venez me Voir quand Vous Voudrez

                  88

nature que le souci des choses terrestres ne trouble point : elle appartient aux idéalistes (88).

Demain à cinq heures

                  89

Les *minuscules* commençant par un petit trait droit annoncent la contradiction (89).

Les *boucles pleines d'encre* sont le signe de la sensualité (90).

90

Les boucles. — De grandeur modérée, elles sont le propre des natures calmes, chez qui la raison domine, extrêmement logiques avec elles-mêmes (91), d'une extrême puissance de raisonnement et d'une grande énergie. Ici un fort tempérament de philosophe.

De dimensions excessives, elles annoncent l'imagination débordante (92), parfois quand elles amènent le désordre dans l'écriture, la folie. — L'autographe ci-joint dénote aussi une grande tendresse, la pente de l'écriture une grande délicatesse, une nature idéaliste.

Les finales brusquement arrêtées (93) indiquent la parcimonie, l'avarice; modérées, sage économie (94); prolongées outre mesure (95), prodigalité.

Terminées en pointe aiguë, signe d'intransigeance (96); en forme de masse (97), force de résistance; par une ligne courte (98), prétention; par un crochet rentrant, égoïsme (99); de direction ascendante par un trait fortement appuyé, violence (100).

Différentes sortes d'écritures suivant la disposition des minuscules. — L'*écriture resserrée*, celle où les minuscules se

Monsieur,

Cette pièce se ne se trouve dans un volume intitulé Sachs de jeunesse, mais ce volume ne se trouve plus. J'en ai *** chez moi un exemplaire. Je lui ai écrit tout qu'à vous pour que l'on copie la pièce et qu'on vous l'envoie. Je ne sais pas sur que les vers soient bien bons, mais j'étais bien jeune.

Mille compliments affectueux

A. Dumas,

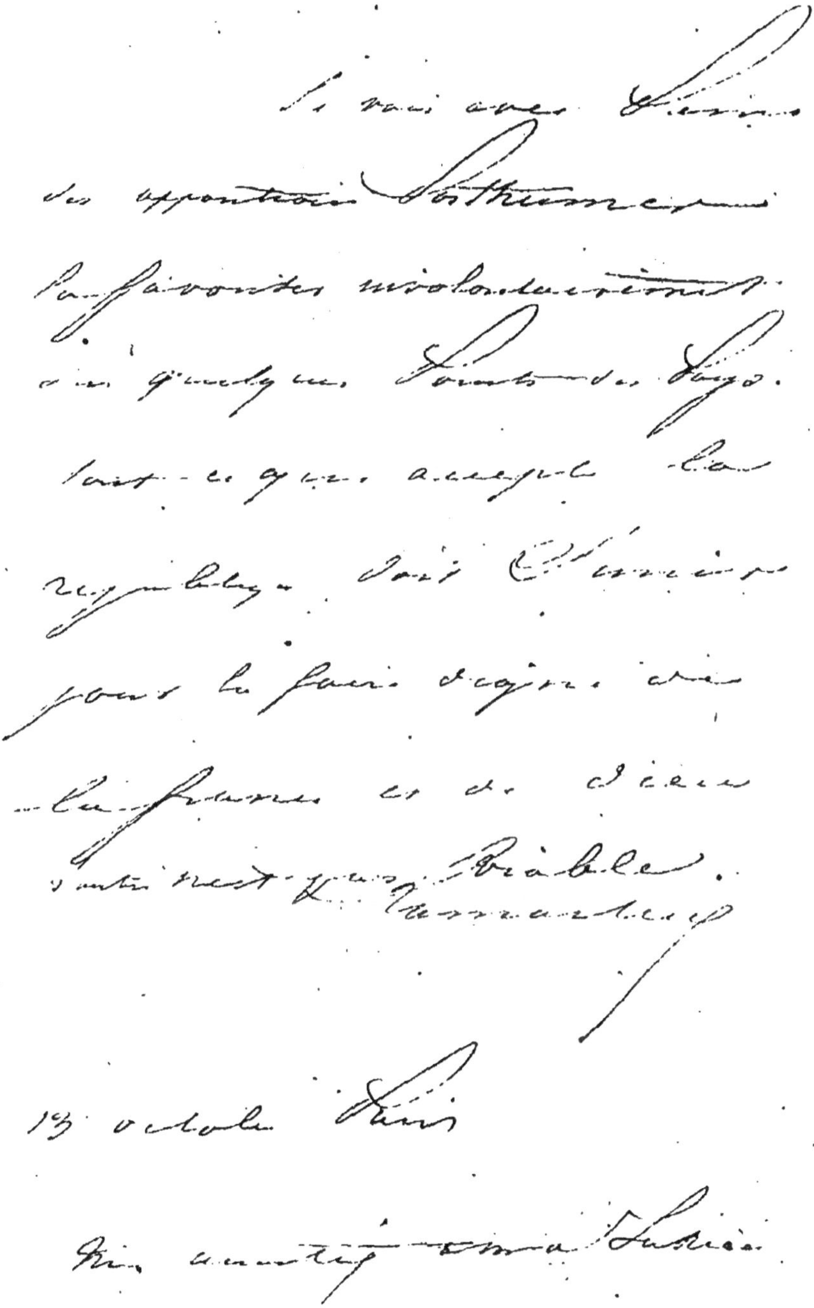
Si vous avez Pierre
des apparitions posthumes
[illegible] [illegible]
en quelques points de Hugo.
tout ce qui accepte la
république doit l'[illegible]
pour la faire [illegible]
la France et de Dieu
autrement n'est pas possible.
Remarquez
13 octobre Paris
[illegible]

92

rapprochent le plus possible, indique en général l'avarice, surtout quand les finales sont courtes (aut. 101).

93   94   95

L'écriture *normale* indique un esprit ordinaire et un carac-

96   97   98

tère calme sans originalité d'esprit, ici avec une haute idée de soi-même (aut. 102).

99   100

L'écriture *largement espacée* avec des blancs et des finales

101

très longues indique une tendance à la prodigalité ; quand les finales longues disparaissent, le raisonnement modère le goût de la dépense qui se change en générosité (aut. 103).

102

L'*écriture bien liée* indique la puissance de raisonnement, la logique, parfois la moquerie ; elle appartient aux déductifs, à

103

ceux qui sont pleinement conscients de la vigueur de leur talent, de la force de leur génie ; pour le deuxième autographe, puissance de travail, grande ténacité (aut. 104).

Au contraire l'*écriture détachée* est le propre de ceux qui savent créer, des intuitifs, toujours des esprits originaux (aut.- 105), de ceux qui devancent souvent les idées de leur temps avec une loyauté absolue.

L'*écriture épaisse* indique la recherche des jouissances matérielles, la sensualité (aut. 106).

A. FALGUIÈRE

104

L'*écriture fine* sans pleins appartient aux personnes fines, délicates, mais molles souvent (aut. 107). M. Sully-Prudhomme est en même temps qu'un délicat un déductif avec quelques traits de caractère appartenant aux intuitifs.

Les *écritures illisibles ou peu lisibles* appartiennent généralement aux personnes ayant une certaine culture d'esprit — aux hommes d'État, aux avocats, aux professeurs, aux journalistes, à ceux qui écrivent beaucoup et qui sont tenus à une certaine réserve dans l'expression de leurs idées. Souvent même il semble que leurs auteurs ont voulu de plein gré les rendre indéchiffrables comme eux-mêmes (aut. 108).

104

Les *écritures* où *les lettres sont refaites après coup* sont le avec mes très vifs remerciements

J. Claus

105

mais je me demande fort souvent
une main de feuilleton pourrait
[illegible] sensibilité les choses
à [illegible].

[illegible]

[illegible]

105

et vous gerrer qu'alors c'est moi et non plus
de délicatesse ;

106

Confrère [illegible]... pour son
l'expression de sa vive gratitude d'agréer pour
l'article si bienveillant qu'il a publié
sur lui dans le Journal Illustré.

107

propre des natures spontanées qui ne se donnent pas la peine de faire les lettres tout d'abord, mais qu'un grand souci d'être

clair, d'être compris ou le désir d'éviter au lecteur la peine de

deviner fait revenir en arrière. — Esprits cultivés, grands travailleurs aux vues originales, légèrement caustiques (aut. 109).

Marges, Alinéas, Ponctuation. — L'absence de *marge* indique presque toujours, à moins que ce ne soit un caprice de la mode, parcimonie et avarice. Très large, de forme régulière et à gauche, la marge dénote l'amour du bien-être et le sentiment du beau.

Si une seconde marge existe à droite, c'est un signe de délicatesse et de générosité.

Une marge irrégulière est signe de mobilité et de caprice, chez des personnes généralement peu réfléchies.

L'*alinéa* est surtout employé par les esprits amoureux de clarté; par tous les intuitifs et les grands créateurs.

Il en est de même pour les *tirets* fréquemment employés; un tiret placé à la fin d'un mot ou à la fin d'une ligne indique presque toujours la réserve et la circonspection.

Une *ponctuation bien mise* dénote les habitudes d'ordre et d'exactitude; négligée, c'est la marque des natures désordonnées, ou des tempéraments spontanés, souvent très imprudents.

Les *points* et les *accents* placés très haut et peu appuyés révèlent une nature idéaliste.

Fortement indiqués, c'est signe de sensualité.

Bien à leur place, réflexion.

Trop allongés, vivacité, spontanéité.

Les *points de suspension* sont fréquemment employés par les tempéraments ardents et enthousiastes.

Le *point d'exclamation* long, peu appuyé indique l'exaltation; épais, dur, la force; fréquemment employé, la gaîté.

Le *point d'interrogation* peu simple est signe de prétention; appuyé, de volonté; bizarre de forme, excentricité; fréquent, la curiosité.

La signature.

Le paraphe est comme l'empreinte visible de la personnalité de l'écrivain. C'est pourquoi l'étude de la signature est si importante en graphologie.

La signature la plus simple est celle qui consiste à écrire son nom sans paraphe. C'est parfois une marque d'orgueil, c'est aussi insignifiance, quand cela n'indique point une nature très simple (aut. 110).

Le nom suivi d'un point signifie prudence extrême. Lorsque le nom est simplement souligné, comme chez Daudet, p. ex., — c'est l'orgueil du nom, la finesse, la sensibilité avec ce quelque chose d'ironique, de clair, de rapide qui fait de Daudet un des plus français de nos écrivains.

Pour les autres paraphes, il faut s'en rapporter à ce qui a été dit des traits.

Racine

110

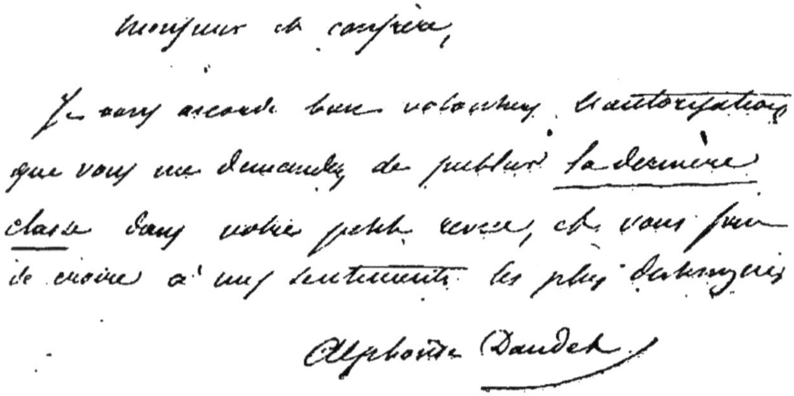

Monsieur et confrère,

Je vous accorde bien volontiers l'autorisation que vous me demandez de publier la dernière classe dans votre petite revue, et vous prie de croire à mes sentiments les plus distingués.

Alphonse Daudet

111

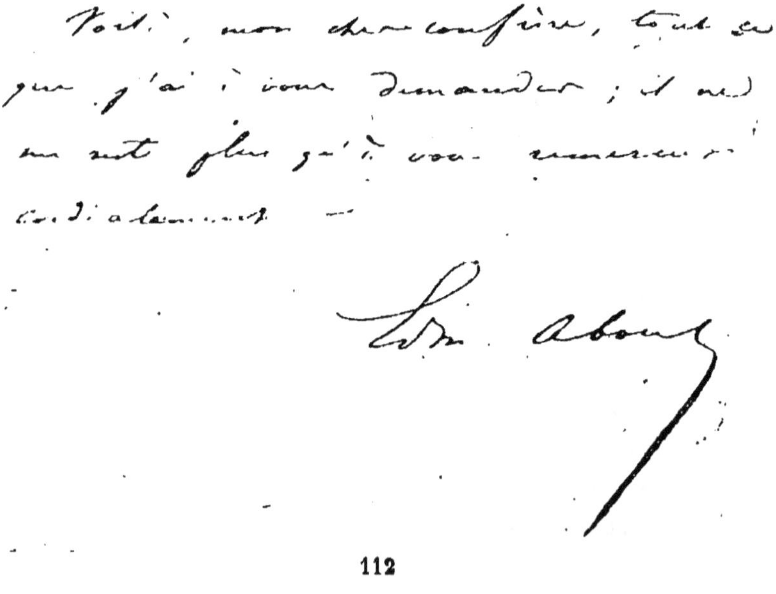

Voilà, mon cher confrère, tout ce que j'ai à vous demander ; il ne me reste plus qu'à vous remercier cordialement —

Edm. About

112

Courbe signifie grâce, beauté ; Angle veut dire fermeté, ténacité ; traits longs signifient vivacité ; courts signifient fermeté ; fins dénotent délicatesse ; forts indiquent énergie ; crochus signifient ténacité ; aigus signifient causticité.

Toutes les signatures dont les paraphes sont formés d'un simple trait de plume horizontal ou vertical, plus ou moins

appuyé, indiquent des natures simples, franches, ouvertes, intelligentes. Fortement accentué, il est la marque de la décision, de la volonté (aut. 112).

Oblique, c'est la signature des personnes résolues qui savent se défendre et sont trop généreuses pour attaquer (aut. 113).

Terminé par un croc, c'est l'entêtement, l'ardeur dans la lutte. Ici chez M. Coppée c'est aussi la douceur, la grâce indiquées par les courbes (aut. 114).

Le paraphe revenant sur lui-même et formant boucles indique

Traitez-moi de maniaque, cher ami, mais je voudrais bien qu'on imprimât mon sonnet ainsi.

Au lieu de :

Mais, certain de sauver ces voyageurs d'un geste

Mettre :

Mais, ~~qui~~ certain de sauver ceux inconnus d'un geste.

Il y a, dans le sonnet, trop de sons en eur. Voilà

À vous d'amitié

F. Coppée

114

un tempérament tenace, un peu rancunier, un peu ironique aussi (aut. 115).

Le paraphe serpentin de M. Saint-Saëns dénote, comme son

115

116

écriture tout entière, un tempérament fort artistique dont la grande qualité est l'originalité. La signature indique amour des aventures (aut. 116).

Le paraphe simple est en général signe d'indépendance dans les idées, de grande franchise.

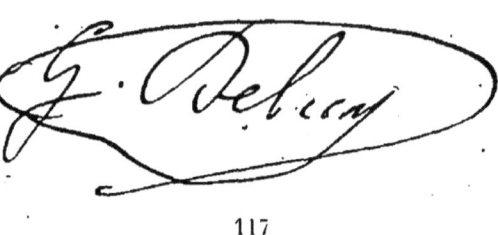

117

Le paraphe suivant dénote une nature méfiante, égoïste et un peu casanière (aut. 117).

Un paraphe enchevêtré indique la prétention, la finesse, la

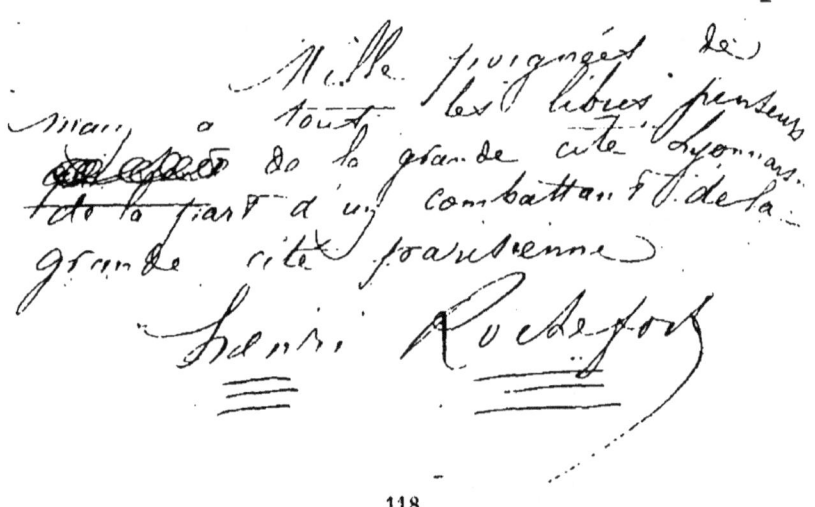

118

ruse quelquefois, la bizarrerie et le manque de goût. Sous ce rapport, il faut se fier à la première impression avant de juger l'écriture.

Je voudrais encore dire un mot de deux paraphes que j'ai sous les yeux et qui sont intéressants quoique bien différents l'un de l'autre (aut. 118).

La signature de M. Henri Rochefort, comme toute son écriture, révèle une pleine possession de soi-même, la conscience de sa propre valeur. Voyez les traits sous le nom. Les *t* barrés

de façon très inégale indiquent une grande volonté, mais parfois peu soutenue. Le commencement des minuscules l'ironie. Des lettres liées, d'autres détachées, l'ensemble mouvementé annoncent une imagination exubérante, — une hardiesse sans égale dans la conduite et dans l'esprit (aut. 119).

L'écriture et le paraphe de Rosita Mauri appartiennent à une personne à l'esprit timide et peu sûre d'elle-même, mais au cœur généreux, dévoué, à la persévérance soutenue. L'ambition semble être refrénée par un effort de la volonté.

On ne saurait parler, en graphologie, de l'importance du paraphe sans étudier les signatures si différentes de Napoléon qui révèlent l'histoire même de sa vie (aut. 120).

120

Le paraphe se fait plus aigu, le *t* est barré de façon plus énergique (aut. 121).

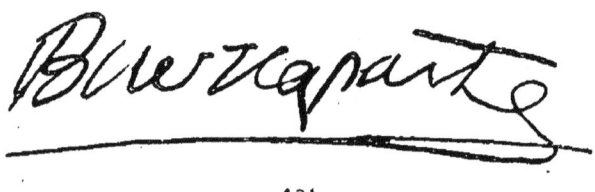

121

Le paraphe est celui d'un homme résolu, de l'homme du 18 Brumaire (aut. 122).

122

Empereur en 1800, le paraphe a le crochet des tenaces (aut. 123).

Et à mesure que la fortune croît, que la gloire rayonne, le paraphe s'abrège de plus en plus (aut. 124).

123

124

125

Vient la défaite; on sent la tristesse, mais l'espérance aussi (aut. 125).

La signature de Fontainebleau dévoile le découragement, le désespoir (aut. 126).

126

De Sainte-Hélène, le nom est tracé tout entier, mais la force

127

et l'espoir se révèlent à la signature en forme de massue (aut. 127).

On voit donc comment la signature révèle non seulement le tempérament, la façon d'agir d'un homme à une époque donnée, mais aussi fait à travers les années l'histoire de son âme et de sa vie. De là son importance en graphologie.

VI. — Les résultantes.

Il arrive parfois qu'après avoir étudié de façon très attentive les signes généraux et les signes particuliers que présente une écriture, on est frappé par la contradiction existant entre certaines données. Tandis que bien des signes se complètent et s'affirment les uns par les autres, d'autres ont une signification tout à fait opposée, ou donnent des indications qu'il est difficile de concilier avec les précédentes.

Ainsi dans ces quelques lignes de Labiche le contraste entre les différentes observations est saisissant. L'écriture inclinée marque la sensibilité, l'affabilité, la générosité, les *m* et *n* avec des jambages d'*u*, la bienveillance. Les *t* barrés en descendant, l'opiniâtreté, la ténacité. Les finales marquent l'espoir pondéré qui s'arrête où il veut, et la personne qui sait parfois être très économe (aut. 128).

Avec cela une nature ouverte (voir les *o*, les *a*), un heureux mélange des dons de l'intuition et de la déduction (quelques lettres détachées, d'autres liées). Un tempérament gai (écriture inégale) avec une tendance à la mélancolie (écriture descendante).

Toutes ces observations dominées par la simplicité dominant tout et se remarquant surtout à l'absence de fioritures, à la forme très simple des majuscules et de la signature. Comment résumer tout cela? Nature simple, franche, se montrant toujours telle qu'elle est avec honnêteté et sans prétention aucune, faite de nuances et d'oppositions comme tout être humain.

De même l'écriture de M. Sarcey. L'écriture rapide et fine

Ma modestie ne me permet pas d'accepter sans réserve tous les éloges que vous me donnez. Je n'ai qu'une prétention, c'est d'être un vieux et un brave homme. Si je suis quelque chose de plus, il faut en remercier le Dieu mystérieux qui préside à la distribution de nos aptitudes. Je n'ai pas à m'en glorifier.

Veuillez agréer, Monsieur, avec mes bien vifs remerciements l'assurance de mes sentiments les plus sympathiques.

Eugène Labiche

indique un esprit cultivé, vif (les points suivant les *i* et les accents, les *é*), où la raison et l'imagination se rencontrent à la fois (raison : liaison des lettres, l'imagination, la longueur des boucles), dont les jugements sont toujours très circonspects (finales arrêtées brusquement). Les lettres assez bien formées

129

montrent le désir d'être clair, en même temps qu'un plein empire sur soi-même qui se manifeste par un certain sens pratique (aut. 129).

En somme, tempérament pondéré, un peu bourgeois (les finales courtes); la signature en forme de glaive indique la malice et la repartie prompte de l'homme qui, sûr de lui et de son talent, ne craint ni les railleries ni le blâme.

Il en est de même de presque toutes les écritures. L'âme humaine n'est-elle pas faite d'oppositions et de mystères? Quand nous nous étudions nous-mêmes, ne trouvons-nous pas dans notre cœur, dans nos secrets penchants, dans nos intimes inspirations des côtés que nous ignorions et qui nous stupéfient?

C'est pourquoi aux données graphologiques précises et scientifiques il faut joindre et une grande habitude d'analyser des écritures et une sorte de divination, de don inné. La graphologie et la psychologie se complètent par là et l'une ne peut être expliquée que par l'autre. Il appartient donc à toute personne qui examine une écriture de tirer elle-même des conclusions, une résultante, des observations qu'elle a faites. Au reste, les études graphologiques développent incontestablement le sens psychologique, l'intuition profonde des choses et l'impression première est souvent la dominante, celle qui ressort même de l'étude la plus approfondie.

Tout graphologue se crée ainsi certains principes particuliers qui répondent à ses observations personnelles, à ses comparaisons constantes. Quelques analyses attentives suffisent pour cela.

Voici quelques résultantes qui n'ont pas la prétention de donner des règles bien fixes, mais elles indiqueront comment on peut combiner certaines données des signes généraux et particuliers.

1° T faiblement barrés .... Volonté faible.... } Nature
 Écriture très inclinée........ Sensibilité........ } sentimentale.

2° Écriture sobre et serrée..... Simplicité, empire
                                  sur soi-même... } Avarice.
 Finales courtes.............. Économie........ }

3° Écriture montante........... Ambition........ } Ténacité
 Grands mouvements de plume. Imagination...... } sans scrupule.
 Écriture anguleuse.......... Fermeté......... }

4° Écriture rapide............ Intelligence vive.. ⎫
   T barrés en forme de glaive.. Causticité........ ⎬ Diplomatie.
   Écriture serpentine.......... Habileté......... ⎭

5° Écriture inclinée........... Sensibilité....... ⎫
   —   arrondie.......... Douceur.......... ⎬ Indolence.
   T non barrés.............. Sans volonté...... ⎭

6° Écriture inégale............ Sensibilité........ ⎫
   Le premier jambage de *m* très grand, orgueil. ⎬ Susceptibilité.

7° Écriture petite............ Mesquinerie...... ⎫ Pas de bon
   Mots plus gros à la fin...... Naïveté.......... ⎬ sens.

8° Écriture renversée......... Dissimulation..... ⎫
   Crochets rentrants.......... Égoïsme.......... ⎬ Manque
   Lettres bien liées........... Raisonnement..... ⎭ d'honnêteté.

9° Écriture calme............. Patience.......... ⎫
   —   fine.............. Sensibilité........ ⎬ Timidité.

Rien n'est plus intéressant que de combiner ainsi de pareilles résultantes; on fait œuvre de psychologue, de philosophe même et l'attrait de l'inconnu et de l'imprévu double le charme de l'étude.

VI. — Analyse de l'écriture. — Principes fondamentaux.

Toutes ces observations faites sur les signes généraux, les signes particuliers, les résultantes d'une écriture, comment grouper toutes ces observations? Là encore la psychologie donne une indication précieuse. Elle groupe tous les phénomènes qui se passent dans l'âme humaine sous trois têtes de chapitres : intelligence, sensibilité, volonté. Pouvoir de comprendre et de créer, pouvoir d'aimer et de sentir, pouvoir d'agir et de se décider. Tout est là : l'homme est un être qui pense, sent et agit; c'est sous ces trois faces qu'il convient de l'étudier.

L'Intelligence. — Le plus haut degré de l'intelligence, c'est le génie qui crée et fait œuvre personnelle.

Voyez par exemple l'écriture de Victor Hugo. En est-il une qui révèle davantage la puissance créatrice par la juxtaposition des lettres, la forte imagination par la longueur des boucles, l'écartement des deux jambages de l'H, la sensibilité par la pente si inclinée de l'écriture? Ajoutez à cela la sobriété générale, la simplicité des majuscules, les premiers jambages des *m* plus grands que les autres et vous verrez le génie en pleine possession de lui-même, sûr de sa supériorité. L'écriture de Pasteur est de même celle d'un homme de génie, mais combien différent de Victor Hugo (aut. 130 et 131).

C'est le savant qui veut être clair et qui adopte une écriture officielle, retournée, facile à comprendre, qui veut dire beaucoup de mots et veut être concis (écriture tassée), ami de l'ordre et de la régularité (les points et les accents à leur place). Nature à la fois déductive (mots liés) et intuitive (lettres détachées); imagination (écriture inégale) tempérée par l'union de la certitude et de la vérité.

L'écriture de M. Massenet, compositeur de génie, surprend au premier abord; on ne s'attend guère à trouver sous la plume de l'auteur passionné et voluptueux d'Hérodiade et de Manon cette écriture claire, limpide et nette, et on se demande si c'est là l'écriture du Massenet intime. Cependant, l'écartement entre les deux jambages de l'H marque l'imagination, la forme presque calligraphiée des majuscules, l'amour passionné du beau, et l'inclinaison de certaines lettres, la sensibilité; les espaces blancs laissés entre les mots et entre les lignes indiquent une nature généreuse jusqu'à la prodigalité, et la liaison du *d* et de l'*a* la grande puissance de raisonnement (aut. 132).

Nature presque féminine par la sensibilité et la délicatesse que révèle l'écriture, Renan est avant tout un amant du beau sous quelque forme qu'il se présente : forme des majuscules, signature magistrale avec toutes les lettres grandes et égales, le paraphe sobre. Grande puissance de raisonnement du reste.

liaisons bien marquées, par exemple « et les plus dévoués » (aut. 133).

Quoique très différentes entre elles, ces quatre écritures ont

Cher ami,

demain mercredi, si vous le voulez bien, chez Hartmann 20, rue Daunou, de 5^h ½ à six heures du soir.

tout à vous

J. Massenet

cependant des traits communs : la simplicité des formes, la sobriété des mouvements de plume et la grandeur qu'indique l'ensemble ; en somme rien de banal, de déjà vu, une écriture comme un génie très personnel.

Croyez bien, je vous prie, à mes
sentiments les plus distingués
et les plus dévoués

E. Renay

133

Mon cher ami,

Comment vous remercier ? je ne vous
demande plus que de me donner l'occasion
bientôt de vous prouver toute ma reconnaissance
et combien vous m'attache

Votre tout dévoué
Armand Silvestre

134

Ces mêmes caractères avec quelque chose de moins puissant,

[specimen d'écriture manuscrite n° 135]

[specimen d'écriture manuscrite n° 136]

de plus gracieux, souvent caractérisent l'écriture d'un talent presque général.

L'écriture de M. A. Silvestre a la finesse, la délicatesse d'une écriture de femme; la pente très inclinée indique une nature

*Veuillez agréer, madame,
avec toute notre reconnaissance
nos meilleurs sentiments.*

sensible, très passionnée, et la forme des *n* et des *m* un tempé-

rament affable et bienveillant avec une nuance d'orgueil (pre-

mier jambage des *m*) et de causticité (barre des *t* en forme de glaive (aut. 134);

Cette clarté, cette simplicité se retrouvent encore, mais à un moindre degré, dans l'écriture de personnes intelligentes, d'es-

140

prit cultivé ; elle arrive même à disparaître (aut. 135 et 136).
Les esprits insignifiants, médiocres ou communs, adoptent

141

ou l'écriture calligraphiée, ou une façon d'écriture lourde, prétentieuse, gauche (aut. 137, 138, 139, 140, 141).

La sensibilité. — La sensibilité est de toutes nos facultés celle qui a la plus grande influence sur les autres ; elle peut arriver à obscurcir l'intelligence ou à la rendre plus claire, à anéantir la volonté ou à l'exciter aux plus grandes actions.

Elle se marque dans l'écriture par la pente et l'inclinaison des lettres d'abord, par leur inégalité ensuite.

L'écriture droite est en général une marque de froideur et d'indifférence (aut. 142).

Je profite de cette occasion pour vous informer que je viens de recevoir du Ministère des affaires étrangères. Sous Dir. des fonds et de la Comptabilité, les instructions nécessaires relatives à votre traitement mensuel

142

La passion s'exprime par une grande exagération des traits, une sorte d'envolée des lettres, par le plein des boucles et l'absence de déliés, parfois par une grande inclinaison des lignes (aut. 143).

Une écriture calme, sobre, aux lettres égales et bien formées indique la modération (aut. 144).

L'égoïsme se dévoile par une écriture anguleuse, serrée, parfois peu rapide (méfiance), par la finale des mots qui revient vers la gauche, par la signature (paraphe enclavant ou en forme d'escargot). La bonté, au contraire, se manifeste par une écriture inclinée, dont les majuscules se lient aux lettres suivantes par les finales allongées, l'écriture courbe, la forme des *m* et des *n* (jambages d'*u*).

Mon cher monsieur Bouriot,

J'ai reçu votre intéressante lettre, et je vous en remercie. Je n'ai pas pu vous répondre plutôt, mais croyez que le n'est de ma part ni indifférence pour vous, ni abandon des choses.

Tout à vous de cœur
A. Thiers

14 juillet
Boulevard Malesherbes 40

Le caractère et la volonté.

La volonté qui fait le caractère et l'activité est le pouvoir qui se manifeste le plus au dehors. C'est elle qui fait vraiment l'homme. L'écriture rapide, ascendante, très simple est toujours une preuve de grande activité, de même que les barres des *t*

144

placées en avant. La mollesse se manifeste par une écriture lente, lâchée, par des barres de *t* inégales.

Des pleins et des déliés bien formés et bien accentués, des barres de *t* fortement appuyées, des finales de longueur moyenne indiquent une énergie vigoureuse.

Les crochets à la fin marquent toujours la ténacité et l'entêtement.

Une qualité que l'on aime à trouver près de l'activité ferme et de la volonté puissante, c'est la droiture et l'honnêteté.

La franchise est révélée par l'écriture lisible et la simplicité des lettres; des mots égaux en hauteur indiquent une nature franche comme les mots finissant en pointe indiquent un tempérament rusé. Les *o* et les *a* très ouverts appartiennent aux personnes très franches, très expansives.

Voilà à peu près le résumé des observations à faire sur une écriture. Reste alors à en tirer les conséquences, et là l'expérience et l'esprit d'observation doivent entrer en scène presque seuls.

Comment agira une personne douée de tel caractère, ayant telle intelligence, telle sensibilité ?

Un volontaire n'a pas la même conduite qu'un indécis ; un timide ne peut point et n'agit point comme un orgueilleux ; un égoïste ne parle point et ne sent point comme un délicat.

De toutes les données graphologiques, il résulte certaines remarques qui sont les conséquences inévitables des principes posés. L'habitude d'analyser des écritures, l'intuition psychologique et pédagogique, l'expérience des hommes et des choses seront là des guides sûrs et infaillibles.

VII. — Exemples d'analyses graphologiques.

Tout d'abord quelques autographes de personnages illustres ou très connus, dont nous allons indiquer les caractères

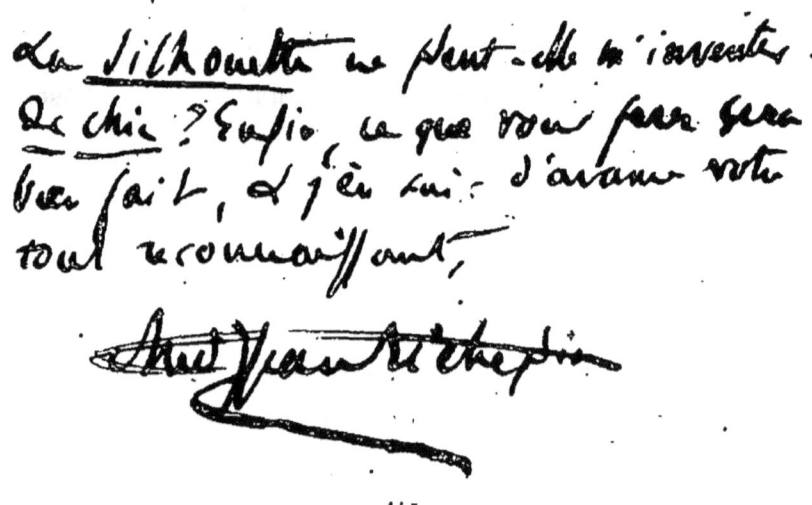

principaux et sur lesquels on pourrait amplifier longuement (aut. 145).

L'écriture de M. Richepin.

Première impression : énergie, originalité, concision. Analyse plus attentive : raisonnement rigoureux : *d* et *c* liés. Génie créateur : quelques lettres détachées. Nature artistique (les majuscules). Imagination (envolée des lettres) à côté de la puissance : esprit, ironie, les *t* barrés en forme de glaive. Très bon (forme des *m*). Mais sens pratique assez développé (finales), quoique nature passionnée (forme des boucles).

M. Carolus Duran. Tempérament féminin par la délicatesse, la grâce, l'extrême passion révélée par l'écriture. Artiste doué

d'une grande imagination. Très autoritaire, mais franc et simple (aut. 146).

M. Roty. Persévérance et netteté. Grande énergie, sait exactement où il va, ce qu'il veut (finales), les moyens à employer pour atteindre le but. Circonspection de la conduite (commencement des majuscules), force de raisonnement (liaison des lettres). Nature artiste (majuscules) (aut. 147).

M. Léon Kerst. Voici l'écriture d'une personne bien pénétrée de ses idées, décidée à aller de l'avant pour les prouver et à user de toutes les armes, surtout de l'ironie. Nature affectueuse et expansive pour quelques-uns, renfermée pour d'autres, indéchiffrable même. Esprit fin et cultivé, original, de

[signature manuscrite]

147

la susceptibilité, grande habitude d'écrire, aimant les arts (aut. 148).

En bien des matières très circonspect (finales).

[signature manuscrite]

148

L'écriture de Mme Marie Laurent révèle une nature expansive, généreuse. De l'ambition, une grande imagination unie à une énergie un peu par à-coups, sans grande persévérance (aut. 149).

M. Allan-Kardec, l'apôtre du spiritisme :

Esprit vif, grande sensibilité, franchise, énergie, bonté. De l'ambition. Va jusqu'au bout de ses idées et de ses conséquences sans manquer toutefois de la réserve et de la prudence indispensables de la conduite de la vie (aut. 150).

Viennent ensuite des écritures prises au hasard un peu partout parmi les lettres d'une correspondance journalière sans souci du sexe, de l'âge, du degré de culture.

Ce sont là de simples esquisses faites sans prétention pour indiquer l'application des principes graphologiques.

Des traits hésitants, d'autres fermes.

Personne de culture moyenne, intelligente (sobriété de l'écriture), prudente (finales) et dans les idées et dans la conduite de la vie, même un peu hésitante parfois (aut. 151).

Ne vous liez jamais avec la personne qui écrit ainsi. Ecriture anguleuse, égoïste. Grandes majuscules, vanité, imagination. Finales courtes, prudence exagérée. Moments d'emballement. Les *t* indiquent et la nature agressive et la personne ironique, caractère pointilleux, susceptible (aut. 152).

Bien chère Dame

Je recommande à votre bienveillant accueil le porteur de la présente, M. Lenormand, frère de M. Lenormand directeur du Salut public de Lyon. Ce Monsieur habite Paris où il retourne en passant par Lyon. C'est un très bon spirite, qui voudrait amener son frère à nos idées, et qui l'a déjà quelque peu ébranlé. Il m'a demandé de lui indiquer à Lyon les médiums qui seraient le plus propres à donner à son frère des preuves à l'appui. Comme vous les connaissez mieux que moi, j'ai compté sur vous pour le seconder dans son louable désir.

Madame Allan Kardec se joint à moi pour vous exprimer de nouveau nos sentiments les plus affectueux.

Allan Kardec — chef des spirites — Allan Kardec

150

Rien de si dangereux que ce mélange d'imagination et de

> Je ne sais pas ce que vous
> a c'est moy mari — nous étions
> étonnés — et non irrités — de ne
> pas recevoir de vos nouvelles —

151

> Jeudi soir —

> Je reste & je t'écris, mon mignon.
> Voici la raison de ma maussaderie de
> ce soir. J'ai depuis hier soir des batte-
> ments de cœur extrêmement violents qui
> m'empêchent, je le crains, d'aller demain

152

réserve : c'est une nature qui ne doit pas craindre de faire le mal pour arriver à ses fins.

Ceci est l'écriture d'un homme vaniteux, caustique et cependant ami des belles choses, il possède une netteté d'esprit qui n'a d'égale que son originalité et sa puissance du raisonne-

[écriture manuscrite]

Chère Mademoiselle

Je ne crois pas que mes remerciements s'égarent en allant vous trouver. Aussi je vous les adresse bien cordialement.

153

ment, beaucoup de finesse de l'esprit, une grande droiture (aut. 153).

Une nature tenace, fermée, avare et un esprit très peu cultivé. Personne contente d'elle (*J* et *Zs*) (aut. 154).

[écriture manuscrite]

Je termine en vous souhaitant une meilleure santé, agréez l'assurance de nos meilleurs sentiments

154

Personne égoïste, d'esprit insignifiant, prétentieuse et vaniteuse; nature agressive, peu réservée, bavarde et étourdie (aut. 155).

Voici une intelligence ouverte, originale, cultivée et fine, un esprit très ferme. Mais une nature un peu égoïste et brutale dans sa franchise, de la vanité (aut. 156).

L'écriture d'une femme avec des traits énergiques et la forme des lettres assez hésitante, d'où volonté ferme par moments et des époques de découragement. L'esprit est ferme et le carac-

155

tère droit. Nature un peu prodigue (finales, blancs du papier) (aut. 157).

156

L' M d'une personne égoïste; quelques finales indiquant l'économie, d'autres la promptitude à jeter le manche après la cognée, franchise, égoïsme, raisonnement logique, des signes d'emportement (aut. 158).

Une personne tatillonne à l'esprit commun avec des prétentions à l'originalité (s.). Manque de franchise, de loyauté, diplomatie (écriture curviligne) (aut. 159).

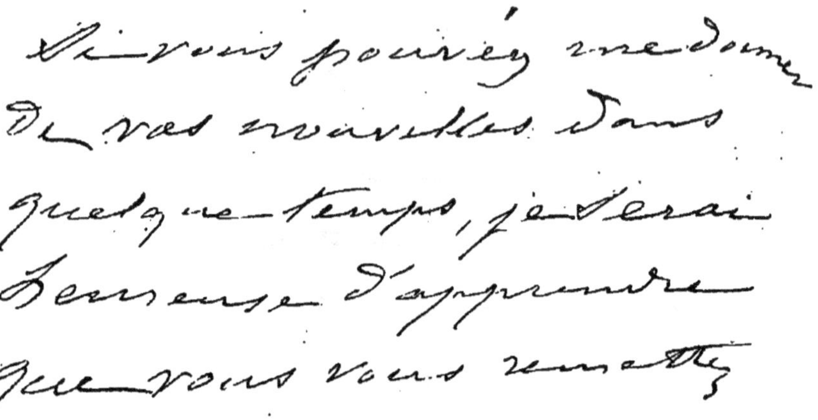

157

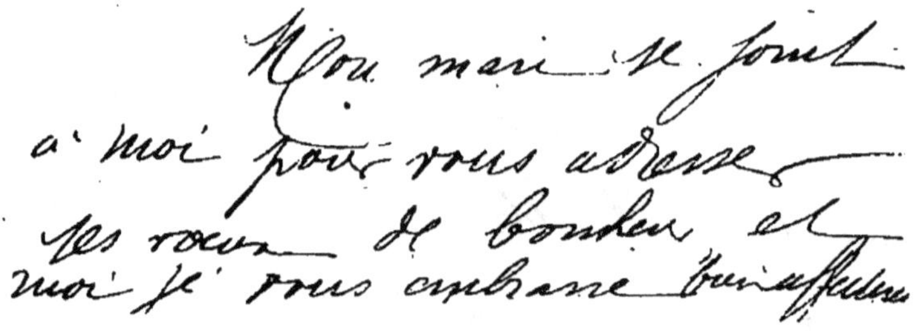

158

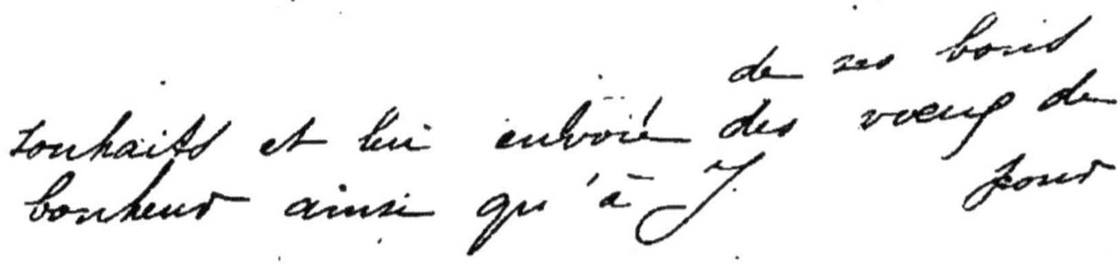

159

Écriture d'une personne calme qui n'avance qu'à coup sûr,

aime l'ordre jusqu'à la minutie. Esprit cultivé plus lent que vif, plus capable d'assimilation que d'originalité. Personne bonne parfois, mais souvent aussi égoïste, probablement dans ses rapports avec les personnes étrangères à sa famille (aut. 160).

Écriture rapide : esprit prompt. Espacée : jugement sûr. Inclinée : sensibilité développée en une forme d'une grande

160

bonté. Nature franche et droite, de la ténacité, les *t* — les *f*. Imagination modérée, personne sympathique (aut. 161). .

Suivent deux écritures de personnes prétentieuses et vaniteuses, égoïstes toutes deux.

L'orgueil semble justifié dans la première : l'esprit est clair, le jugement vif, de l'esprit, une imagination assez brillante et de la bonté. Mais dans la deuxième, esprit médiocre, insignifiant, volonté sans persévérance, étourderie et bavardage, franchise qui va jusqu'à l'indiscrétion. Personne qui s'admire elle-même (aut. 162 et 163).

Tempérament intuitif; esprit vigoureux et calculateur, original aussi. Nature droite, franche, aimant les arts, grande imagination. De la vanité et de la susceptibilité (aut. 164).

Personne autoritaire, prodigue, c'est la dominante. Esprit cultivé, mais sans souplesse. Caractère franc, droit, mais qui ne sait pas se plier aux besoins et aux nécessités de la vie. Ordinairement doux, parfois un peu violent sous l'impulsion d'une excitation momentanée (aut. 165).

[échantillon d'écriture manuscrite]

163

Intelligence vive, mais esprit assez peu cultivé. Nature affectueuse et dévouée et franche, manque de volonté (aut. 166).

[échantillon d'écriture manuscrite]

164

Je termine par l'examen d'une écriture assez banale qui dévoile une nature égoïste, jalouse et médisante. Gardez-vous de pareilles personnes; d'intelligence médiocre et de culture

Ma chère amie,

Votre lettre que vous m'avez écrite en pleins bonheur m'a vivement touchée. Je ne vous ai pas remerciée plus tôt parce que j'étais dans

J'aurais voulu vous dire tous les regrets que vous laissez. J'aurais voulu vous dire combien l'annonce de votre départ m'a été pénible. Si j'avais été bien généreuse je me serais réjouie de votre bonheur, mais non, je ne pouvais que pleurer de vous avoir perdue, car quand nous reverrons nous ? jamais peut-être plus que moyenne, elles ont une ténacité dans le mal qui n'a d'égale que l'audace de leurs recherches sur tout ce qui peut les servir.

L'auteur de ces quelques esquisses a voulu simplement indiquer la façon de découvrir les traits dominants du caractère d'après les écritures et vous mettre à même, amies lectrices, de vous rendre compte de la vérité de toutes les protestations et de tous les serments. Ne donnez votre amitié, même votre estime qu'à coup sûr, et faites usage des règles graphologiques qui vous permettront d'apprécier ceux qui vous approchent. Cela vous évitera peut-être bien des déceptions et des mécomptes.

LA PHYSIONOMIE

I. — Principe de la physionomie.

Malgré le proverbe qui dit qu'il ne faut pas juger des gens sur la mine, nul ne peut s'empêcher d'être plus ou moins favorablement impressionné par l'extérieur de ceux qu'il voit pour la première fois. Il en est des hommes faits comme des enfants. Peu importent souvent au premier abord les actes, et les paroles : l'impression première semble suffisante pour porter un jugement.

A-t-on remarqué l'autorité innée, le prestige involontaire dont jouissent les personnes grandes, à la tenue très digne, au port plutôt majestueux? Et la démarche mesurée, le geste sobre, la parole brève n'en imposent-ils pas, même aux plus rebelles?

N'est-on pas de même prévenu favorablement en faveur des gens à la figure souriante, à l'œil vif et intelligent, au geste accueillant, à la parole affable? Avouez la vérité. N'avez-vous pas un faible pour un beau visage?

C'est là au reste quelque chose de tout naturel et de vieux

comme le monde. Les Grecs pensaient déjà que la beauté et la bonté sont choses inséparables, et toutes leurs statues révèlent cette alliance idéale, le calme de la beauté uni à la sérénité de la bonté.

On juge spontanément sans réflexion, d'après l'attitude, la démarche, les gestes et l'ensemble de la physionomie. Il y a donc là un principe de jugement que nous appliquons tous sans nous en douter. L'homme extérieur et physique nous révèle l'homme intérieur et moral; les désirs, les aspirations, les sentiments, les idées, les habitudes, toute la vie intellectuelle et morale de l'homme a son expression dans ses signes extérieurs qui semblent infaillibles.

Ce principe est celui de la physiognomonie.

II. — Définition de la physiognomonie.

La physiognomonie est en effet l'étude de l'homme intérieur par l'examen de la physionomie, de l'invisible par le visible, la connaissance du caractère et du tempérament par l'expression du visage.

L'œil, la bouche, le front, l'oreille même, le menton, les cheveux, tout cela forme un ensemble qui est la manifestation extérieure la plus vivante, la plus vraie, la plus éloquente des sentiments, de la façon de penser et d'agir de chacun de nous, indépendamment de notre volonté et de tous nos efforts pour déguiser notre vraie nature.

III. — Objection contre cette étude.

J'entends mes aimables et bienveillantes lectrices qui s'écrient : « Mais quelle injustice ! Combien de gens fort honnêtes ont une figure ingrate et parfaitement désagréable et combien de jolis visages cachent des natures dissimulées et déloyales ! »

Ne poussons pas ces constatations trop loin. — Oui, un jugement hâtif est forcément injuste, mais l'application des principes physiognomoniques permet précisément d'éviter ces erreurs. Un examen attentif montre vite que telle personne gagne à être connue à fond, que telle autre perd à être étudiée de près : c'est ainsi que ces règles très simples rectifient la trop grande hâte des appréciations premières, justifient les sympathies naissantes, empêchent des relations préjudiciables.

IV. — Sa facilité.

Au reste cette science n'est pas si difficile qu'elle le paraît au premier abord. On éprouve au début quelque hésitation à mettre ainsi l'âme des autres à nu, et l'indulgence, la délicatesse arrêtent. Mais l'intérêt est tel que cette répugnance disparaît vite.

Les règles posées par Lavater sont du reste très simples à comprendre et à appliquer puisqu'elles sont fondées sur le bon sens. De plus des examens consciencieux et souvent répétés arivent à développer la faculté essentielle à tout bon physionomiste, l'esprit d'observation, et il arrive qu'on s'y livre ensuite avec un réel plaisir.

Et peu à peu, à mesure que vos études seront plus faciles et plus sûres, vous sentirez votre tolérance s'élargir, votre compassion, votre sympathie pour les autres s'étendre. Vous jugerez sans parti pris, sans envie, sans haine ; votre âme et votre cœur s'élèveront, ce qui facilitera et rendra plus impartiaux les jugements que vous porterez.

V. — Règles générales.

Avant d'entrer dans l'étude particulière de chacun des traits de la physionomie, il convient d'indiquer quelques observations générales qui aideront à l'examen attentif de l'ensemble.

Moment des observations. — Lavater conseille de considérer un homme sous trois aspects différents avant de porter un jugement sur lui. Examinez-le, dit-il, dans un moment de calme, puis sous l'empire d'une violente émotion et enfin à l'instant où il est obligé de refréner ses émotions ; comparez vos observations et tirez une conclusion qui ne saurait manquer d'être juste et bien fondée.

Choix des individus. — Lavater ajoute : « Ne vous appesantissez pas sur l'examen de figures frivoles, vaines et insignifiantes ; considérez surtout l'homme attentif, réservé, qui sait voiler ses impressions et réprimer la manifestation de ses sentiments. »

La taille, la démarche, le geste, la voix. — Il ne faut pas oublier non plus, si on veut bien connaître une personne, d'examiner son attitude et sa démarche, le son de sa voix même.

Une tenue nonchalante, pleine de laisser-aller dénote toujours une personne paresseuse, molle, sans volonté, parfois malade ; au contraire un port de tête droit, une attitude énergique révèle un caractère ferme, en général un tempérament vigoureux; des gestes sobres indiquent la réserve et la circonspection; peu mesurés, l'imagination exubérante, le besoin d'attirer l'attention. Une voix élevée, sonore, appartient à une personne habituée à commander, ou sans-façon, indifférente au jugement d'autrui; agréable, claire et naturelle, elle est celle des gens modestes et simples.

Idéal d'un visage humain. — Voici, d'après Lavater, les proportions harmonieuses qui rendent un visage humain parfaitement beau.

« Si, dans une figure, tu trouves les traits suivants, dit Lavater, chacun séparément et bien prononcé et tous ensemble dans leur rapport convenable, sois assuré d'avoir trouvé une figure presque surhumaine :

1° Égalité frappante entre les trois sections ordinaires du visage : le front, le nez, le menton.

2° Le front terminé presque horizontalement, en conséquence les sourcils presque horizontalement disposés, serrés et hardis.

3° Des yeux bleus ou brun clair qui, à quelques pas de distance, semblent noirs et dont les paupières supérieures couvrent la pupille d'environ un cinquième ou un quart.

4° Un nez dont le dos est large, presque parallèle, et cependant un peu exhaussé.

5° Une bouche horizontale dans l'ensemble dont la lèvre supérieure et la ligne centrale s'abaissent au milieu doucement et cependant à quelque profondeur et dont la lèvre inférieure n'est pas plus grande que la lèvre supérieure.

6° Un menton rond et saillant.

7° Des cheveux courts, brun foncé et crépus par grandes portions. »

Les types historiques qui semblent le mieux se rapprocher de cet idéal tracé par Lavater : c'est Napoléon Ier comme type de beauté masculine et Mme Récamier comme type de beauté féminine.

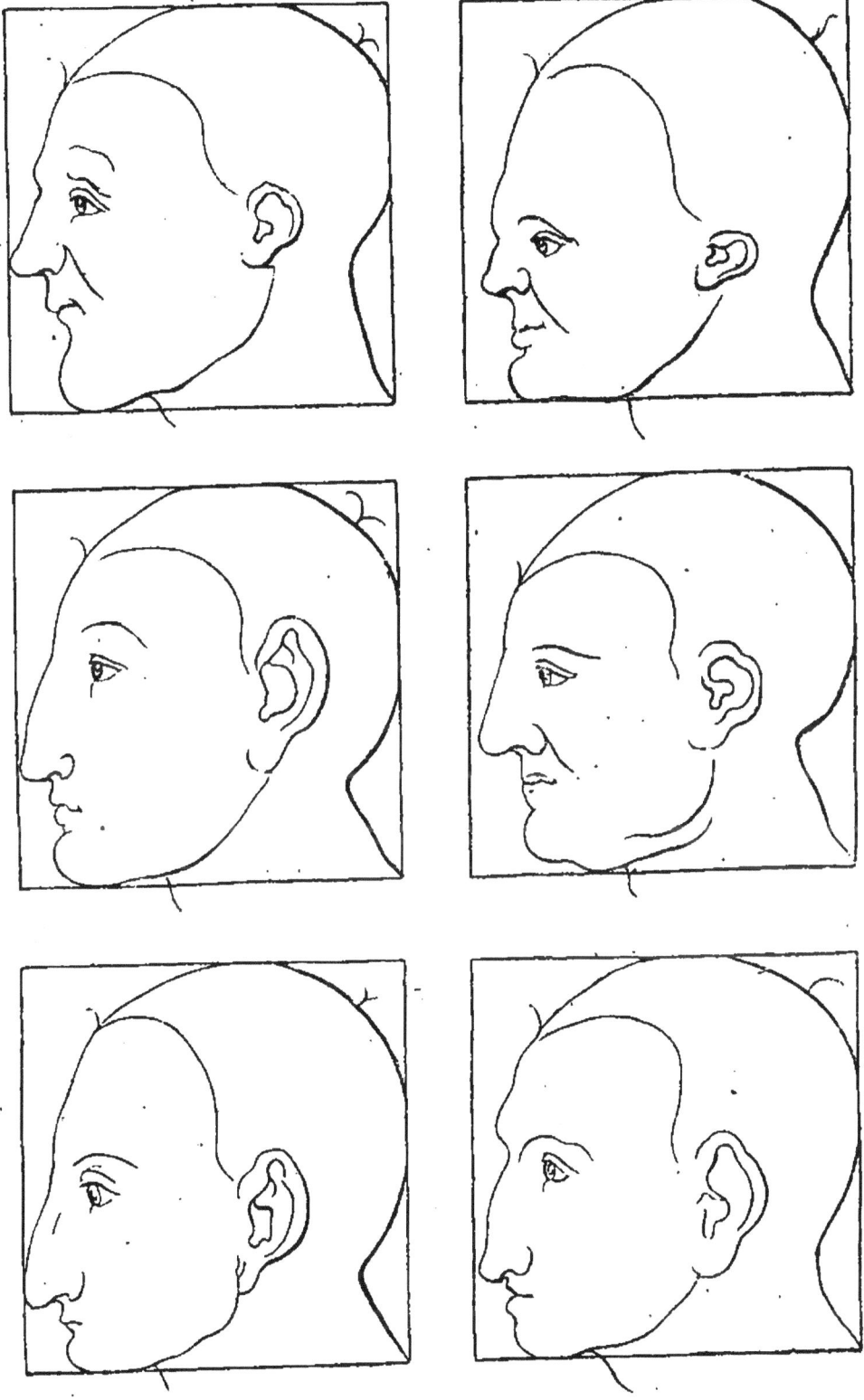

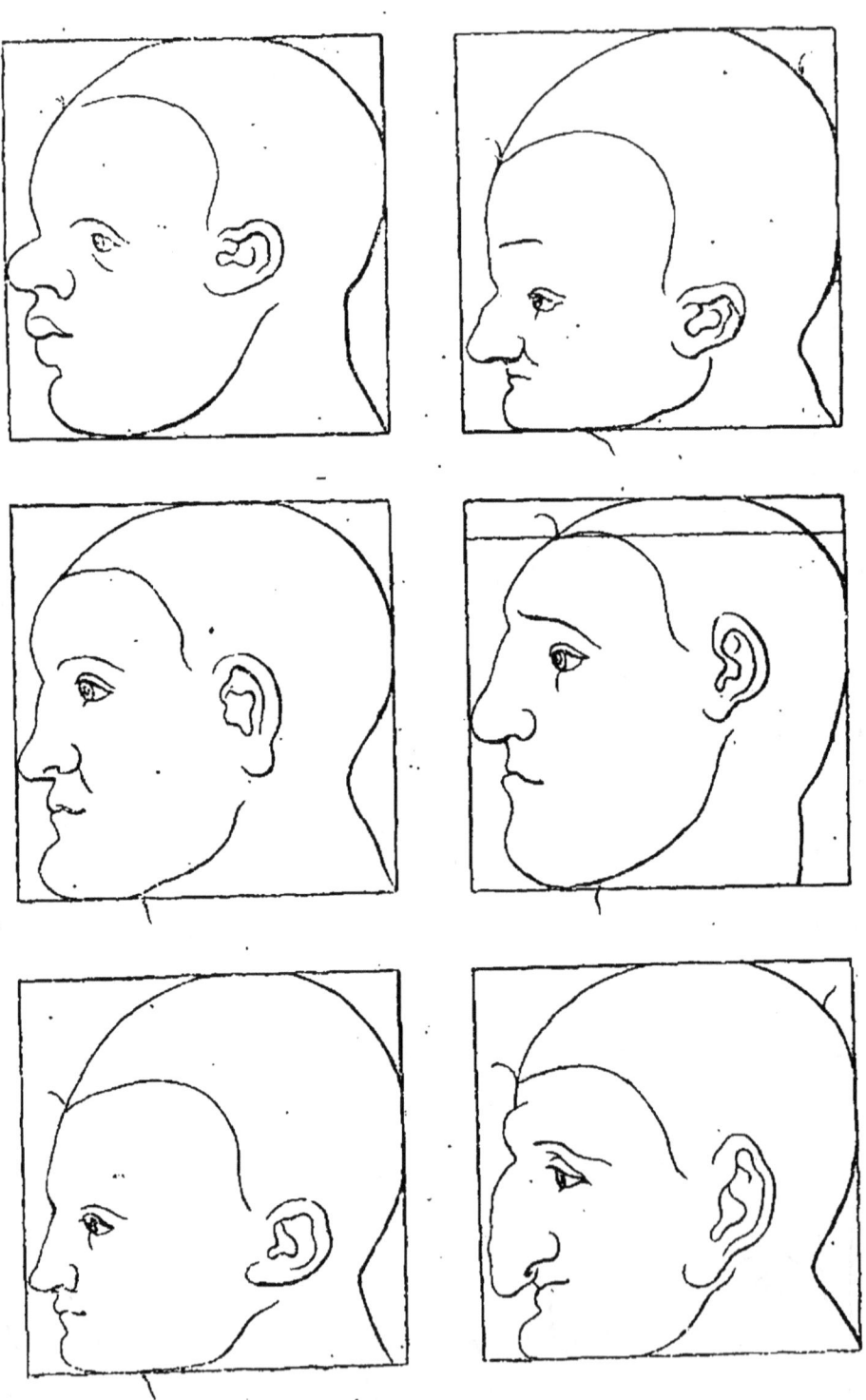

Lavater ajoute : « La tête ne doit être ni trop allongée ni trop arrondie ; elle est bien organisée quand la hauteur perpendiculaire prise depuis la pointe du nez jusqu'à l'extrémité égale la largeur horizontale prise depuis cette même pointe du nez. »

Tous ces traits doivent être étudiés de profil plutôt que de face, car l'ensemble est plus difficile à voir que le détail. Il faut de plus prendre l'habitude de s'observer d'abord soi-même, étudier les rapports des lignes de son visage avec les émotions, les sentiments et se rendre compte des différents changements que subissent les traits suivant les divers états de l'âme.

Règles générales. — Il faut, lorsqu'on étudie une physionomie, bien classer ses observations. Quand on s'est bien rendu compte de la première impression produite, on examine chacun des traits et on se reporte à la classification suivante.

Le cerveau étant le siège de la pensée, la vie intellectuelle se manifeste au dehors par le crâne que nous étudierons spécialement à la fin du livre et surtout par le front. Le *front* réfléchit donc l'entendement dont la vivacité est révélée par l'*œil*, le foyer de la vie intellectuelle. Le *nez* et les *joues* reflètent la vie sensible, le *menton*, la volonté ; et la *bouche* est comme le résumé de toutes les indications données par les autres traits.

Dans une pareille étude, tout a d'ailleurs son importance, depuis la forme des oreilles jusqu'à la couleur des cheveux et de la barbe, la disposition des sourcils, le relief des veines sur la figure et l'arrangement des dents.

Il faut surtout bien examiner les proportions des différentes parties de la physionomie.

On voit par les figures des pages 1 et 2 qui précèdent l'effet produit par l'allongement ou le raccourcissement de certaines parties, l'incohérence de quelques visages, l'expression de stupidité et de bestialité de quelques autres.

VI. — Le front.

Lavater résume ainsi les conditions auxquelles selon lui un front est parfaitement beau :

Point de rides si ce n'est sous l'empire de l'indignation ou de l'affliction.

Un peu de saillie vers le bas et d'inclinaison en arrière vers le haut.

Vu d'en haut, il doit présenter un arc régulier parfaitement pur.

La peau qui le recouvre doit être sensiblement plus claire que celle des autres parties du visage.

Donc il y a deux choses à considérer dans l'étude du front : la charpente osseuse et la boîte qui la recouvre.

La charpente osseuse contient, d'après Lavater, des indications très précises sur les pensées, les sentiments, la manière de vivre.

D'après sa forme, tous les fronts, malgré leurs directions si différentes (voir fig. 3), peuvent se ramener à trois types principaux : les fronts *fuyants*, inclinés en arrière; les fronts *perpendiculaires* ou droits; les fronts *bombés* ou *proéminents*.

Plus le front est large, plus la faculté de voir l'ensemble est développée, plus la volonté manque; un front serré et court indique la fermeté; des lignes de front arrondies marquent la douceur; anguleuses, elles dénotent une ténacité poussée jusqu'à l'entêtement.

Un *front fuyant* sans exagération est la marque d'une imagination puissante, d'une vive intelligence; exagéré, il signifie confusion dans l'esprit, prédominance funeste de l'imagination, habileté dans la conduite de la vie qui peut aller jusqu'à la fourberie.

Un *front perpendiculaire* n'est pas, comme on le croit trop souvent, l'indice d'une grande supériorité intellectuelle; il accompagne en général des facultés très bornées, sauf quand il s'arrondit au sommet.

Un *front bombé* très saillant révèle une intelligence très faible, parfois même l'idiotie complète.

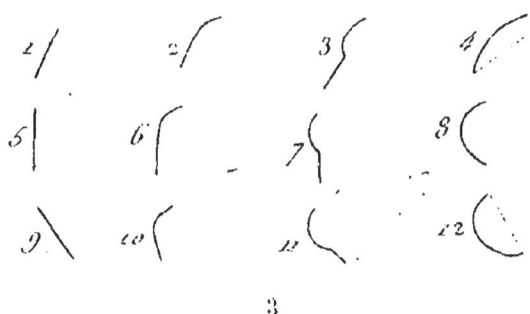

Le front perpendiculaire à sa naissance et bombé vers le haut se trouve chez les natures violentes et susceptibles.

Le *front arqué* qu'on trouve presque toujours chez la femme, est preuve de sagacité et de discernement.

Un *front carré* annonce un caractère droit, prudent, parfois têtu.

On voit du reste que lorsqu'on étudie le front, une observation générale se présente : Toute forme droite indique la force et l'intelligence; toute forme courbe, la souplesse et l'esprit de portée médiocre.

Un front dont les tempes présentent des os saillants signifie vanité, instabilité, inconstance, manque de capacité pour les affaires.

Quand les tempes sont recouvertes de chair, le front dénote

un courage martial, une grande instabilité et une extrême fierté.

Un front ridé et baissant vers le milieu appartient à une personne simple et généreuse.

Un front chauve sur le devant avec une peau fine et délicate est celui d'un homme instable, changeant, irascible et mauvais.

Quand le front bombé présente des fossettes, c'est signe de tromperie et d'ambition, parfois de mélancolie.

Un front marqué de taches noires signifie audace, colère, entreprises hasardeuses, décisions brusques.

Il faut se méfier en général des fronts courts et irréguliers qui annoncent la fourberie; des fronts étroits, signe de sottise; des fronts bombés, indice d'avarice; des fronts ridés qui appartiennent aux esprits chagrins et des fronts plats et unis, signe infaillible d'incapacité.

VII. — Les yeux.

Lavater et d'autres physiognomonistes prétendent que les yeux bleus annoncent l'intelligence, les noirs la force d'âme et la vivacité de l'esprit.

La couleur révèle en réalité peu de chose sur le caractère de la personne; il faut surtout s'en rapporter à la forme.

Des yeux bien ouverts et allongés dénotent une rare intelligence; petits et vifs, des passions ardentes; ternes, l'imbécillité; larmoyants, la faiblesse d'esprit; rouges, un tempérament passionné; louches, la mauvaise foi; clignotants, un homme hardi, querelleur, difficile à vivre.

Grands et saillants, ils appartiennent à un homme fourbe, à l'esprit insipide et lourd.

Des yeux profondément enfoncés dans leurs orbites dénotent une intelligence profonde, mais assaillie de doutes.

Verts, ils appartiennent à un savant chez qui la malice ne manque pas ; jaunâtres, ils signifient fourberie et traîtrise ; ce sont les pires de tous.

Quand les yeux gardent la même impression et qu'elle ne se modifie que sous l'action d'émotions violentes ou d'événements

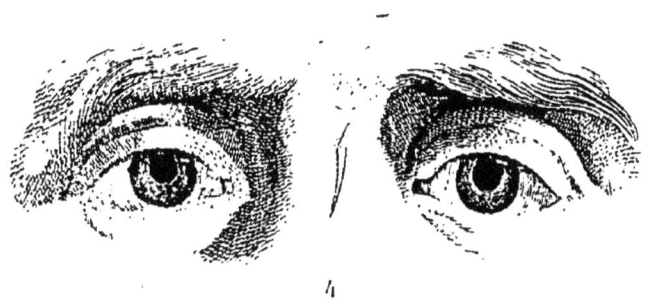

4

graves, ils indiquent une grands constance dans les idées, une invincible fermeté de caractère.

Au contraire, trop mobiles, ils sont le signe de la frivolité de caractère, de l'inconstance des affections et du manque de solidité de l'esprit.

La figure 4 représente les yeux bien ouverts, allongés et assez enfoncés d'un penseur à l'esprit parfois un peu lent, mais sûr et vigoureux, à l'âme généreuse et peut-être un peu mélancolique.

VIII. — Les sourcils.

Les sourcils accompagnent les yeux; c'est pourquoi nous les étudions aussitôt après. Ils ont du reste sur l'expression générale du visage une grande influence.

Réguliers et légèrement arqués, ils indiquent la modestie et une nature plutôt féminine.

En ligne droite, ils sont le signe de la beauté virile.

Épais, ils dénotent une grande énergie et une fermeté inébranlable.

Quand ils se rejoignent, ils signifient malice, sociabilité et peut-être jalousie.

Minces, peu fournis et très relevés ils sont l'indice de la vanité, de l'extrême présomption unies au manque de bon sens et de bonté.

Très éloignés des yeux, ils indiquent mobilité, inconstance, frivolité du caractère.

Courts, étroits, ils montrent l'homme de bon caractère, un peu timide parfois.

Outre ces significations particulières, les sourcils en ont encore d'autres que leur donnent les mouvements effectués sous l'empire d'impressions diverses. S'ils se rapprochent, ils signifient mécontentement, réflexion; s'ils se relèvent, ils expriment le dédain, la haine et la vanité extrême. S'ils semblent s'élargir, c'est joie et malice.

Des *cils* courts indiquent un esprit sage, pondéré, une âme indulgente et noble.

Très longs, ils sont propres aux natures faibles d'esprit et incapables de penser, mais fort entreprenantes et très hasardeuses, sans prévoyance ni discernement.

IX. — Le nez.

Le nez, dit Lavater, pour être parfait, doit réunir les qualités suivantes :

« Longueur égale à celle du front.

Léger enfoncement à sa racine.

Épine généralement large, un peu plus large à partir du milieu en se dirigeant vers la pointe.

Bout ni trop pointu, ni trop large, ni trop dur, ni trop charnu, le contour inférieur très purement dessiné.

Ailes du nez distinctes quand on regarde le nez d'en bas. Le bas du nez égal au tiers de sa longueur vue de profil.

Narines arrondies à leur partie postérieure, terminées en pointe à la partie antérieure. »

Le nez donne à la physionomie son trait le plus saillant ; c'est pourquoi nous l'étudierons d'une façon assez détaillée.

Un grand nez surmonté d'un front large dont il est séparé par une échancrure dénote un violent amour des grandeurs, une volonté énergique et une persévérance soutenue, tout cela sans beaucoup de prudence ni de circonspection.

Au même niveau que les yeux, le nez annonce un esprit faible, une volonté chancelante, un raisonnement faible et illogique.

Le nez continuant directement le front, sans enfoncement ni dépression, est l'indice d'une excessive vanité et souvent de flatterie et de bassesse.

Un nez aquilin annonce généralement de la hauteur et une ambition effrénée; parfois de la mélancolie.

Un grand nez est ordinairement accompagné d'une barbe épaisse, d'yeux noirs, de cheveux crépus. Les hommes de génie, braves autant que cultivés, se sont toujours fait remarquer par leurs longs nez.

Un nez effilé indique presque toujours une imagination ardente et une vive sensibilité; il est parfois le signe de la ruse, de la dissimulation, de l'habileté, souvent de la malice.

Un nez court, ramassé, épais (presque toujours avec des yeux bleus, des cheveux blonds, peu de barbe) annonce le manque d'énergie et de constance, peu ou point de bon sens; des hommes ayant de la mémoire et un peu d'imagination, sachant mettre à profit leur expérience et se rendre utiles à leurs amis dans bien des cas.

Si un nez apparaît très saillant au milieu d'une figure maigre, osseuse, il est le propre des natures passionnées, des ambitieux à hautes visées, parfois déçues.

Quand la cloison moyenne du nez dépasse les ailes et se prolonge vers la bouche, on a affaire à des natures égoïstes, sensuelles, avides de plaisirs de toutes sortes.

Un nez au bout assez gros et retroussé annonce peu de discernement, peu de générosité, mais de la ténacité et une tendance à la jalousie.

Tous les nez qui penchent démesurément vers la bouche sont l'indice de préoccupations purement terrestres.

Les plis parallèles qui sillonnent la surface du nez signifient presque toujours opiniâtreté, malice, parfois idées noires ou misanthropie.

On reconnaît les gens timides, les maniaques, parfois les penseurs à ce fait qu'ils froncent le bout du nez.

Les narines assez épaisses et très mobiles appartiennent toujours à des natures très passionnées.

Le nez court et brusquement arrondi accompagne souvent

des sourcils épais; il appartient aux hommes violents, emportés et avides de vengeance.

Un nez retroussé, en harmonie parfaite avec les autres parties du visage, trompe rarement : il appartient à une nature tendre, aimante et délicate.

Il y a des nez de formes très différentes et d'expressions diverses :

L'un est malicieux, caustique, railleur;

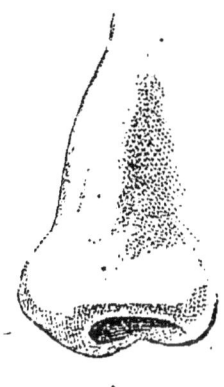

5

L'autre annonce surtout un gros bon sens, beaucoup de sens pratique;

Celui-ci est le nez d'une personne timide amoureuse à l'excès de l'ordre et de la propreté;

Celui-là exprime une bonhomie parfaite, une indulgence exquise;

Un autre révèle la force, l'empire sur soi-même, la bravoure sans crainte et sans reproche (fig. 5).

Un autre encore est le nez d'une personne passionnée, sensuelle, amie du bien-être et de toutes les jouissances matérielles;

Tantôt il annonce la grossièreté, la vulgarité;

Tantôt une bonté sereine et souriante;

Parfois on a un nez étrange qu'il est impossible de caractériser de façon sûre.

En général des narines petites sont l'indice d'une timidité extrême, de peu d'aptitude pour les entreprises hasardeuses, et de faiblesse d'esprit.

Quand l'épine du nez, la partie comprise entre la racine et la pointe, est large, elle dénote une intelligence supérieure, une sensibilité ardente, une imagination toute-puissante.

X. — La bouche.

La bouche est aussi mobile que l'œil et, de plus, c'est la partie du visage dont on ne saurait déguiser l'expression.

Pour se rendre compte de ce que révèle la bouche, il faut considérer les lèvres, la ligne qui joint les deux lèvres, le centre de la lèvre inférieure, celui de la lèvre supérieure et les extrémités des coins de la bouche.

Les lèvres fournissent dans un pareil examen des données très importantes : Molles et mobiles, elles dénotent un caractère changeant, indécis, timide. Grandes, fortement prononcées, appuyées sur une ligne de jonction bien dessinée, un tempérament vigoureux, une nature droite, loyale et honnête.

L'esprit d'ordre, des dispositions à l'avarice, un caractère inquiet sont révélés par des lèvres minces, toujours serrées, dont la ligne de jonction est une ligne droite presque horizontale et régulière.

De grosses lèvres indiquent la bonté.

Des lèvres minces annoncent un caractère chicaneur, querelleur.

Une grande bouche et de grosses lèvres sont un signe certain de sensualité, de recherche du bien-être.

Une grande bouche et des lèvres minces signifient penchant au mensonge, à la médisance, même à la calomnie.

Une bouche et des lèvres moyennes annoncent l'intelligence et le bon sens, un tempérament pondéré.

Plus souvent ouverte que fermée, la bouche signifie expansion, générosité, affabilité, parfois bavardage.

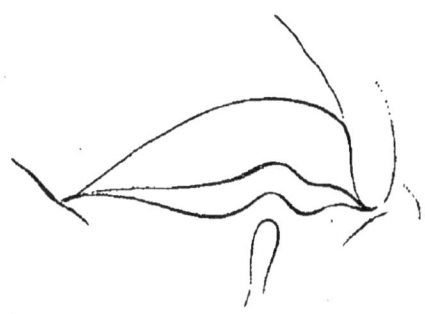

6

Plus souvent fermée qu'ouverte, réflexion, lorsqu'il n'y a pas affectation de résignation.

Quand on doit faire preuve de courage ou comprimer une émotion violente, un geste familier à l'homme est de serrer les lèvres avec force; le même fait se produit lorsqu'on veut garder le silence en dépit de tout.

La bonté est souvent indiquée par la lèvre supérieure, qui avance un peu au milieu de la lèvre inférieure.

Il y a différentes sortes de bouches bien différentes les unes des autres :

L'une dénote une réserve presque farouche, un grand sens des affaires.

L'autre est ironique et caustique si l'on examine la commissure des lèvres.

Telle appartient à un guerrier à la vaillance presque téméraire, au courage martial.

Telle exprime le mépris et le dédain.

Celle-ci est réfléchie, prudente, pondérée.

Celle-là dénote une attention soutenue en même temps qu'un peu de suffisance présomptueuse (fig. 6).

Une autre est pacifique, tendre, aimante, délicate.

Une autre encore est surtout amie des jouissances matérielles.

XI. — Les dents.

Comme la bouche, et plus peut-être que la bouche, les dents échappent presque complètement à la dissimulation. Comment parler sans les montrer?

Blanches et bien rangées, elles sont le signe de la bienveillance et de l'affabilité; petites, courtes, elles accompagnent en général un tempérament robuste.

Lorsque les dents de la mâchoire supérieure avancent beaucoup sur les autres, et dans ce cas elles sont toujours très longues, c'est signe souvent de pédantisme, d'orgueil et de cruauté; au contraire, lorsque celles du dessous avancent, c'est ténacité, mais en même temps bonté et politesse.

Le mauvais état des dents, quand il ne résulte pas de la maladie ou de l'âge, est toujours l'indice de quelque imperfection morale. Si la gencive supérieure se montre au-dessus des dents, on se trouve en présence de gens froids, peu sensibles et égoïstes.

Le dicton populaire prétend qu'un signe infaillible de bonheur certain et de grande fortune est la séparation complète des deux dents de milieu aux deux mâchoires.

XII. — Le menton.

La plupart des mentons sont arrondis; il en existe très peu de carrés, d'aplatis ou de pointus; pour s'en convaincre, il suffit de lire les passeports.

Quand le menton rond est accompagné d'une fossette, c'est signe de bonté; double, triple, il signifie recherche des jouissances matérielles. Anguleux, c'est signe de prudence, d'adresse et de tact dans la conduite de la vie. Un menton très proéminent indique que les qualités révélées par le reste du visage sont portées à un degré excessif; rentrant, il veut dire insignifiance, nullité.

Les mentons aplatis sont les signes de froideur et de sécheresse et pointus ils annoncent la ruse, la fourberie parfois, la finesse, l'habileté, la sagacité.

Un menton très long est toujours chez les hommes comme chez les femmes la marque du bavardage et de la médisance. Très petit il indique ou la sottise ou la malice. Une incision droite au milieu du menton indique beaucoup de bon sens, mais une nature froide qui résiste facilement aux impulsions de la sensibilité et à l'exaltation de l'enthousiasme. Très avancé avec tendance à se rapprocher du nez, à la Wagner, il indique la ténacité, l'intelligence, l'entêtement.

XIII. — La barbe.

La barbe rare et molle, un peu frisée, signifie un homme au tempérament passionné, à l'esprit timide et inconstant, à la nature délicate, presque féminine ; épaisse et ordonnée, empire sur soi-même, vigueur, orgueil.

Rouge, la barbe dénote toujours de l'astuce, un caractère souple cependant, prompt à s'emporter.

La barbe blonde indique une nature tempérée et prudente ; brune, de l'énergie et de la persévérance.

Ceux qui restent imberbes toute leur vie ont un tempérament passionné et recherchent ardemment le bien-être et tous les plaisirs des sens.

XIV. — Les joues.

Les joues mettent en relief et accompagnent les traits du visage ; elles expriment très nettement les diverses impressions de l'âme. Creuses, elles marquent le chagrin ; avec de larges sillons, la grossièreté ou la bêtise ; un peu gonflées, l'amour du bien-être ; avec de légères ondulations, la sagesse, la délicatesse des sentiments, la vivacité de l'esprit.

La ligne qui part de l'aile du nez et aboutit au coin de la bouche exprime le dédain souvent, parfois la bonté, la pitié.

Quand il se rencontre sur la joue un léger enfoncement de forme triangulaire, c'est un signe infaillible de jalousie; un léger relèvement de la joue au-dessous de l'œil indique la bonté et la générosité.

Des fossettes au creux des joues dénotent une nature heureuse, gaie, contente de tout, sur qui les peines de la vie passent légèrement. Au reste l'observation permet mieux que des règles de se rendre compte de la signification des divers mouvements des joues.

XV. — Les oreilles.

Les oreilles sont la partie du visage qui a été le moins étudiée par les physionomistes, et cependant elles ont leur importance incontestable.

Elles sont différentes et d'aspect et de signification.

L'une indique une nature simple, droite, pleine de bonhomie et de naturel.

Une autre appartient à une personne d'esprit cultivé et d'intelligence ouverte (fig. 7).

Une troisième est celle d'un homme spirituel et fin, caustique et railleur à l'excès.

Celle-ci appartient à une personne d'esprit ordinaire, mais à l'âme généreuse.

Les oreilles plates annoncent la stupidité; petites et bien ourlées, c'est un signe de finesse et d'esprit; moyennes, bien ourlées et un peu détachées de la tête, elles signifient grande intelligence; très petites, un esprit faux; très grandes, orgueil et pédantisme; ourlées du bas et très évasées du haut, aptitude pour la musique. Presque entièrement détachées de la tête, intelligence très médiocre.

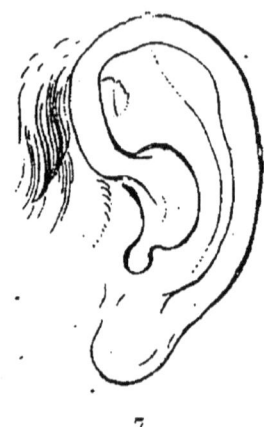

7

Bien proportionnées au reste du visage, elles sont un signe certain d'honnêteté, de prudence et de discrétion:

XVI. — Le cou.

Le cou impose le port de la tête en avant ou en arrière, droite ou inclinée. Un long cou indique toujours une nature simple et timide, parfois très imaginative.

Le cou petit et court, c'est sagesse, discrétion, ingéniosité. Gras et charnu, promptitude à l'emportement, à la colère, menace d'apoplexie.

Très frêle et long, faiblesse d'esprit.

Incliné ou penché, malice ou folie.

Droit, c'est témérité, folie, manque de discernement.

Incliné à droite, c'est curiosité, dispositions marquées pour l'étude et pour les sciences en particulier ;

A gauche, c'est recherche du bien-être, manque de retenue et parfois de pudeur.

XVII. — Les cheveux.

Les personnes rousses, dit l'opinion vulgaire, sont toutes bonnes ou toutes mauvaises. La chevelure en effet contribue à faire connaître le tempérament d'une personne.

De longs cheveux très fins, très soyeux indiquent une nature féminine, sensible et délicate, sans beaucoup de volonté.

Des cheveux noirs, gros, épais, non frisés marquent l'amour de l'ordre, mais peu d'intelligence.

Frisés naturellement, ils signifient toujours douceur et affabilité, nature aimante et délicate.

Les cheveux bruns sont ceux de personnes énergiques, persévérantes parfois, presque toujours aimables.

Les blonds appartiennent aux gens doux, affables, un peu faibles de caractère, toujours persévérants.

Les personnes rousses sont en général très spirituelles ou très sottes ; elles ne manquent ni d'astuce ni d'habileté dès qu'il s'agit de leur intérêt.

Les cheveux châtains dénotent généralement une nature droite, honnête et franche.

Naturellement toutes ces données des cheveux peuvent être complétées, détruites par le sens d'autres parties plus importantes du visage ; mais il y a là quand même des remarques intéressantes à faire.

XVIII. — La face et la couleur de la figure.

Une face charnue sans exagération, bien proportionnée au reste de la tête appartient à une personne assez timide, mais généralement gaie, contente d'elle et des autres, loyale, mais facilement présomptueuse.

Une face maigre indique l'homme de grand entendement, expérimenté, mais plutôt cruel et exigeant que bon et clément, disposé à aller jusqu'aux dernières conséquences de ses principes, jusqu'à l'extrême limite de ses droits.

Une face ronde assez charnue dénote un tempérament débile, une mauvaise mémoire, mais une nature simple et modeste.

Longue et maigre, la face indique un audacieux dans ses actions et dans ses paroles, un homme emporté, violent et parfois cruel et brutal, souvent fourbe.

Large et épaisse, c'est lourdeur d'esprit et vantardise.

La face pâle avec un front rouge et des yeux déprimés annoncent l'homme violent, sans frein dans sa colère, sujet à toutes les passions.

Rose ou blanche et rose, elle appartient aux personnes joyeuses, de bonne compagnie, qui ne désirent que plaisirs et amusements, faciles à irriter, mais sans rancune, spirituelles et intelligentes.

Toute blanche, sans aucune trace d'autre couleur, la face annonce les hommes mous, timides, amis des plaisirs, les femmes timides, délicates, mondaines et aimant ce qui brille et leur attire des hommages.

Un teint un peu brun dénote en général un peu de gourmandise, du bavardage, une grande promptitude à s'irriter et beaucoup d'imagination.

Un teint vraiment rouge annonce une grande ardeur pour connaître les choses présentes et futures, un bon tempérament uni à la joie de vivre et l'amour du bien-être et des jouissances matérielles.

XIX. — L'ensemble de la tête.

La tête ne doit être ni trop longue ni trop étroite, ni trop grosse ni trop petite.

Trop grosse, la tête annonce mélancolie, tristesse, indocilité, souvent gourmandise.

Grosse dans une juste mesure, elle appartient à des personnes très bonnes le plus souvent, intelligentes, curieuses et travailleuses; unie à un cou assez fort, elle indique la force, la générosité, le courage martial.

La tête longue et pointue fait les hommes audacieux, téméraires, parfois un peu faux.

Tout à fait ronde, elle signifie inconstance, mobilité, instabilité, manque de discrétion.

Une tête très petite indique une personne fine, astucieuse, très vive et sujette à de violents mouvements de colère.

Trop longue, elle signifie témérité et impudeur.

Basse et plate, insolence et sottise.

La tête qui a comme une sorte de cavité par derrière indique mélancolie, amour de la solitude.

Droite et bien placée, de moyenne grandeur, elle dénote l'homme fort, courageux, de bon sens, résigné à toutes les tristesses du sort, vaillant devant l'infortune.

XX. — Physionomies nationales ou provinciales.

On a vu les significations particulières des différents traits du visage. On conçoit d'après cela l'intérêt de cette étude de la physionomie. Autant de physionomies différentes autant de caractères différents et comme, malgré les ressemblances de famille, pas un visage n'est complètement identique à un autre, les études peuvent donc être variées à l'infini.

Chose remarquable, il y a dans les visages des gens appartenant à la même nation ou à la même province des ressemblances particulièrement frappantes au milieu des divergences dues au caractère, à l'éducation, à la vie. Par exemple :

Les Allemands sont le plus souvent forts, grands, robustes ; ils ont la chevelure blonde, les yeux bleus, le menton et l'ensemble de la tête carrés, les lèvres, les joues et les narines charnues.

Combien différents des Français, ceux du centre surtout, petits, minces, nerveux, à la taille bien prise, châtains, aux joues assez maigres, aux lèvres fines, à la tête bien proportionnée !

Et en France même, y a-t-il entre un Gascon et un Normand au point de vue de la physionomie une ressemblance quelconque, une Bressanne et une Vendéenne ont-elles des traits qui peuvent les rapprocher ? Il suffit d'avoir voyagé un peu, ne fût-ce en France que d'une province à une autre, pour voir les caractères dissemblables des physionomies.

XXI. — Ressemblance de certaines physionomies avec des animaux ou des fleurs.

Un autre intérêt que présente l'étude des physionomies est le rapprochement involontaire qui se fait sans cesse entre certains visages d'un côté, des plantes et des animaux de l'autre. Il semble que la nature ait voulu imprimer à quelques êtres humains le caractère dont elle avait marqué ses autres enfants plus infimes.

Qui n'a reconnu dans telle ou telle physionomie l'air doucereux du chat, avec son nez un peu allongé et ses yeux langoureux, la tête arrondie par le haut et l'air de stupidité du mouton, les oreilles pendantes et la sagacité du chien?

Qui n'a remarqué les lignes raides qui de chaque côté du front descendent vers le nez comme chez le loup, le front fuyant, l'œil rond et mobile de la pie chez l'avare, le nez en bec d'aigle de la chouette chez le présomptueux?

Et les fleurs? La simplicité candide du muguet, la beauté triomphante de la rose, la splendeur virginale du lis, la présomption éblouissante du soleil, la sottise étalée du dahlia double ne se retrouvent-elles pas dans bien des figures humaines, surtout féminines?

XXII. — Les silhouettes.

Une source inépuisable d'intérêt est encore l'étude des silhouettes, c'est-à-dire des dessins tracés d'après le profil d'une tête vivante ou sculptée projetée sur un fond blanc.

« La silhouette n'a, dit Lavater, qu'une ligne, elle n'a point de mouvement, point de couleur, point de relief, point d'enfoncement; elle n'a ni yeux, ni oreilles, ni narines, ni joues; encore n'y a-t-il qu'une fort petite partie de la lèvre : et cependant quelle expression déterminée ! »

C'est qu'en effet la silhouette concentre l'attention sur le seul aspect des traits, grâce au profil nettement indiqué; elle accuse les contours et permet une étude plus approfondie plutôt des caractères extrêmes que de leurs intermédiaires, plutôt de l'intelligence profonde que de l'esprit vif qui n'est qu'une nuance, plutôt de l'orgueil que de la vanité, autre nuance.

Selon Lavater, toute silhouette peut être divisée en neuf sections horizontales (fig. 8) :

1° L'arc du sommet de la tête jusqu'au point où commence la chevelure.

2° Le contour du front jusqu'aux sourcils.

3° L'espace entre les sourcils et la racine du nez.

4° L'espace entre le nez et la lèvre supérieure.

5° La lèvre supérieure.

6° Les lèvres.

7° Le menton supérieur.

8° Le menton inférieur.

9° Le cou.

Pour étudier une silhouette, il faut appliquer les principes suivants posés par Lavater :

Dans les profils bien proportionnés la longueur et la largeur sont égales : une ligne perpendiculaire tirée du sommet de la tête au point où le menton se sépare du cou doit avoir la même longueur qu'une ligne horizontale tirée de la pointe du nez à

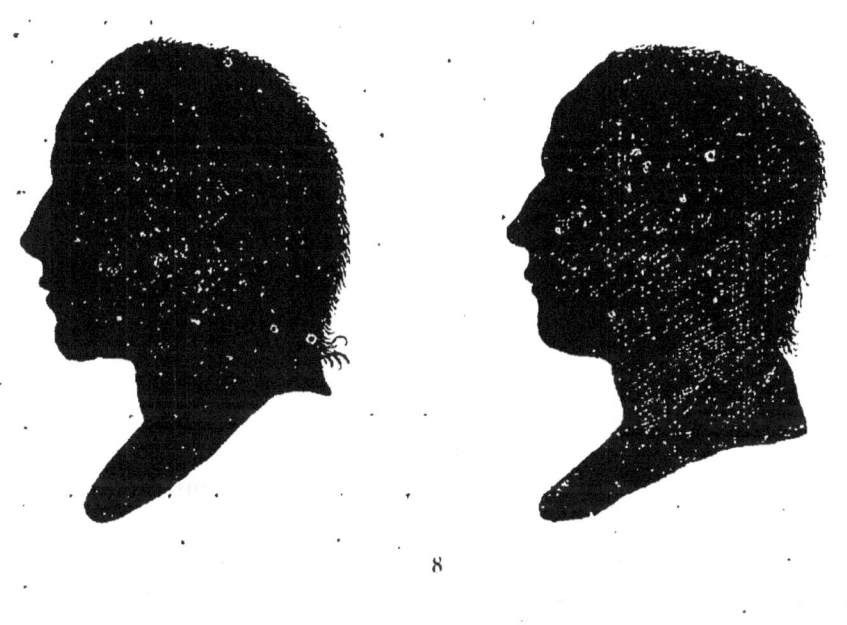

8

l'extrémité opposée de la tête, sans y comprendre naturellement l'épaisseur de la chevelure.

Si la tête est plus longue que large dans la silhouette, avec des contours anguleux et droits, c'est signe d'opiniâtreté. Si les contours sont arrondis, ils dénotent un esprit mou, endormi, difficile à intéresser. Si la tête est plus large que longue, elle est la marque de l'absence de toute bonté; avec des contours arrondis, elle signifie nonchalance et paresse.

La forme pointue du nez indique un caractère craintif un peu puéril, mais d'autres traits, le front, la bouche, le menton, peuvent démentir une pareille donnée.

La partie inférieure de la silhouette indique spécialement le sens pratique de la vie et l'entente des affaires.

La longueur de la lèvre supérieure depuis la base du nez révèle le degré d'imprudence et d'étourderie. Le front très peu rentrant dénote un esprit plus capable de s'assimiler les choses que de créer.

Telles sont les indications essentielles pour permettre et faciliter l'étude des silhouettes.

XXIII. — Importance des études physiognomoniques.

Le premier résultat des études faites sur la physionomie est de mettre à même de mieux connaître et de mieux apprécier la beauté. « Un beau visage, dit Lavater, est celui qui en dehors de cette proportion, de cette position convenable de ses parties essentielles, présente à l'observation une telle harmonie, une telle âme, une telle unité, que rien dans ce visage ne lui paraisse être superflu, rien défectueux, rien mal proportionné, rien ajouté après coup ni, pour ainsi dire, rapporté, mais que ces différentes parties lui semblent découler d'un principe unique, pour se confondre en un tout également unique. »

Cette définition prouve que la beauté n'est pas une chose définissable, qu'on l'admire, qu'on la vénère, mais qu'on ne saurait la préciser.

L'étude approfondie de la physionomie permet d'observer quelques-uns des traits de la beauté humaine : c'est par quoi elle est passionnante. Elle nous confirme surtout dans cette idée que la beauté n'est pas chose absolue due simplement à l'harmonie des traits et à leur disposition, que tout visage bienveillant, modeste, vraiment intelligent, pourvu que rien de choquant ne s'y trouve, est agréable et charmant et vraiment beau. « Si vous apercevez, dit Lavater, la beauté d'une femme noble et pure, dont l'âme innocente et candide, pleine d'affection et d'amabilité, faite pour charmer d'une manière irrésistible tous ceux qui l'approchent, est d'une sensibilité exquise, ouverte à toutes les impressions généreuses, si vous remarquez sur son front voûté une aptitude immense à recevoir les instructions du sage, dans ses sourcils concentrés, mais non trop fortement tendus, un fonds caché et inépuisable de sagesse ; dans le contour ou la forme délicate de son nez, le goût le plus fin et le plus épuré ; si vous voyez à travers deux rangées de dents d'une éblouissante blancheur une bonté infinie répandue sur ses lèvres fraîches et gracieuses ; si vous sentez dans chaque souffle, dans chaque mouvement de sa bouche l'humilité et la bienveillance, la douceur et le plus tendre intérêt ; dans le son de sa voix une noble sagesse ; si dans le regard de ses yeux à demi baissés et d'une modeste franchise, vous rencontrez une âme qui paraît accueillir fraternellement la vôtre ; si vous la voyez supérieure à tous les tableaux et à toutes les descriptions, votre sentiment de la physiognomonie ne vous donnera-t-il pas un salutaire avertissement ? »

La beauté du visage est donc entièrement subordonnée à la beauté de l'âme. Ayez des sentiments généreux, soyez bienveillante, indulgente pour les autres, ayez cette modestie faite de grâce et de simplicité qui sied si bien à une femme, et vous êtes sûre de plaire. Or, plaire, être aimée, n'est-ce pas la beauté suprême ?

Habituez vos lèvres à sourire, votre visage à n'exprimer que des pensées délicates, votre esprit à ne concevoir que des idées élevées, votre cœur à être aimant et vous serez belle, de cette beauté qui ne passe point parce qu'elle ne craint ni les rides, ni les années, parce qu'elle est la noblesse de l'esprit, et la bonté du cœur.

Voilà ce qu'apprend la physiognomonie, et ne serait-ce que cela, sa valeur serait encore appréciable.

Elle nous met en mesure, de plus, de connaître les caractères et d'abréger pour nous la connaissance des gens avec qui nous entrons en relations, soit qu'ils dissimulent leur vraie nature, soit qu'ils se livrent ouvertement. On arrive grâce à elle à découvrir la capacité de chaque intelligence, à prévoir les sentiments, les actions, les jugements des autres. Elle fait éviter la précipitation et l'étourderie et nous donne la vraie bonté, la vraie bienveillance puisqu'elle apprend à secourir là où le secours est nécessaire, là où il sera accepté, là où il est profitable.

On voit donc, outre l'intérêt de pareilles observations, leur double et incontestable utilité.

Cette étude est complétée par les chapitres suivants qui se rapportent à la Phrénologie, c'est-à-dire à l'étude du tempérament, du caractère, de la vie des individus d'après les protubérances de la boîte crânienne. C'est Gall qui est le père de la Phrénologie, comme Lavater est le père de la Physiognomonie.

L'ÉTUDE DE LA TÊTE

I. — **Définition et histoire de la Phrénologie.**

C'est seulement à la fin du siècle dernier que Gall inventa sous le nom de Crânologie un système au moyen duquel il prétendait connaître les dispositions intellectuelles et affectives d'un individu par l'inspection du crâne. Avant lui, le célèbre anatomiste Camper, s'appuyant sur ce principe que l'intelligence de l'homme est en raison du développement du cerveau, avait imaginé d'évaluer comparativement le volume de cet organe dans les différentes races humaines, mais il s'arrêtait là. Gall devait aller beaucoup plus loin. Il émit cette hypothèse que le cerveau est constitué par des organes servant chacun à une fonction, à un instinct, à une faculté particulière ; il admit que le développement de chacune de ces qualités est en rapport avec la grosseur de l'organe, et qu'on peut constater l'existense ou l'absence de ces facultés en examinant la conformation de la boîte osseuse du crâne. La boîte du crâne présente des saillies ou bosses dont le développement reproduit exactement celui des parties correspondantes de l'encéphale. Dans son enfance, il avait été frappé de la dissemblance de caractère et de goûts, non seulement de ses petits camarades, mais même de ses frères et sœurs, bien que ces derniers fussent du même sang et les autres de la même race. Un peu plus tard, pendant qu'il était étudiant, il remarqua que presque tous ceux qui montraient une grande facilité pour apprendre de mémoire les passages des auteurs avaient les yeux saillants, les yeux à fleur de tête, comme on dit communément. Il en conclut que tous les individus à orbites saillants avaient de la mémoire. Tel fut le point de départ des longues études qu'il fit sur les organes cérébraux lorsqu'il fut médecin. Gall en arriva à se former une doctrine qu'il exposa d'abord à Vienne en Autriche (1796), puis à Paris (1807). Son système, connu bientôt sous le nom de *Phrénologie*, ne tarda pas à attirer vivement l'attention, et depuis lors on trouve des adeptes fervents de la *phrénologie* chez tous les peuples civilisés.

II. — Principe fondamental de la phrénologie.

Le crâne étant exactement moulé sur la masse cérébrale, chaque portion de sa surface présente ses dimensions plus ou moins grandes, un développement plus ou moins considérable, suivant que la portion correspondante du cerveau est elle-même plus ou moins développée. Or, le cerveau étant le siège des facultés intellectuelles et morales, on remarque que tous les individus qui ont la même portion du crâne bien développée, telle anfractuosité bien accusée, présentent aussi la même faculté, la même vertu, le même vice, la même façon de faire.

De là cette conséquence logique que cette partie du crâne recouvre la partie du cerveau siège de cette faculté, de cette vertu ou de ce vice.

III. — Divisions du crâne et divisions phrénologiques.

La *phrénologie* ou Crânologie, suivant l'expression adoptée, est donc l'étude de la physiologie intellectuelle basée sur la forme du crâne chez les humains. A la vérité, le crâne, par lui-même, et les formes qu'il affecte, ne sont point des signes directs des dispositions de la masse cérébrale, mais ils peuvent servir à les révéler.

Du reste, cette science de la phrénologie présente actuellement un intérêt plus historique que scientifique, puisqu'il est prouvé par tous les savants contemporains que le cerveau s'accroît de l'intérieur vers l'extérieur et que par suite la boîte crânienne se développe, se transforme constamment à mesure que la matière du cerveau augmente ou diminue de volume.

Le cerveau remplit entièrement la masse du crâne; sa forme est celle d'un sphéroïde allongé ou d'un œuf dont le gros bout serait l'occiput et le petit bout le front. Il se compose de deux parties bien distinctes; ce sont : 1° la partie supérieure et antérieure qu'on appelle les hémisphères; 2° la partie inférieure et postérieure, qu'on nomme le cervelet.

Les hémisphères sont séparés dans le sens transversal et très profondément par la faux de la dure-mère, qui en fait un organe dont toutes les parties sont reliées entre elles par des fibres nerveuses désignées sous le nom de *commissures*. Chaque hémisphère se subdivise en trois lobes. Le premier comprend la substance contenue dans la voûte des orbites; le second la partie médiane et supérieure, et le troisième enfin la partie qui se trouve sur la tente du cervelet. Toute cette masse cérébrale présente sur l'ensemble de sa surface des circonvolutions délimitées par des sillons qu'on appelle anfractuosités, dans lesquels la pie-mère s'enfonce tout à fait, tandis que les deux autres membranes, l'arachnoïde et la dure-mère, passent directement sur les circonvolutions. Le cervelet se trouve au-dessous des deux hémisphères; son aspect est tout autre. Là, plus de circonvolutions, d'anfractuosités, mais une substance fibreuse d'une délicatesse et d'une ténuité extrêmes. Le cervelet est situé en outre en dehors de la boîte osseuse, et c'est le seul organe phrénologique que l'on puisse palper directement et sans rencontrer l'intermédiaire d'un corps rigide osseux.

La boîte osseuse qui recouvre le cerveau ou le crâne comprend huit os, qui sont :

1° Quatre os impairs situés sur la ligne médiane, savoir : en avant le frontal, en arrière l'occipital; en bas et en avant, l'ethmoïde; au milieu et en bas, le sphénoïde; 2° quatre os pairs, savoir; sur les parties latérales, les pariétaux; en bas les temporaux.

Tous ces os s'ajustent entre eux par de petites sutures. Chacun de ces os est lui-même composé de deux lames superposées, dont l'intervalle est rempli par une matière spongieuse et poreuse qui se nomme le diploé.

C'est sur ce champ d'observations que, après plusieurs années de réflexions, Gall crut avoir découvert 27 organes correspondant à 27 facultés.

Son condisciple et son collaborateur, Spurzheim, crut pouvoir en admettre plusieurs autres.

Les organes du cerveau répondent aux trois grandes facultés ou pouvoirs sous lesquels on a classé les phénomènes cependant si divers, si complexes, si insaisissable de l'âme humaine : 1° aux facultés animales, instincts ou penchants; 2° aux facultés morales ou affectives (sentiments); 3° aux facultés intellectuelles; ces dernières se subdivisent elles-mêmes en facultés de l'intelligence et facultés de la raison. C'est pourquoi on les divise en trois classes.

Ces trois classes avec leurs subdivisions comprennent 36 organes, généralement admis par les phrénologistes. Nous essaierons de simplifier les termes adoptés par les phrénologistes; si nous employons leurs mots un peu barbares, nous les expliquons le plus clairement possible. Il sera du reste facile de comprendre la situation de chaque organe, si on veut s'en rapporter aux figures différentes indiquées ici et aux numéros qui répondent fidèlement à ceux du texte (page 227).

Les instincts ou penchants occupent dans le crâne toute la surface (à part le front) qui reste découverte ou apparente quand on met un chapeau sur la tête, c'est-à-dire un espace dont la naissance des cheveux, à la base de l'occiput et derrière les oreilles jusqu'aux tempes serait la limite inférieure, et une ligne horizontale imaginaire passant de l'œil à la partie opposée de la tête serait la limite supérieure.

Dans l'état actuel de la science, on compte neuf instincts, qui sont: 1° l'amativité; 2° la philogéniture; 3° l'habitativité ou concentrativité; 4° l'affectionativité (adhésivité); 5° la combativité; 6° la destructivité; 7° la sécrétivité; 8° l'acquisitivité; 9° la constructivité. — Les sentiments ou facultés morales occupent dans le crâne tout l'espace compris sous le chapeau, dont nous parlions plus haut, mais en faisant toujours la réserve des parties frontales.

Cette portion cervicale se subdivise en douze organes, qui sont: 1° l'estime de soi; 2° l'approbativité; 3° la circonspection; 4° la bienveillance; 5° la vénération; 6° la fermeté; 7° la conscientivité; 8° l'espérance; 9° la merveillosité; 10° l'idéalité; 11° la gaieté ou l'esprit de saillie; 12° l'imitation.

Enfin viennent les facultés intellectuelles, subdivisées en deux catégories. La première, que nous avons désignée plus haut sous la rubrique de facultés de l'intelligence, occupe l'espace limité en bas par la naissance du nez et l'arcade sourcilière, sur les côtés latéraux par les tempes, et se termine en haut vers le milieu du front, où commencent les facultés de la réflexion ou de la raison, mais sans ligne de démarcation bien manifeste chez les individus ordinaires.

La première subdivision comprend douze organes, qui sont : 1° l'individualité; 2° la configuration; 3° l'étendue; 4° la pesanteur (résistance, tactilité); 5° le coloris; 6° la localité; 7° le calcul; 8° l'ordre; 9° l'éventualité; 10° le temps ou mémoire des dates; 11° le ton; 12° le langage.

La deuxième subdivision, désignée sous le nom de facultés de la raison, commence où finit la précédente et ne comprend que le contour des deux saillies que l'on voit à la partie antérieure du front chez les gens qui ont le front très bombé. Cette subdivision ne se compose que de deux organes, qui sont : 1° la comparaison; 2° la causalité.

Maintenant, nous allons reprendre une à une les facultés d'après les principes phrénologiques formulés précédemment. On ne saurait être trop convaincu de l'absolue nécessité de consulter les figures ci-jointes.

IV. — Les instincts et les penchants.

FACULTÉS ANIMALES, INSTINCTS OU PENCHANTS. — 1° *L'amativité ou instinct de la propagation.* — Le cervelet entier constitue l'organe de l'amavité indiqué par deux saillies arrondies l'une à droite, l'autre à gauche de la ligne médiane. Ses fonctions sont de solliciter les animaux à se reproduire. Il est généralement beaucoup plus développé chez les mâles que chez les femelles. Cependant, pour ce qui est des hommes, on trouve

L'ÉTUDE DE LA TÊTE

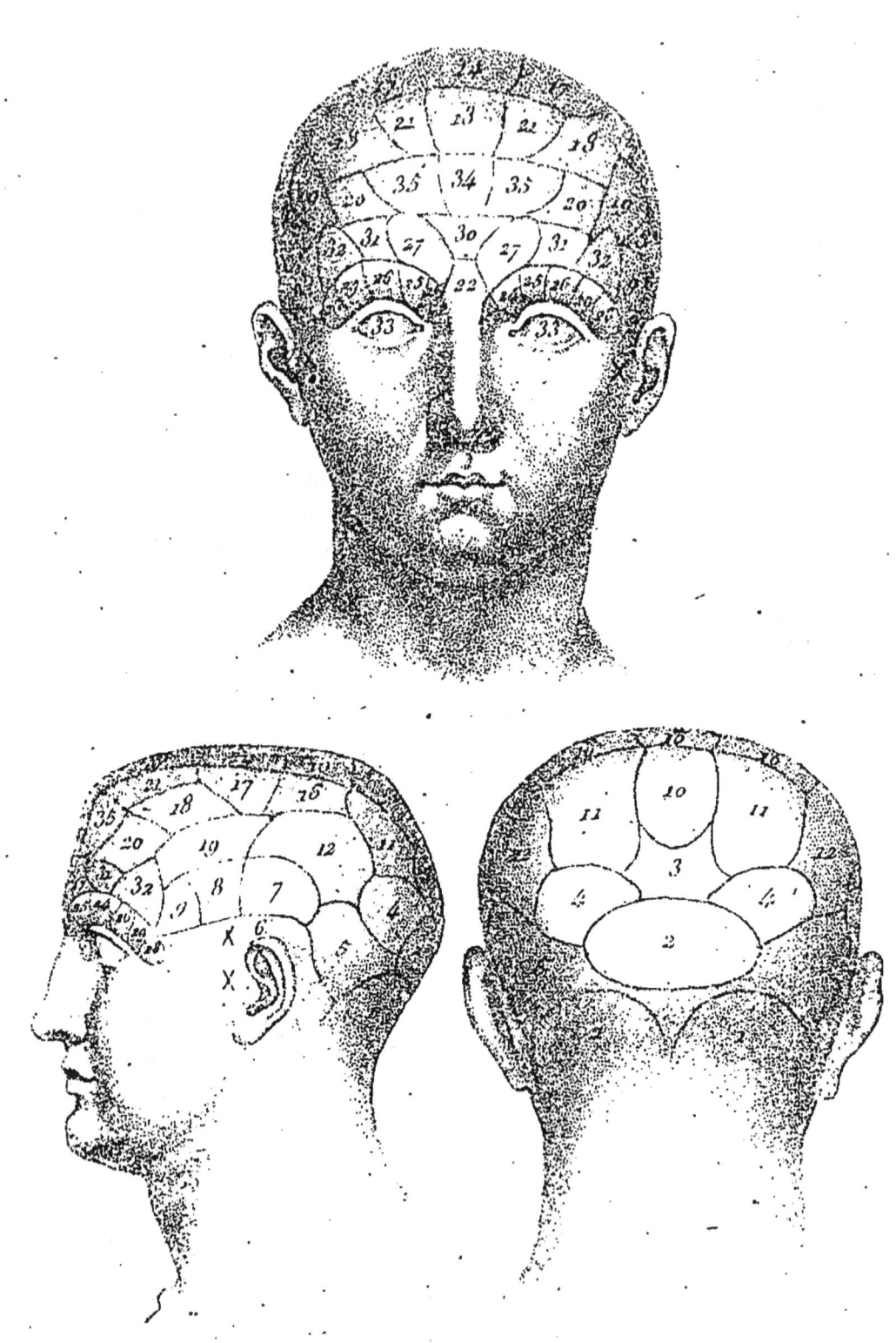

quelques exemples du contraire. Chez les hommes d'un tempérament vigoureux et sanguin, la passion qui correspond à l'organe de l'amativité peut affecter divers caractères : celui de l'amour ardent, lorsqu'il est soutenu par des instincts tels que l'affection; celui de la jalousie aveugle, si la ruse vient se combiner avec elle. Au contraire, chez un homme débile, dont les instincts de courage et de destruction sont médiocres, l'organe poussera, s'il est très prononcé, aux habitudes solitaires, et cela arrivera plus sûrement encore si cet homme est casanier et qu'il aime son foyer. Les individus chez lesquels l'organe est atrophié ou seulement déprimé montrent une grande indifférence pour toutes les choses de l'amour; leur pudeur est pusillanime. Les femmes dans ce cas cherchent un suprême refuge dans les couvents ou le célibat. Lorsque la nullité de cet organe est combinée avec d'autres instincts actifs, elle produit les plus singuliers caractères.

2° *Philogéniture ou amour des enfants.* — La philogéniture, dont l'organe est sur la partie médiane de la tente du cervelet, est l'instinct naturel qui nous porte à chérir nos enfants. A l'inverse du précédent, cet organe est généralement beaucoup plus fort chez les femmes que chez les hommes; chez les oiseaux, il est très proéminent, surtout pour les passereaux de mer, tels que le pélican, de proverbiale réputation; cependant il y a des hommes qui sont, à cet égard, aussi bien doués que les femmes. Unie aux instincts d'acquisivité, d'habitativité, la philogéniture fait les bons pères de famille; chez les femmes, le développement de cet organe se rencontre souvent : c'est ce qu'on appelle en termes banals la bosse de maternité; il est rare d'en trouver qui ne l'aient pas ou qui l'aient peu prononcée. L'amour des enfants n'est-il pas le plus puissant, en même temps que le plus naturel et le plus persistant chez la femme, depuis la fillette qui berce sa poupée jusqu'à la grand'maman dont les derniers vestiges de sensibilité et d'intelligence semblent se concentrer sur la petite-fille aimante ou le petit-fils turbulent?

3° *Habitativité ou concentrativité.* — Ce penchant, dont la circonférence fait auréole à l'apophyse de l'occiput, pourrait se définir « l'amour de chez soi ». C'est à lui qu'on doit ces types de paysans qui meurent sans avoir été jusqu'à la préfecture de leur département. C'est lui aussi qui, très développé chez tous les Français, explique leurs souffrances loin de la terre de France, leur hâte de rentrer dans leur pays, leur manque, je ne dis pas d'initiative, mais de persévérance coloniale. Les Anglais, qui ont si bien colonisé le monde, sont généralement dépourvus de ce penchant. On le trouve également à l'état rudimentaire chez les animaux émigrants, tels que l'hirondelle, le rat du Nord, le lièvre, etc. Dans un cerveau mal équilibré, sa prédominance peut amener de grands désordres. On a vu des individus se séquestrer volontairement et arriver à perdre l'usage de la parole, la mémoire, l'instinct de sociabilité.

4° *L'affectionativité.* — Cet organe se trouve latéralement un peu au-dessous de l'apophyse, de l'occiput. C'est proprement la sociabilité aveugle. Comme tous les organes, s'il est prépondérant, il se manifeste par des phénomènes singuliers. Les gens superficiels et de peu de réflexion le confondent souvent avec la bienveillance, dont l'exercice se produit tout différemment. Ainsi, un homme simplement affectueux s'attache à un autre homme sans mettre beaucoup de discernement dans son choix, ni beaucoup d'activité dans sa tendresse. Joint à l'amativité, il donne à l'amour un caractère d'assiduité fatigante.

5° *Combativité ou instinct de la défense personnelle.* — Cet organe est situé sur la tente du cervelet, à peu près à égale distance de la partie postérieure de l'oreille et de la base de l'intersection des hémisphères. C'est cet instinct qui fait les hommes valeureux et intrépides quand les autres facultés sont bonnes, et les téméraires quand elles sont insuffisantes. On le trouve très développé chez le coq, quelques espèces de chiens, le lion, en général tous les carnassiers. Naturellement, il est très faible chez les femmes et les enfants. C'est l'organe sur le développement duquel l'éducation, l'exemple ont le plus d'influence. Condé avait cette protubérance très développée, mais elle était innée; Turenne la possédait aussi avec le même développement, mais par l'effet de la volonté et de la persévérance.

Les individus chez lesquels cet instinct fait défaut sont enclins au suicide, surtout s'ils sont pourvus de la destructivité; c'est alors la peur de la vie. L'absence de l'organe de la combativité fait les lâches, les poltrons, les timides, qui, pour éviter la lutte avec les hommes, tolèrent leur mauvaise humeur, leurs violences, se rendent malheureux par leur faute et s'attirent le mépris ou le dédain des autres.

6° *Destructivité ou penchant au meurtre.* — Cet organe forme une sorte de bourrelet un peu en arrière du contour supérieur de l'oreille. Il est le plus redoutable des penchants dans l'état social, parce que c'est le seul contre lequel l'expérience et la prudence restent impuissantes. « Le romancier américain Edgar Poe l'a parfaitement désigné sous le nom d'instinct de la perversité. Il a décrit ses effets dans le conte fantastique qui a pour titre « *Le chat noir* ». L'homme qui bat les animaux sans raison, qui brutalise les enfants, qui aborde ses camarades en leur serrant la main de manière à leur faire du mal, a cet organe puissamment développé. S'il arrive à la vieillesse sans avoir répandu le sang, on peut au moins préjuger qu'il a souvent médité de le faire et que la crainte seule l'a retenu. Cet organe est très prononcé chez tous les animaux carnivores.

7° *Sécrétivité, instinct de ruse et de finesse.* — Elle a son organe un peu au-dessus du sommet de l'oreille. Les individus chez qui cet instinct est développé sont rusés, menteurs, dissimulés; il donne à l'œil une expression fausse, inquiète, mobile chez les gens faibles; audacieuse, entreprenante, chez les hommes d'une constitution forte. Le renard... et le corbeau ont tous les deux cet instinct fort accentué. Cet organe est très développé chez la femme, chez qui le besoin, la nécessité de lutter contre plus fort qu'elle, de se munir d'une arme aussi puissante que la vigueur physique, fait naître et augmente cet instinct. Lorsque la sécrétivité est accompagnée de passions ardentes, elle mène droit à l'escroquerie et à l'indélicatesse. Pour ceux dont le sens moral est suffisant, il donne la discrétion, la prudence. Il devient ainsi un amusement, une matière à plaisanterie pour les amis et les proches. Dans ce cas on lui doit de bons comédiens, d'habiles prestidigitateurs.

8° *Acquisitivité ou penchant au vol.* — Cet instinct est placé au-dessus du précédent et un peu en avant dans la direction du front. Il est le mobile de l'économie et de la sage gestion des biens dans les conditions ordinaires; de la parcimonie, de la lésine, de l'avarice, s'il est protubérant; enfin du détournement et du vol, s'il est excessif. Combiné avec d'autres, il est surtout développé chez le joueur hardi. Là où il manque, au contraire, se manifestent la prodigalité et les désordres qui s'ensuivent. Ces mœurs, néanmoins, sont préférables à l'avarice, qu'un excès d'acquisitivité peut produire. Cet instinct peut aller jusqu'à présenter les caractères de l'aliénation mentale.

9° *Constructivité ou habileté à dessiner, à copier les formes.* — Elle est située dans la portion du front qui est immédiatement au-dessus des tempes. C'est l'organe des architectes, des sculpteurs, des dessinateurs; combiné avec d'autres, il produit des résultats divers. Ainsi, avec l'idéalité il forme des romanciers ingénieux, des auteurs dramatiques capables de forger une trame compliquée; avec la configuration, l'étendue, la pesanteur, des architectes, des ingénieurs; avec le coloris, des peintres de genre; avec le langage, des avocats subtils, des philosophes rigoureux; avec l'ordre, des inventeurs, des mécaniciens. Quoique stimulant, énergique, ce penchant n'agit souvent que comme auxiliaire d'autres facultés qu'il complète et auxquelles il prête un caractère et une allure propres. Il ajoute beaucoup à l'adresse d'un bon ouvrier. Il pousse ceux qui n'ont pas d'emploi dans la société à faire des collections, des arrangements quelconques. C'est l'organe auquel on doit les plans de batailles, de discussions, de négociations les mieux concertés. A ceux qui ne l'ont pas, il manque toujours, et dans tous leurs actes, la régularité, l'ordre, l'ensemble que l'attention la plus soutenue et la plus vigilante ne saurait imprimer à elle seule. Parmi les animaux, le castor, dont chacun connaît les merveilleux travaux, a cette anfractuosité très développée, et en général tous les oiseaux qui font des nids compliqués.

V. — Les facultés morales.

1° *Estime de soi.* — Si l'on prolonge une ligne droite imaginaire partant de l'extrémité du menton et passant par le pavillon de l'oreille, au point d'intersection de cette ligne avec la circonférence du crâne se trouve l'estime de soi. Cette faculté portée à l'excès constitue l'orgueil. Il ne faut pas confondre l'orgueil avec l'organe suivant, qui est l'approbativité, vulgairement l'amour-propre, la vanité, l'émulation. Malgré quelques ressemblances, ces deux facultés sont très différentes. En effet l'estime de soi nous porte à ne prendre conseil que de nous-mêmes, à faire peu de cas des avis et de l'opinion d'autrui, tandis que l'approbativité de l'amour-propre nous fait rechercher, au contraire, l'approbation des gens qui nous entourent. A dose moyenne, l'estime de soi a les effets les plus salutaires. Elle refrène la violence des penchants que l'individu juge indignes de lui. Elle devient la fierté pleine de dignité qui provoque les actions généreuses, repousse les déloyales, fait agir toujours avec droiture de peur de déchoir dans sa propre estime; elle provoque les bons sentiments et les actions généreuses; mais, quand elle est excessive, cette faculté produit chez l'individu un mépris universel. Quand l'individu manque de bon sens, est riche d'imagination, on a affaire à un rhéteur parfois brillant, mais le plus souvent insupportable. Le paon, le dindon, le coq, le faisan, le lévrier, l'éléphant sont des animaux chez qui l'organe de l'estime de soi est très développé. On trouve généralement cet organe déprimé chez les ignorants, les parasites, en un mot, chez tous ceux qui portent aisément les chaînes de leurs conditions.

2° *Approbativité ou amour-propre.* — Ce sentiment est situé verticalement et latéralement au-dessous du précédent. L'approbativité est le principe de toute émulation. C'est à elle qu'on doit les dévouements, les abnégations les plus méritoires, le désir de plaire et d'acquérir l'estime. Quand il se rencontre avec l'estime de soi, on peut compter en toute assurance sur un beau caractère. L'approbativité est indispensable aux artistes, chez qui elle excite constamment l'attention et réchauffe l'enthousiasme du beau ; mais seule, elle jette l'individu dans l'asservissement, dans les complaisances avilissantes ou l'hypocrisie ; elle devient vanité puérile, soif de louanges. Les femmes ont souvent l'approbativité à un degré excessif. Elles éprouvent au plus haut degré le désir de plaire, d'être aimées et tout leur semble bon pour cela. Cet instinct est la base même de toute coquetterie, de la coquetterie exagérée et déplaisante comme de la coquetterie discrète.

3° *Circonspection ou prudence.* — Cette faculté tient le milieu de la ligne imaginaire qui aboutit à l'estime de soi. C'est elle qui donne à toutes les décisions la prévoyance réfléchie, le tact mesuré qui rend la conduite plus sûre et fait des démarches même les plus insignifiantes des actes aux suites favorables. Unie au défaut d'estime de soi, cette faculté rend timide, poltron, maniaque. Ceux qui préfèrent à la lutte si rude pour la vie, aux soucis de chaque jour, aux peines souvent répétées, la mort libératrice et bienfaisante (disent-ils) ont aussi cette protubérance très marquée. C'est en cela qu'elle diffère essentiellement de la sécrétivité ou ruse qui, en tant qu'instinct, ne conseille jamais le renoncement et l'abnégation de soi-même. Le mouton, le bœuf et tous les herbivores ont une grande circonspection cérébrale.

4° *Bienveillance.* — La bienveillance est placée au milieu du haut du front. C'est la plus belle, la plus vraiment généreuse et humaine de toutes les facultés de l'homme. Elle ne s'exerce pas seulement par à-coups, sous l'empire d'une excitation ou grâce à l'exaltation produite par une belle cause; elle est constante, sans défaillance et sans faiblesse. C'est la qualité des personnes vraiment intelligentes qui, comprenant beaucoup, pardonnent beaucoup et se montrent aussi indulgentes pour les autres que sévères avec eux-mêmes. Elle complète l'affectionativité en corrigeant ce qu'elle a d'aveugle, fait les hommes doux et charitables. On trouve cet organe apparent sur le crâne du chien, de l'éléphant et, en général, chez tous les animaux.

5° *Vénération.* — L'organe de ce sentiment occupe une place au sommet de la tête, à égale distance de l'occiput et du nez. Ce sentiment exagéré porte à une déférence absolue autant que souvent peu expliquée envers tout ce qui est honoré depuis longtemps, tout ce qui est symbole d'honneur et de dignité; il produit l'exaltation des idées religieuses, le respect exagéré des titres, de l'uniforme; une tendance à la servilité pousse aux idées religieuses, à la crédulité niaise, au respect de l'uniforme et des titres. Si l'organe est peu prononcé, il porte à la déférence envers la vieillesse, l'enfance, les femmes et les malades, l'admiration pour le génie et le travail, la soumission aux lois, aux usages et aux coutumes. Unie à l'affection, la vénération produit cette espèce de culte domestique qui s'attache aux objets rappelant les personnes aimées, les soins religieux qu'on a pour les tombeaux. Cette faculté est fort prononcée chez beaucoup de peuplades sauvages. L'organe absent et le crâne pourvu d'anfractuosités, siège d'instincts énergiques, le caractère est peu enclin aux larmes, aux regrets et l'esprit ne se laisse influencer ni par les sentiments, ni par le respect des dignités, ni par les conseils de l'intérêt.

6° *Fermeté ou persévérance.* — Cet organe se trouve immédiatement en arrière du précédent, sur la ligne médiane qui sépare les deux hémisphères cérébraux. Il est l'élément de la volonté. Comme toujours, suivant ses combinaisons avec les autres instincts ou les autres facultés, ce sentiment peut affecter différentes formes. Mais il n'est jamais difficile de le démêler parmi ces combinaisons diverses. La fermeté est la qualité la plus estimable, la plus vraiment digne chez l'homme. C'est l'âme des grandes résolutions, des grandes actions, de tout ce qui est viril et fort. Elle permet de mener à bien les entreprises les plus difficiles, de triompher des obstacles les plus invincibles, d'affirmer devant tous son autorité et sa volonté. Sa prédominance mène à la présomption et à l'entêtement, qui est le vice de la volonté.

7° *Conscienciosité ou conscience.* — Cet organe est placé à l'extrémité postérieure et latérale du lobe moyen de chaque hémisphère. Tous ceux qui ont charge d'hommes, qui dirigent ou commandent les autres, sont à la tête d'une entreprise quelle qu'elle soit, devraient avoir cet organe très développé. Même sûrs de l'impunité, ils feraient toujours ce qui leur semblerait conforme au droit, à la vérité, à la justice, en dépit des pièges, des obstacles, des conséquences plus ou moins redoutables pour eux-mêmes. Ce sentiment fait les négociants honnêtes, les ouvriers consciencieux, les magistrats incorruptibles, les chefs d'État éclairés. La conscienciosité est plus efficace encore que la fermeté; elle est, en tout cas, supérieure comme principe moral.

On a beau avoir tous les penchants louables, les sentiments les plus affectueux, les facultés de réflexion les plus fortes, si la conscienciosité fait défaut on tombera nécessairement dans l'injustice; on manquera de mesure en toutes choses.

8° *L'espérance.* — Cette faculté, située au-dessous de la vénération, forme une espèce d'auréole. C'est le plus robuste auxiliaire de la volonté, sans laquelle l'espérance, à son tour, n'est qu'un principe d'indifférence. Elle déguise les périls les plus apparents et donne de la constance dans l'adversité, parce qu'elle montre l'avenir sous des couleurs favorables, fait oublier les peines présentes, prévoir des joies à venir, des jours heureux prochains, des compensations à l'affliction du moment.

Unie à la persévérance, elle fait naître le désir de mener à bien de gigantesques entreprises et elle permet d'éviter le découragement; elle console du présent, fait oublier le passé par la pensée de l'avenir.

9° *Merveillosité ou admiration.* — Cet organe se trouve tracé au milieu de la ligne d'intersection du lobe antérieur et du lobe moyen. Il produit l'amour de l'imprévu, de l'extraordinaire, de l'inconnu et jette dans toutes les exagérations. Il fait croire aux inspirations, aux apparitions, à tous les événements réputés surnaturels. Avec un sens droit et de hautes facultés de réflexion, le manque de la merveillosité laisse les idées plus claires, la réflexion plus sagace, la décision plus ferme.

10° *Idéalité ou imagination.* — Ce sentiment est situé particulièrement au-dessus des temporaux. L'idéalité produit l'abondance des images, l'amour du beau, le sentiment de la perfectibilité, le goût poétique, etc.; mais elle conduit fréquemment à l'extravagance, porte à préférer au bien et au bon ce qui brille et éblouit, et fait négliger les devoirs de la vie pour faire vivre dans des régions plus idéales parfaitement pures et parfaitement belles, loin de la terre et des mesquineries de chaque jour; elle construit des châteaux en Espagne, fait des rêves dorés, mais permet d'échapper un moment aux tristesses du présent, quitte à sentir plus vivement ensuite le détail des occupations journalières, le convenu et le faux des relations mondaines.

11° *Gaieté ou esprit de saillie.* — Cette faculté a son organe un peu au-dessous de l'arcade sourcilière. Elle donne le goût

de la plaisanterie, la causticité, l'aptitude à saisir les ridicules.
C'est cet esprit de saillie qui attire les ennemis les plus irréconciliables parce qu'il désarme par le ridicule ceux auxquels il s'attache et fait toujours supposer le manque de bonté et l'habitude du dénigrement. Chose remarquable : les personnes chez qui cet organe est très développé ont l'habitude d'y porter le doigt dès qu'ils sont accoudés devant une table ; c'est là une attitude qui leur est très familière.

12° *Imitation.* — Cet organe occupe, à droite et à gauche, la portion du crâne qui côtoie la racine des cheveux. Sa pointe aboutit sur le milieu découvert du front.

Cet organe, à l'encontre du précédent, est très commun parmi les animaux. En première ligne, on pourrait citer le singe, le perroquet, le moqueur, le merle, le corbeau et d'autres encore. Cette faculté a une importance considérable, chacun de nous faisant un grand nombre d'actes par imitation et sans y réfléchir autrement. Le mal est que beaucoup d'hommes sont purement imitateurs et n'arrivent jamais à vouloir par eux-mêmes, à donner à leur œuvre ou à leur vie une empreinte personnelle.

VI. — Facultés intellectuelles.

1° *Individualité.* — Cette faculté se trouve à la jonction des deux sourcils, immédiatement au-dessus de la racine du nez. On lui doit l'aptitude à étudier les objets comme individus, à discerner les espèces spécifiques dans les sciences naturelles. Plus un homme a d'individualité, plus il aperçoit de différence entre deux individus ou entre deux choses similaires. Cette faculté permet de distinguer, de séparer les individus et de les étudier afin d'en examiner les caractères spéciaux.

Bien deviner, bien distinguer, tel est l'objet de cet organe qui se trouve très développé chez ceux qui s'occupent d'histoire naturelle.

2° *Configuration*. — La configuration, en suivant le contour du sourcil, confine à la faculté précédente. Elle résulte de la perfection du toucher et de la vue ; par elle on aperçoit nettement les aspects, les couleurs, les formes en elles-mêmes, on saisit les physionomies, on se les rappelle avec exactitude quand elles sont absentes, on les reconnaît dès qu'elles se présentent de nouveau.

3° *Étendue*. — Toujours en suivant le bourrelet du sourcil, on trouve, à la suite de la précédente, la faculté dont il s'agit. Elle consiste dans une estimation exacte des distances, de la hauteur d'un édifice ou d'une montagne ; de la profondeur d'un abîme ; c'est l'organe des géomètres, des géographes, des arpenteurs et surtout des chasseurs.

4° *Pesanteur ou résistance*. — Cette faculté occupe le sommet du bourrelet du sourcil. C'est l'organe qui donne l'idée nette du poids des corps, des résistances matérielles. Elle donne l'adresse manuelle dans tous les genres de travaux, l'habileté aux équilibristes, aux danseurs de corde, aux joueurs de billard, à tous ceux qui apprécient le poids d'un objet quelconque et lui donnent l'impulsion nécessaire pour arriver au but.

5° *Coloris*. — Cet organe est logé sur l'arcade sourcilière. Il puise toute sa perfection, dans la puissance avec laquelle il perçoit les couleurs et leurs harmonies. Il a parfois des défaillances singulières. Certains individus confondent les couleurs ; par exemple, dans ce qu'on nomme le daltonisme, ils ne peuvent distinguer le bleu du vert. Inutile de dire que le coloris fait les grands peintres, les bons décorateurs.

6° *Localité ou mémoire des lieux*. — Cet organe se trouve à droite et à gauche de la limite supérieure de l'individualité. C'est la faculté à l'aide de laquelle on a le souvenir exact des endroits, des lieux. C'est à l'aide de cet organe que le chien et le pigeon, chez lesquels il est très développé, reviennent au logis en traversant des distances parfois immenses.

7° *Calcul*. — Cette faculté confine à l'extrémité du sourcil. La culture la développe considérablement; mais, lorsque l'organe est bien marqué, elle peut, même chez un homme absolument ignorant, présenter un degré de puissance étonnante. Ce don est tout à fait spontané, et pour ainsi dire mécanique. Cette faculté existe chez tous les grands mathématiciens, chez les savants, chez ceux qui savent avec un raisonnement d'une logique irréfutable déduire les conséquences des faits.

8° *Ordre*. — Cette faculté se trouve sur le bourrelet du sourcil. Elle donne le goût de l'ordre, du classement, celui de la logique et de la clarté dans les discours. Jointe à la précédente, elle donne aux déductions une sûreté absolue. Elle permet de disposer les preuves, les motifs, de sorte que chaque chose vienne en son temps, que rien ne soit confus. Elle est la base de la véritable éloquence, de cette éloquence qui, comme le dit Pascal, se moque de l'éloquence.

9° *Éventualité*. — L'éventualité, qu'on appelle aussi mémoire des faits, est à cheval sur la ligne médiane du front. C'est, à proprement parler, la mémoire des faits, des circonstances, et, en un mot, de tout ce qui est du domaine de l'action. Elle est la faculté de l'historien, du philosophe, du romancier, du diplomate, du journaliste, de tous ceux dont la science ou l'art s'appuient sur l'expérience de chaque jour et la connaissance des événements. Jointe à l'idéalité, cette faculté donne une imagination brillante et fertile en récits. Son absence prive non seulement de beaucoup de jouissances intellectuelles, mais encore et surtout de la sagacité qui résulte des souvenirs.

10° *Temps ou mémoire des dates*. — Cette faculté occupe, sur le versant intérieur de l'arcade sourcilière, la partie la plus rapprochée du sommet. Elle donne l'aptitude à mesurer les délais, à évaluer exactement le temps, à se souvenir des dates, etc. Cette faculté semble être le principe du rythme et de la mesure, elle appartient aux astronomes, aux musiciens et même à ceux qui s'occupent de mécanique.

11° *Ton*. — Cette faculté est l'avant-derrière sur le bourrelet du sourcil, c'est-à-dire à une distance d'environ 0 m. 01 de son extrémité. Elle donne le sens de la mélodie et de l'harmonie, non seulement aux musiciens, mais encore aux orateurs, aux poètes, à tous ceux qui ont souci d'une langue harmonieuse et claire.

12° *Langage*. — La partie cérébrale affectée à cette faculté se trouve derrière l'orbite de l'œil, qu'elle pousse en avant ou laisse rentrer, suivant son développement ou sa dépression. Elle permet de retenir facilement le son entendu, de l'appliquer à un objet déterminé, en un mot d'apprendre les langues.

Restent les deux facultés purement philosophiques, dont la première est la

13° *Comparaison*. — Elle est au centre du front, c'est-à-dire à égale distance des tempes, d'une part, ainsi que de la naissance du nez et de la naissance des cheveux, d'autre part. Elle fournit à la philosophie un secours précieux, et prête à l'esprit la grâce qui résulte des images et des rapprochements ingénieux. Elle consiste à saisir les ressemblances, les analogies qui existent entre les perceptions et les sentiments, les instincts et les idées, à se servir des comparaisons pour mieux faire comprendre, souvent grâce à des images ou à des apologues, ce qu'on pense de tel ou tel phénomène, de tel ou tel acte. Comme la causalité, la comparaison est une faculté exclusivement dévolue à l'humanité. Elle appartient aux orateurs, aux prédicateurs et surtout aux poètes, puisque la poésie vit surtout pour les images.

14° *Causalité*. — Cet organe se trouve situé des deux côtés de la faculté précédente, dans deux circonvolutions dirigées de bas en haut, entre la gaîté et l'organe du temps.

La comparaison saisit des rapprochements généraux; la causalité voit surtout les rapports de cause à effet; elle engendre la curiosité et fait chercher sans cesse le pourquoi des choses. Très accentuée chez l'enfant, elle devrait être développée par l'éducation et dominer cette mémoire des mots qui s'exerce dans les écoles aux dépens de l'esprit d'observation et de l'originalité de l'esprit.

La causalité fait les hommes pensifs et réfléchis, elle développe le sens de l'induction, l'amour des sciences exactes.

Aussi la trouve-t-on très développée sur le crâne de Cuvier et de tous les inventeurs dont on possède la boîte osseuse.

VII. — Observations générales.

Telle est donc l'étude des différentes anfractuosités crâniennes, organes des penchants, sentiments, ou idées qui appartiennent à l'homme. Ces différents organes peuvent se développer ou disparaître; la culture, l'éducation, l'influence d'autres facultés peuvent les atrophier ou en changer la direction, mais le caractère mental n'en subsiste pas moins. D'après Gall, une tête humaine peut présenter trois caractères tranchés :

Le caractère intelligent quand le front est prédominant ;

Le caractère moral quand le rayon, du sommet au centre, est plus grand qu'à l'ordinaire ;

Le caractère instinctif quand les parties postérieures et latérales l'emportent en puissance.

Il ne résulte pas de là pourtant qu'un homme dont le front est proéminent soit nécessairement intelligent, ni qu'un homme instinctif soit privé de tous les dons de la pensée. Loin de là. En phrénologie, il y a relation entre toutes les facultés. Une faible intelligence, travaillée par des passions ardentes, peut devenir une intelligence brillante, à peu près comme un sol ingrat opiniâtrément labouré peut se changer en une terre fertile. Il en peut être de même dans le cas contraire, et les facultés intellectuelles peuvent à leur tour surexciter, pour ainsi dire, des instincts presque atrophiés.

Du reste, le caractère humain dépend d'influences étrangères aux forces primitives du cerveau.

Le climat sous lequel on vit, le tempérament, l'éducation donnée, l'instruction reçue, les exemples et les accidents peuvent modifier la valeur originelle d'une organisation cérébrale. Il est de toute évidence qu'un homme du Midi a une autre manière d'envisager la vie qu'un homme du Nord ; qu'un lymphatique agira autrement qu'un sanguin ; qu'un enfant élevé par des femmes aura d'autres opinions qu'un enfant élevé au collège ; que l'existence à la campagne donnera aux sentiments une tournure autre que dans une grande ville.

Cependant, et malgré tant de causes capables de donner à une même force des directions divergentes, il paraît à peu près certain qu'à masses cérébrales égales, il y a toujours équivalence d'action, de moralité ou d'intelligence, quoique en sens divers, c'est-à-dire que deux hommes dont la cervelle aurait un poids identique manifesteraient une égale puissance dans des actions différentes, comme deux cordes d'égale longueur donneront des vibrations identiques, mais de timbres différents si la matière dont elles sont faites est différente. Ce sont là les idées et les conclusions de Gall.

Nous n'insisterons pas plus longuement. Il reste à parler de la valeur scientifique de la phrénologie, dont le nombre des partisans a, du reste, considérablement diminué.

« L'hypothèse de Gall n'a point été vérifiée par l'expérience, dit M. Littré, et elle pèche autant dans la détermination des facultés que dans celle des organes. » De son côté, le célèbre physiologiste Müller dit : « On ne peut s'empêcher de repousser du sanctuaire de la science ce tissu d'assertions arbitraires, qui ne repose sur aucun fondement réel ». Le seul fait qui soit acquis jusqu'ici, c'est que les facultés intellectuelles ont leur siège dans les hémisphères cérébraux et que le degré de leur développement concorde généralement avec celui des facultés. Dès qu'on sort de ce fait incontestable pour aller plus avant, on tombe dans de pures hypothèses. Ainsi, lorsque Gall pose en principe que le cerveau est constitué par un certain nombre de parties distinctes, dont chacune sert d'organe à un instinct, à un sentiment, à une faculté, il fait une pure hypothèse. Il y a entre les différentes parties du cerveau une relation aussi intime qu'entre les différentes facultés et sentiments de l'âme humaine; leur action réciproque est telle qu'il est impossible d'attribuer telle faculté à telle anfractuosité et de localiser les phénomènes sensitifs, intellectuels ou moraux. D'un autre côté, des études anatomiques ont montré que Gall s'est trompé lorsqu'il a posé comme un fait indiscutable cette hypothèse : Le crâne se moule exactement sur la masse cérébrale. On sait aujourd'hui de façon certaine et indiscutable que la matière du cerveau s'accroît de l'intérieur vers l'extérieur et change constamment de forme, de sorte que les saillies ou bosses de la boîte osseuse ne reproduisent pas exactement le développement des parties correspondantes du cerveau et que l'étude de ces bosses devient un travail purement fantaisiste, mais amusant et intéressant, un passe-temps qui, pour n'être pas purement scientifique, peut exciter la curiosité d'esprits intelligents toujours à la recherche d'idées nouvelles.

Voici la réfutation que donne un savant médecin. Nous admettons toutes ces idées, tout en inscrivant notre intérêt et notre estime à ce système phrénologique qui a été en si grand honneur à la fin du XVIIIe siècle et au commencement de celui-ci. « La phrénologie s'est fourvoyée, dit le docteur Bourdin, en inscrivant sur une tête modèle le nom de ses facultés. Les phrénologistes étaient tombés dans l'erreur en regardant comme facultés des faits instinctifs et moraux et comme simples des faits complexes; ils firent mieux en découvrant, chose merveilleuse, des organes qui n'existent pas et ne peuvent pas exister.

Comment l'organe existerait-il quand la faculté manque? Il peut plaire à la phrénologie de déclarer que l'émotion et l'idée sont toujours réunies, qu'elles sont reléguées dans une petite bosse à la surface crânienne; elle peut trouver bon d'expliquer la participation du système nerveux viscéral dans les actes compliqués du sentiment et du penchant par les réactions, par les sympathies; ces hypothèses ne prévaudront jamais contre les observations contradictoires. Les talents spéciaux, les penchants, les inclinations, les aptitudes dont chacun de nous est pourvu sont-ils explicables par la théorie phrénologique? Oui, en apparence; mais prenons garde de confondre. Le système a inventé des mots pour exprimer la chose; il n'a rien expliqué. Beaucoup de personnes ont un goût déterminé pour un aliment et une répugnance invincible pour tel autre aliment. Est-il venu à l'esprit des physiologistes d'inventer différentes espèces de digestion? »

Gall, en établissant son système, avait de très hautes prétentions. Il en tirait des conséquences d'une grande utilité sociale, au point de vue de l'éducation des individus et du droit de punir.

D'après lui, pour agir avec discernement et ne plus commettre de méprise, il suffirait aux instituteurs et aux législateurs du genre humain de se pénétrer de la physiologie du cerveau. Les premiers étudieraient sur la tête des enfants et leur valeur et leur destinée, de sorte qu'on pourrait assigner à chacun la place et le genre de vie qui lui conviendraient. Quant aux juges, ils pourraient désormais punir avec un parfait discernement et apprécier exactement si ceux qui ont commis des crimes sont coupables ou s'ils ont simplement obéi à leur organisation cérébrale. « Comme on le voit, dit M. Bertet, la doctrine de Gall, après avoir compromis dans son point de départ l'unité du principe pensant, finit par détruire la liberté de l'âme, par renverser le fondement de la responsabilité des actes et par faire de l'homme le jouet du fatalisme. »

Retenons une chose de cette étude : C'est qu'il y a là une preuve nouvelle de l'intérêt que l'homme porte à toute science qui lui permet de se connaître lui-même et d'arriver à une connaissance moins imparfaite des autres et de la nature humaine.

Ne rejetons pas trop loin non plus les études de Gall. N'a-t-il pas attribué un des premiers au cerveau l'importance qu'il doit avoir, que la science lui conserve aujourd'hui dans l'étude de l'homme moral et intellectuel? N'a-t-il pas surtout été sincère, et ses disciples après lui, et ne devons-nous pas respecter toute recherche persévérante de la vérité?

LA CARTOMANCIE

Une autre façon de connaître l'avenir et de satisfaire cette curiosité qui est un des caractères propres de la nature humaine, c'est la cartomancie.

On fait dire aux cartes bien des choses, depuis les plus lugubres jusqu'aux plus gaies, depuis les plus simples jusqu'aux plus étranges. On peut être plus ou moins incrédule à ces prédictions heureuses ou fatales, mais quoi qu'on en ait, rien n'intéresse plus. Il y a là un besoin véritable pour l'homme : sortir de ce qui est la vie de tous les jours, essayer de devancer le temps et de lever le voile qui couvre l'avenir. Aussi tous les moyens sont-ils bons et il ne faut pas s'étonner de voir des hommes énergiques comme Robespierre, Mirabeau, Napoléon, avoir recours à la cartomancie au moment de s'engager dans une entreprise hardie.

Ne cherchons à convaincre personne, ne nous efforçons point de démontrer à des croyants l'inanité et le peu de fondement d'une pareille science. Laissons à chacun sa conviction, mais étudions les règles de cette science, apprenons à dire la bonne aventure, à tirer les cartes; ce sera là une façon amusante de passer le temps en société. Prenons aussi la ferme résolution d'atténuer les prophéties fâcheuses devant les personnes impressionnables que de pareilles révélations pourraient affecter.

Nous étudierons donc d'abord la signification des couleurs, puis celle de chaque carte en particulier; nous verrons comment cette signification varie suivant que la carte est debout ou renversée, et nous essaierons ensuite par l'étude de plusieurs jeux différents de mettre les règles en pratique.

Naturellement nous nous servirons d'un jeu de cartes ordinaire, car il est très rare de pouvoir se procurer les véritables tarots et les cartes spéciales des véritables cartomanciennes, et notre but est de mettre chacune de nos lectrices en mesure de pouvoir tirer les cartes partout, devant tous et sans grand appareil de sorcellerie.

I. — Signification des couleurs.

Les Cœurs.

Les cœurs annoncent généralement le bonheur et l'amour; c'est la couleur la plus propice, celle qui est un garant infaillible de bonté, d'affabilité, d'empire sur les âmes. Renversés, leur signification est légèrement modifiée, mais ils sont toujours d'un heureux présage.

Les Trèfles.

Les trèfles annoncent le succès, la fortune, les dignités, les honneurs, en somme bonheur en tout ce qui regarde le côté extérieur de la vie. Renversés, ils sont moins propices, mais ils signifient toujours chance et fortune.

Les Carreaux.

Les carreaux sont des messagers de querelles, de disputes, de ruptures, d'ennuis. Ils veulent parfois simplement dire : Lettre reçue ou à recevoir, et leur sens est alors modifié par celui des cartes environnantes.

Les Piques.

Les piques prédisent toujours la ruine, la maladie, la mort, même lorsqu'ils sont renversés et moins funestes. C'est la carte noire toujours à redouter, inévitable dans tout jeu comme le malheur dans toute vie humaine.

II. — Hiérarchie des Cartes.

L'as est, lorsqu'on tire les cartes, la carte la plus importante, la plus élevée. Il a la première place. Après lui viennent le roi, la dame, puis le valet, le dix, le neuf et enfin le huit et le sept.

III. — Interprétation de chaque carte en particulier.

Les Cœurs.

L'*as de cœur* annonce une nouvelle joyeuse, une lettre d'amour, une invitation à un bal, une soirée, une partie de plaisir. Il représente aussi la maison de la personne pour qui on tire les cartes. Renversé, il présage quelque contrariété au milieu de la joie.

Le *roi de cœur* est un homme blond marié ou veuf, de haute position, très obligeant et très courtois, — un ami de grand cœur dont l'affection et le dévoûment sont inébranlables.

Cette carte annonce des succès de toutes sortes : dans la guerre, dans le commerce, en amour.

Renversée, quoique toujours présage favorable, elle fait augurer des obstacles, des difficultés.

La *dame de cœur* est une femme blonde mariée ou veuve, en général une amie très dévouée, au cœur sensible, capable du plus grand désintéressement; si les cartes se tirent pour un homme, elles indiquent une maîtresse ; pour une femme, c'est une rivale; elle annonce au jeune homme une femme riche, aimante et intelligente, à la jeune fille un fiancé jeune, beau, instruit et riche, aux vieillards une vieillesse heureuse. Elle donne une issue favorable à tout ce que l'on entreprend, dans quelque domaine que ce soit.

Le *valet de cœur* est un jeune blond, doux, aimable, courtois, le prétendant de la jeune fille pour qui l'on tire les cartes.

Renversé, il signifie mécontentement, obstacles très grands. Rupture presque inévitable et très prochaine.

Le *dix de cœur* annonce bonheur au jeu, succès dans les entreprises, heureux amour, mariage et nombreuse postérité.

Renversé : même présage, mais plaisirs et joies passagers et peu durables.

Le *neuf de cœur* représente toujours une victoire remportée sur un ennemi, un succès, l'heureuse issue d'une affaire engagée, d'un procès, par exemple, la fin de contrariétés et d'ennuis.

Renversé : chagrins passagers, légère querelle suivie d'un raccommodement durable.

Le *huit de cœur* annonce bonheur et réjouissance, arrivée aux dignités de quelqu'un des vôtres, héritage, conquête amoureuse d'une jeune fille tendre et timide, ou d'un homme indécis, mais passionné.

Renversé : amant volage, maîtresse infidèle.

Le *sept de cœur* signifie prochain mariage dû au parfait amour, amie bienfaisante et dévouée, aisance dorée.

Renversé : tristesse incurable, solitude désespérante ; mélancolie amoureuse et irrésistible.

Les Trèfles.

L'*as de trèfle* annonce une chance persistante, une fortune brillante à la suite d'héritages importants, arrivée aux honneurs et aux dignités grâce à des protections influentes. Il présage un envoi de fleurs à une dame, la réussite d'une entreprise à un homme, à un voyageur du succès et de la réussite dans ses voyages, à une actrice, brillant succès, à un militaire un brillant fait d'armes. En un mot, cette carte est toujours d'un augure favorable. Même renversée, elle n'indique que de légers ennuis.

Le *roi de trèfle* est un ami fidèle, obligeant, affable ; cette carte annonce un prompt et heureux mariage, ou une rivalité d'amour honnête ; élévation, dignités, prospérités ; en somme bonheur et réussite.

Renversé : de grands obstacles s'opposeront à la réussite des projets, à la réalisation des espérances.

La *dame de trèfle* est une femme spirituelle et aimante, aux aspirations élevées, à l'esprit cultivé, une rivale redoutable, une amie adorable.

Cette carte annonce un grand événement : mariage, mais dans le monde, protection efficace, surprise agréable.

Renversée : jalousie, rivalité, cruauté.

Le *valet de trèfle* est un jeune homme discret, honnête, délicat, ami dévoué, prétendant aimable et courtois, rival loyal. Cette carte annonce toujours succès dans les entreprises, grâce à son mérite personnel.

Renversé : obstacle causé par un homme sot et fort, ridicule à force de prétention et de manque de savoir-vivre.

Le *dix de trèfle* annonce grande réussite en matière de finances : héritage, paiement d'une dette considérée comme insolvable, spéculation avantageuse, emprunt d'une somme assez forte.

Renversé : réussite, mais moins complète.

Le *neuf de trèfle* présage gain d'un procès, heureuse issue d'une affaire, présents, joie inattendue.

Renversé : succès de peu d'importance, beaucoup de bruit pour peu de chose.

Le *huit de trèfle* signifie grande joie prochaine, gain d'argent par le jeu, les loteries ou le commerce, avancement rapide dû à la bravoure et aux talents. Amour ardent.

Renversé : liaison de peu de durée.

Le *sept de trèfle* annonce amie dévouée; ordre, économie, gain honnête.

Renversé : retard dans l'accomplissement des désirs ou dans le succès d'une entreprise.

Les Carreaux.

L'*as de carreau* annonce toujours une nouvelle prochaine, une lettre dont le contenu est indiqué par les cartes qui suivent. Suivi d'un cœur : c'est lettre d'amour, d'un trèfle, affaire d'argent, d'un carreau, jalousie, injures, d'un pique, tristesse, maladie, argent à donner. Il signifie souvent messager peu discret.

Le *roi de carreau* est un homme hautain, arrogant, emporté, sans scrupules, volage en amour, de relations difficiles, flatteur et vil devant ceux qui peuvent lui être utiles. Pour un jeune homme, c'est un rival; pour un vieillard, ami dévoué; pour une jeune fille, prétendant ou amant respectueux et serviable s'il est suivi d'un cœur, honnête et obligeant accompagné d'un trèfle; intéressé et égoïste avec un carreau, trompeur et avare avec un pique.

Renversé : approche d'un danger dont on sortira par sa propre habileté.

La *dame de carreau* est une femme jalouse, intéressée, querelleuse, sans cœur et sans honneur; rampante avec ceux dont elle a besoin, elle écrase de son mépris ceux qui sont au-dessous d'elle. C'est presque toujours une intrigante, qu'elle soit la fiancée du jeune homme pour qui on tire les cartes, ou la rivale de la jeune fille. Suivie ou précédée d'un trèfle ou d'un carreau, elle est modeste, bien élevée et aimable; d'un carreau, elle est au contraire égoïste, intéressée et acariâtre; d'un pique, fausse, trompeuse et fourbe.

Renversée : calomnies, médisances qui resteront sans effet et ne produiront point de mal.

Le *valet de carreau* est un jeune homme emporté, bruyant, souvent déloyal et fourbe, presque toujours flatteur et hypocrite.

Renversé : c'est un homme cruel et emporté, qui apporte joyeusement de mauvaises nouvelles.

Le *dix de carreau* annonce toujours des voyages, soit par terre, soit sur mer, de longue durée s'il est placé entre deux piques, courts et heureux placé entre deux cœurs; infructueux au point de vue de la fortune, placé entre deux trèfles.

Le *neuf de carreau* signifie en général affaires fâcheuses, contretemps, rupture en amour. Suivi d'un cœur, il annonce bonnes nouvelles, d'un trèfle succès d'argent, d'un carreau ou d'un pique, ennuis, mécontentement.

Le *huit de carreau* présage toujours voyages par terre ou par eau, heureux s'il est accompagné de deux cœur, avantageux accompagné de deux trèfles : sans importance et plutôt désavantageux accompagné de deux piques.

Le *sept de carreau* accompagné de cœurs ou de trèfle signifie élévation, dignités, fortune et réussite; avec des carreaux ou des piques, il veut dire ennuis, médisance, grossesse probable.

Les Piques.

L'*as de pique* est toujours d'un excellent augure; il veut dire persévérance et succès; bonheur en mariage, succès en amour, fortune brillante, avenir assuré.

Retourné : même sens, mais les succès sont passagers, le bonheur éphémère, la fortune fragile.

Le *roi de pique* est un faux ami, un mauvais parent, un mari brutal et avare, un méchant homme à coup sûr envieux, jaloux, cherchant à nuire. Il présage souvent de la brouille dans un ménage, des contrariétés et des tribulations, des pertes d'argent, des procès, des chagrins.

Retourné, ce même personnage est réduit à l'impuissance et en butte au mépris des autres.

La *dame de pique* est une femme brune ou une veuve, une fausse amie, une mauvaise parente, jalouse, médisante, sans scrupule. Sa présence est toujours de mauvais augure, car elle représente un obstacle presque insurmontable aux succès des entreprises quelles qu'elles soient.

Le *valet de pique* est un garçon brun, d'un naturel avare, méchant, hautain. Ami sans délicatesse et sans loyauté, parent égoïste et violent, il cherche à faire le mal, surtout à ceux dont il se proclame l'ami.

Le *dix de pique* est signe de tristesse, de deuil. Les espérances sont déçues, les projets abandonnés; les amis vous trahissent, les parents vous abandonnent, vous êtes condamné à une suite de désillusions et de chagrins.

Renversé : triomphe prochain sur un ennemi puissant.

Le *neuf de pique* annonce rupture, catastrophe, deuil, longue douleur.

Renversé : chagrins domestiques, perte de la fortune, déboires de toutes sortes.

Le *huit de pique* signifie violente contrariété, afflictions, larmes, danger de mort.

Renversé : simple querelle, affaire d'honneur.

Le *sept de pique* annonce chagrins d'amour, querelles et ruptures passagères, contrariétés de peu de durée.

Retourné : tristesse légère suivie d'une grande joie et d'un bonheur inattendu.

IV. — Groupements des différentes cartes.

Après avoir étudié la valeur absolue des différentes cartes, il faut étudier leur valeur relative, qui dépend de leur place par rapport aux autres et de leurs groupements.

Les As.

Quatre as signifient nouvelles très importantes, d'un intérêt très grand et devant arriver très promptement. Mauvaises nouvelles, le plus souvent : deuils, maladies, peines de cœur, rupture, grands chagrins d'amour, toutes nouvelles qui doivent plonger l'âme dans le désespoir, anéantir toute énergie, tout besoin d'agir.

Si un ou deux as sont renversés, le danger est moindre, mais il est inévitable.

Trois as annoncent des chagrins d'amour, froideur chez l'être aimé, infidélité, tentations de rupture, menaces d'abandon, mais ces tristesses et ces ennuis sont passagers.

Deux as signifient en général union avec une autre personne, soit avantageuse et pour faire le bien si ce sont les as de cœur et de trèfle, soit infructueuse et en vue de faire le mal si ce sont les as de pique et de carreau; quand les deux as sont l'un d'une couleur favorable, l'autre d'une couleur défavorable, le résultat du rapprochement est indiqué par les cartes qui suivent ou précèdent.

LES ROIS.

Quatre rois annoncent infailliblement de grands honneurs, un avancement rapide, de hautes dignités, des protections influentes, une fortune considérable, une destinée brillante; ils indiquent toujours succès dans les entreprises quelles qu'elles soient et renommée, surtout dans la carrière d'artiste.

Trois rois présagent toujours des affaires importantes dont l'issue préoccupe; le résultat sera heureux si les trois rois se présentent debout, sinon, si l'un d'eux est renversé, le succès sera très compromis. En somme ils annoncent la fin bonne ou mauvaise de graves inquiétudes.

Deux rois indiquent aussi une entreprise commencée qui réussira si l'un des deux n'est pas renversé, auquel cas le succès serait douteux; ils dénotent toujours de la sagesse dans les projets et dans la conduite.

LES DAMES.

Quatre dames annoncent des bavardages, des caquets de toutes sortes : calomnies, médisances qui auront lieu dans des réunions joyeuses, au milieu des partis de plaisir ou de visites, elles présagent des plaisirs de peu de durée.

Si l'une d'elles est renversée, c'est toujours signe de débauche, de licence, d'impudeur.

Trois dames sont les messagères de mauvais projets, de tromperie, de propos malicieux; si elles sont renversées, il y a danger de mort, qui diminue au cas où deux seulement ou une sont retournées. Malgré tout contrariétés, dangers imminents, obstacles presque insurmontables par suite de bavardages et de calomnies.

Deux dames signifient un secret mal gardé, des confidences de peu d'importance, des chagrins passagers dus encore à des caquets et à des médisances.

Renversées, elles souffriront seules du mal qu'elles auront voulu faire. Une seule retournée est une rivale dangereuse dont il faut se méfier.

Les Valets.

Quatre valets annoncent ivresse, débauche, manque de pudeur et de sens moral, dans tous les cas réunion bruyante qui ne peut amener après elle que des contrariétés et des embarras.

Les faits sont moins graves si l'un ou l'autre est renversé.

Trois valets présagent des chagrins, des peines venant de mauvaises fréquentations qui ont compromis l'honneur et de façon presque irrémédiable. Si l'un d'eux est renversé, le danger est moins grave; il est nul s'ils le sont tous les trois.

Deux valets amènent avec eux un danger très prochain, une trahison douloureuse d'un ami ou d'une personne aimée, une menace bien fondée de la perte des biens.

Renversés, ils ont la même signification.

Les Dix.

Quatre dix annoncent un succès infaillible en toutes choses la conquête de hautes dignités, l'acquisition de grands biens, le gain de richesses considérables.

L'un d'eux ou plusieurs renversés, les projets avortent; tous les quatre, c'est danger là où il y avait joie et certitude.

Trois dix signifient perte de procès, querelles, discordes dans la famille, presque toujours ruine, en tout cas, de grands embarras, de graves ennuis.

L'un d'eux ou tous renversés, le danger est moins grand.

Deux dix présagent un héritage inattendu, une fortune imprévue, plus lointaine si l'un des deux dix est renversé, fort éloignée s'ils le sont tous les deux.

Les Neuf.

Quatre neuf annoncent des événements imprévus, heureux en général, mais plus ou moins éloignés selon que l'une des cartes est renversée ou non.

Trois neuf sont toujours signes de bonheur, de réussite complète dans toutes les entreprises, particulièrement dans les affaires d'argent et dans le commerce.

Renversés, ils annoncent des discussions, des ennuis de peu de durée.

Deux neuf annoncent une destinée prospère et heureuse, des sujets de contentement après de graves préoccupations.

Renversés, ils veulent dire petits ennuis passagers.

Les Huit.

Quatre huit indiquent toujours un changement de situation après beaucoup d'ennuis; ce changement sera heureux après qu'on aura essuyé plusieurs revers.

Retournés, ils veulent dire calme et tranquillité.

Trois huit annoncent mariage dans la famille, mariage d'inclination le plus souvent, et mariage prospère et heureux.

Renversés, ils disent maladies, licence, débauche et souvent ruine.

Deux huit signifient petites amourettes, plaisirs passagers, liaisons de peu de durée.

Renversés, ils veulent dire remords, expiation.

Les Sept.

Quatre sept annoncent des embûches, des pièges, des obstacles de toutes sortes dus au mauvais vouloir et à la jalousie de plusieurs personnes et sous lesquels il faudra succomber.

Retournés, ils indiquent qu'on vaincra facilement ces ennemis peu dangereux.

Trois sept présagent une grossesse suivie de chagrins et de grands remords; des embarras, des soucis, de graves tristesses bien fondées.

Renversés : grand bonheur suivi d'un petit ennui.

Deux sept veulent dire amour honnête et partagé.

Renversés : tromperie, infidélité.

La valeur particulière d'une carte a donc peu d'importance, il faut quand on tire les cartes s'en rapporter aux cartes qui précèdent, suivent, touchent les cartes représentant la personne pour qui on consulte l'oracle. C'est le groupement seul des cartes qui peut permettre de donner des renseignements précieux sur l'avenir et les événements présents.

V. — Diverses méthodes pour battre les cartes.

Il y a pour tirer les cartes plusieurs méthodes, depuis celle du grand Etteila jusqu'aux méthodes actuelles française et italienne, qui reposent toutes deux sur les principes posés par Mlle Lenormand; il y a presque autant de façons différentes de tirer les cartes que de cartomanciens différents.

Nous dirons quelques mots simplement sur la méthode d'Etteila; nous étudierons d'une façon plus détaillée la méthode de Mlle Lenormand, et nous nous arrêterons surtout sur les méthodes italienne et française, qui ne diffèrent que par des points de détail.

Méthode du Grand Etteila.

Etteila est le grand maître de la cartomancie, qui n'a commencé à régner en France qu'au XVIIIe siècle; Mlle Lenormand ne vient que plus tard.

Quoique un peu tombée en désuétude, la méthode d'Etteila est encore pratiquée aujourd'hui.

On prend un jeu ordinaire de 32 cartes auxquelles on ajoute une carte blanche avec le numéro 1; on met de côté l'as de cœur, l'as de pique et le neuf de pique, et on numérote toutes les autres cartes en commençant par l'as de carreau, auquel on donne le numéro 2; après les carreaux, les cœurs, puis les piques et enfin les trèfles dans l'ordre indiqué : as, roi, dame, valet, dix, neuf, huit, sept. La carte blanche porte donc le numéro 1, l'as de carreau 2, et le sept de trèfle 30, puisqu'on n'a numéroté ni l'as de cœur, ni l'as, ni le neuf de pique.

Les cartes ainsi préparées, on les bat, on les coupe de la main gauche. On met la troisième et la trente-troisième de côté ; elles constitueront la surprise. Puis on prend les douze premières cartes et on les étend à découvert de droite à gauche. Si le numéro 1 qui représente le consultant se trouve dans les douze cartes, on peut commencer l'explication ; sinon, il faut

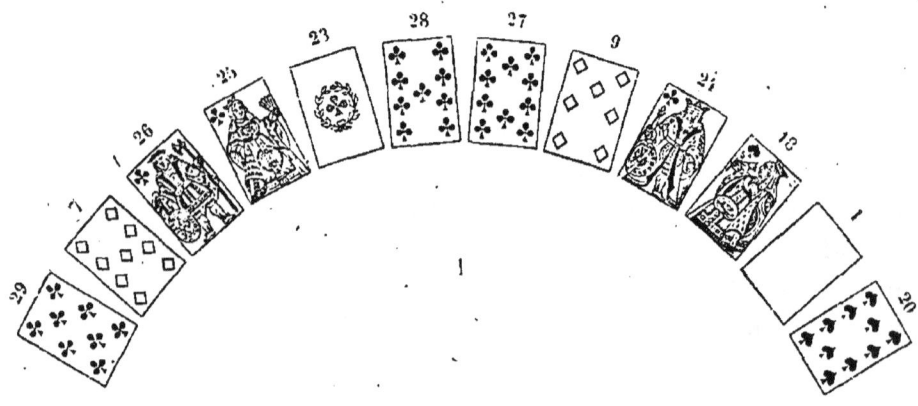

recommencer, battre de nouveau les cartes, les faire couper jusqu'à ce que le numéro 1 se trouve dans les douze premières cartes.

Les 12 cartes sont placées comme l'indique la *figure 1*. Pour en montrer la signification, reportons-nous à ce qui a été dit sur le sens particulier de chaque carte. Remarquons que les cartes ne sont point renversées, puisque tous les numéros indiqués se trouvent dans le haut.

Voilà ce qu'on lit :

Grande joie prochaine (huit de trèfle), mais gâtée par une querelle amoureuse (neuf de carreau), qui sera apaisée par un jeune homme adroit et brave (valet de trèfle) et par une femme instruite et aimante (dame de trèfle).

Un héritage très prochain (as de trèfle), qui cause une joie inattendue (neuf de trèfle) et assure une grande réussite en matière de finances (dix de trèfle).

Mais une maternité probable; de violents ennuis (sept de carreau), qui auront pour auteur un homme aimant, plein de bons sentiments (roi de trèfle), et une femme ardente, impérieuse (dame de pique), qui fera échec à tous les projets, mais qui ne causera à la consultante (carte blanche) qu'un chagrin de peu de durée (dix de pique).

On additionne ensuite les chiffres des douze cartes.

Huit de trèfle	29
Neuf de carreau	7
Valet de trèfle	26
Dame de trèfle	25
As de trèfle	23
Neuf de trèfle	28
Dix de trèfle	27
Sept de carreau	9
Roi de trèfle	24
Dame de pique	18
Carte blanche	1
Dix de pique	20
	237

Cela signifie que ces faits s'accompliront dans un délai de deux cent trente-sept jours.

On relève ensuite les cartes deux par deux : l'une à droite du jeu, l'autre à gauche.

Ainsi : dix de pique et huit de trèfle. Chagrin de peu de durée contre-balancé par une grande joie.

Neuf de carreau et carte blanche. Querelle d'amour pour le consultant.

Dame de pique et valet de trèfle. Une ennemie en lutte avec un ami adroit et rusé.

Alliance d'un bon ami et d'une femme qui vous est dévouée pour vous protéger (roi et dame de trèfle).

Ennuis causés par un héritage prochain qui engendrera des querelles (sept de carreau et as de trèfle).

Neuf et dix de trèfle. Fortune acquise par des spéculations financières.

On relève les cartes mises de côté pour la surprise et on trouve : As de pique et neuf de pique debout. As de pique : Passion violente, succès en amour; neuf de pique, deuil, long chagrin causé par cette passion.

Nous ne pouvons additionner les chiffres représentant ces deux cartes; elles ne sont point numérotées; cela signifie que le danger est imminent et le chagrin très prochain.

On peut encore obtenir une réponse à une question de la manière suivante.

Exemple : La personne à laquelle je pense m'aime-t-elle?

Je bats les cartes, je coupe de la main gauche et j'étends les cinq premières de droite à gauche le visage découvert; c'est : le dix de pique, le neuf de carreau, l'as de carreau, l'as de cœur et le neuf de trèfle.

Je me reporte aux explications précédentes et je traduis : Cette personne éprouve une légère peine (dix de pique), rencontre un obstacle, un contretemps (neuf de carreau) dont elle triomphera facilement grâce à une lettre d'amour, à un événement joyeux qui vous causera à tous les deux un bonheur inattendu.

J'additionne les numéros :

Dix de pique	20
Neuf de carreau	7
As de carreau	2
As de cœur	0
Neuf de trèfle	28
	57

Cette prédiction s'accomplira dans cinquante-sept jours. On voit donc que la façon de procéder est simple, facile à appliquer et très sûre.

MÉTHODE DE Mlle LENORMAND.

Mlle Lenormand faisait usage de trente-six cartes, les cartes dont on a vu déjà la signification, plus les quatre deux.

Le *deux de cœur* représente la personne pour qui l'on tire les cartes. Cette carte est très importante, car l'ensemble des prédictions est dominé par la signification que lui donnent les cartes qui l'entourent et principalement celles qui la touchent directement.

Le *deux de trèfle* est le confident du consultant; les cartes qui l'accompagnent indiquent si ce confident donne de bons ou de mauvais conseils.

Le *deux de carreau* est encore un confident, mais le consultant peut lui attribuer tel nom qui lui convient. Le sens est donné par les cartes qui le touchent.

Le *deux de pique* est de même un confident, en général peu dévoué et peu loyal.

Il faut encore pour tirer les cartes d'après la façon de Mlle Lenormand avoir devant soi un tableau divisé en trente-six cases numérotées et semblable au tableau représenté par la figure 2.

On mêle les cartes, on les fait couper de la main gauche et on les pose dans les différentes cases par rangs de neuf en allant de droite à gauche.

Sur chaque carte on écrit le nom du nombre correspondant à la case indiquée. Puis la personne qui tire ou se fait tirer les cartes en désigne deux sur lesquelles elle veut avoir des renseignements spéciaux.

Les trente-six cartes ainsi posées sur la table, on examine attentivement la place occupée par celle qui a été désignée et surtout les différentes cartes d'accompagnement, à droite, à gauche, en haut, en bas de la carte ou des cartes désignées.

Exemple : fig. 3. J'ai désigné le deux de cœur comme me représentant, le roi de cœur celui que j'aime. Le deux de cœur est au numéro 24. Élévation. Comme cartes d'accompagnement : Numéro 15 as de cœur. Numéro 33 as de pique. Numéro 23 valet de pique. Numéro 25 roi de carreau.

L'as de cœur signifie ma maison ; l'as de pique persévérance, fortune brillante, avancement rapide ; le valet de pique : personnage hautain et méprisable ; le roi de carreau suivi d'un trèfle, ami fidèle, honnête, obligeant. Étant donnés les quatre numéros, cela signifie : Je suis dans une position assez élevée, tout prospère dans ma maison et je puis prévoir une carrière brillante. Mais j'ai un ami peu scrupuleux dont les calomnies seront détruites par cet ami obligeant et serviable que représente le roi de carreau.

La personne que j'aime est le roi de cœur. Numéro 16 : cartes d'accompagnement. Numéro 7 : sept de trèfle. Numéro 25 : roi de carreau suivi de trèfle et précédé de cœur. Numéro 15 : as de cœur. Numéro 17 : roi de pique.

En se reportant à la signification particulière des cartes et au sens de chaque numéro des différentes cases, cela signifie : Celui que j'aime veut se marier avec moi ; sa maison prospère, mais son bonheur est menacé par un faux ami ; il a une amie injuste qui essaie de lui nuire, mais un bon parent et un véritable ami font aboutir tous ses projets.

Il s'agit donc tout simplement de savoir combiner les données particulières à chaque carte avec le sens que leur impose leur place sur les différentes cases et les groupements dus au hasard.

C'est là une méthode intéressante et les prédictions obtenues de cette façon se réalisent souvent.

Il paraît qu'elles ont été vraies pour Napoléon et qu'elles lui

1	2	3	4	5	6	7	8	9
Projet.	Satisfaction.	Réussite.	Espérance.	Hasard.	Désir.	Injustice.	Ingratitude.	Association.
10	11	12	13	14	15	16	17	18
Perte.	Peine.	État.	Joie.	Amour.	Prospérité.	Mariage.	Affliction.	Jouissance.
19	20	21	22	23	24	25	26	27
Héritage.	Trahison.	Rival.	Présent.	Amant.	Élévation.	Bienfait.	Entreprise.	Changement.
28	29	30	31	32	33	34	35	36
Fin.	Récompense.	Disgrâce.	Bonheur.	Fortune.	Indifférence.	Faveur.	Ambition.	Indisposition.

ont prédit et la gloire immense, le rayonnement de son nom à travers le monde et la défaite irrémédiable, la déchéance funeste de la fin.

Méthode française.

D'après la méthode française, il y a différentes manières de tirer les cartes par sept, par douze, par quinze, par vingt et un, par la méthode de la grande étoile.

Manière de tirer les cartes par sept. — On prend un jeu de trente-deux cartes, on bat bien les cartes, on fait couper de la main gauche; on compte jusqu'à sept, on met la septième à part et on continue l'opération jusqu'à ce qu'on ait douze cartes.

On étend ces douze cartes sur la table, on les place à côté les unes des autres; si la personne n'est pas sortie, on prend une dame de même couleur pour une femme, un roi pour un homme, et au besoin un sept.

Puis on applique les règles données.

Combien de cartes de même valeur?

Deux rois renversés tous les deux (le numéro l'indique): succès douteux. (Fig. 4.).

Trois dames renversées, plaisirs indélicats; caquets.

Deux dix : fortune inattendue; un revers dans quelque temps.

Deux neuf debout : prospérité.

Deux huit, un renversé : amourette, remords.

On commence ensuite par la carte qui représente la personne, la dame de trèfle par exemple, et on compte jusqu'à sept en s'arrêtant à la septième carte, dont on dit la valeur; on recommence à la huitième, et ainsi de suite jusqu'à ce qu'on soit revenu à son point de départ.

Exemple : huit de trèfle : grande joie prochaine. Dame de

carreau renversée; malgré les médisances d'une méchante femme (blonde), votre ennemie, et (dame de pique) de votre rivale (brune), violente, ardente, impérieuse, lettre (as de carreau) amicale (neuf de cœur) qui vous donne beaucoup de joie. Mais embûche dressée par un homme hautain (roi de carreau renversé) dont vous triompherez (huit de carreau).

Amour violent : Mariage avec un homme bon, affable, de haute position (roi de cœur). On relève ensuite les douze cartes, on les

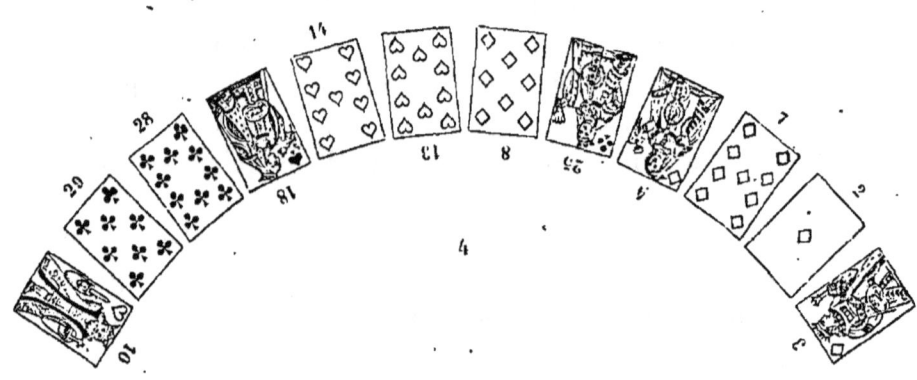

bat, on les coupe, on les divise en quatre paquets en disant *pour vous, pour la maison, pour ce qui en sera, pour la surprise*, et on explique (nous tirons sans reproduire les cartes) :

Exemple : *1ᵉʳ paquet* : Pour vous :

Dame de pique debout : rivale redoutable qui tient de mauvais propos sur vous (huit de carreau) auprès de celui que vous aimez (roi de cœur.)

2ᵉ paquet. Pour la maison : Succès financiers (dix de trèfle) grâce à une dame instruite et aimable (dame de trèfle) qui a une liaison de peu de durée (huit de trèfle renversé).

3ᵉ paquet. Ce qui en sera : Neuf de carreau, contretemps, querelle d'amour (neuf de trèfle), grâce à une méchante femme blonde (dame de carreau).

4° *paquet*. Surprise : Lettre (as de carreau) d'amour (dix de cœur) d'un monsieur hautain, redoutable, mais facile à vaincre (roi de carreau).

Manière de tirer les cartes par douze. — Battez les cartes, coupez-les, prenez les douze premières cartes telles qu'elles viennent sans les retourner, retournez la treizième et mettez sur la table celle de dessus le talon, qui forme ainsi la quatorzième. Ces deux dernières cartes ne comptent point dans l'ensemble; leur signification est pour ainsi dire accessoire.

Avec les douze premières opérez de la même façon que précédemment.

Manière de tirer les cartes par vingt-sept. — Battez les trente-deux cartes, faites couper, laissez les onze premières de côté et étendez les 21 autres cartes; si le consultant s'y trouve, opérez comme précédemment, sinon recommencez.

La seule différence avec la façon de faire précédente consiste en ce que les trois premiers tas sont de six et celui de la surprise n'est que de trois.

Cartes tirées par quinze. — C'est la méthode de tirage la plus employée. Après avoir mêlé un jeu de trente-deux cartes, on coupe de la main gauche si on opère soi-même, ou on fait couper; on fait deux paquets de seize cartes chacun, on fait choisir l'un de ces paquets, puis on met la carte de dessus à côté pour la surprise et on étale les quinze autres. On regarde si la carte représentant le consultant s'y trouve; si elle ne s'y trouve pas, on rassemble les cartes, on les mêle de nouveau et on recommence jusqu'à ce que le consultant s'y trouve.

Exemple (fig. 5) :

Les cartes se suivent dans l'ordre indiqué par la gravure.

J'y trouve :

Deux as dont un renversé : alliance avec quelqu'un pour faire le mal (carreau et pique).

Deux rois renversés : succès dans les entreprises.

Deux dames debout : bavardages, médisances.

Trois dix debout : ruine, discordes, perte de procès.

Deux neuf debout : prospérité, joie.

Deux huit renversés : remords, ennuis.

On commence ensuite à compter par neuf à partir du consultant le roi de cœur.

La neuvième carte (dame de carreau), est une ennemie violente; sur laquelle nous recommençons à compter. A la neuvième carte (dix de pique), nous disons chagrin passager, puis (huit de cœur) une jeune fille blonde éprouve (sept de cœur) un léger chagrin. Ensuite (as de pique), joie, malgré (roi de carreau et valet de pique) ennemis puissants, grâce à une dame aimable et instruite (dame de trèfle). Ennuis (neuf de carreau) d'amour (dix de cœur), mais ensuite mariage avec une jeune fille brune (huit de trèfle); richesse (neuf et dix de trèfle) annoncée par une lettre (as de carreau) au consultant, roi de cœur.

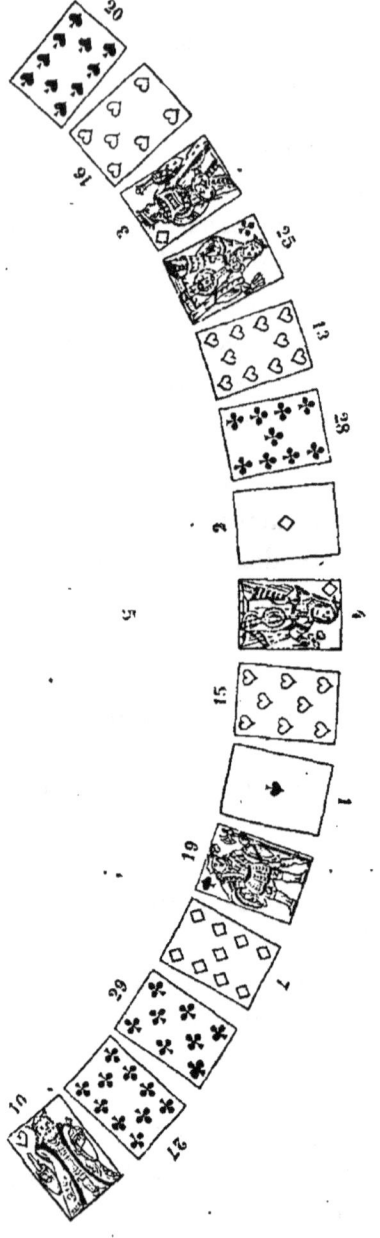

L'explication terminée, nous relevons les quinze cartes. Nous prenons la première carte de ces paquets, que nous joignons à la carte de la surprise. Le consultant désigne les paquets : un pour lui, un pour ce qu'il n'attend pas, un pour la maison.

Nous les relevons, nous donnons aux cartes leur valeur individuelle et relative, et nous terminons par la surprise. Ceci nous donne par exemple :

1er tas. — Pour lui :

Roi de carreau.	Homme hautain.
As de carreau.	Lettre
As de pique renversé.	qui aboutit à un résultat désastreux
Huit de trèfle renversé.	à propos d'une liaison passagère.

2e tas. — Ce qu'il n'attend pas :

Sept de cœur renversé.	Tristesse
Roi de cœur.	d'un homme bon et serviable
Huit de cœur renversé.	à propos d'une dame volage ;
Neuf de carreau renversé.	le tout aboutit à une rupture.

3e tas. — Pour sa maison :

Dix de trèfle.	Réussite financière malgré
Valet de pique.	la trahison d'un ami,
Dame de carreau.	les bavardages d'une femme,
Dame de trèfle.	grâce à une excellente amie.

4e tas. — Surprise :

Valet de trèfle.	Jeune homme fin et adroit
Dix de cœur.	éprouve un amour ardent, partagé du reste ;
Neuf de trèfle.	bonheur inattendu
Dix de pique.	malgré un chagrin de peu de durée.

Manière de tirer les cartes, d'après la grande étoile.

La grande étoile se compose de 22 cartes. Voici comment on procède pour la faire.

Le consultant est, nous le supposons, une femme châtain foncé : la dame de trèfle.

Nous posons la dame de trèfle sur la table. Nous battons les 31 cartes restantes, nous faisons couper et nous rejetons les 10 premières cartes. Nous plaçons la onzième aux pieds de la dame de trèfle ; nous faisons couper et nous plaçons la première carte à la tête de la dame, nous faisons couper et nous plaçons la première carte à gauche ; on coupe de nouveau, la première à droite, et ainsi de suite dans l'ordre qu'indiquent les numéros de la figure 6.

Pour expliquer ces cartes, on commence par :

1° Le plus long rayon de gauche, 14 et 16. Dix de cœur et sept de cœur : amour heureux, chaste, pur ; 21 et 19, roi de trèfle, huit de carreau, grande joie, grâce à un ami dévoué ; 15 et 17, valet de cœur et valet de carreau : deux amis, l'un loyal, l'autre malhonnête, qui se disputent l'amitié du consultant.

20 et 18. As de cœur et sept de trèfle. Nouvelle joyeuse annonçant bonheur en amour et gain inespéré.

2° *Explication du deuxième rayon* : 6 et 12. Huit de cœur, neuf de carreau : contretemps en amour à cause d'une femme blonde.

9 et 11. Sept de carreau et neuf de pique.

Grand chagrin malgré des efforts persévérants pour arriver.

7 et 13. Valet de trèfle. Roi de cœur : 2 amis dévoués et serviables.

8 et 10. Valet de pique et roi de carreau : 2 ennemis redoutables.

3° *Troisième rayon* : 3 et 4 : roi de pique, huit de pique : Méchant homme qui met des obstacles à tous vos projets.

2 et 5. As de pique, as de trèfle : réussite en matière d'argent.

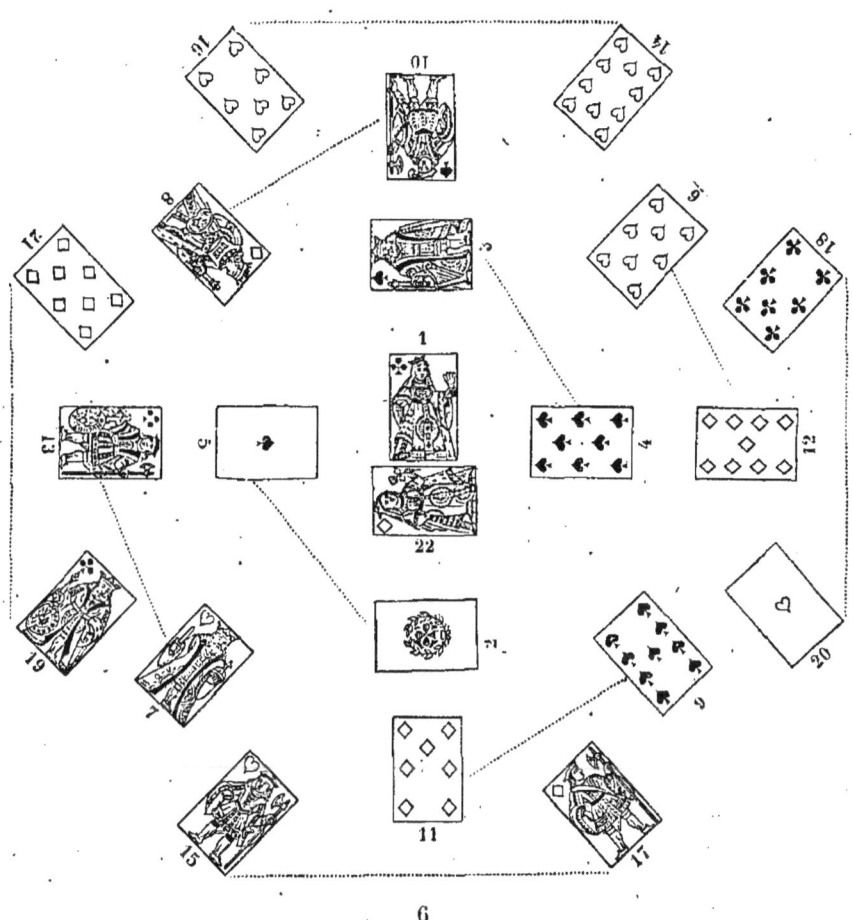

Reste la dernière carte en travers de la dame de trèfle : la dame de carreau : grands ennuis causés par les bavardages, les médisances d'une dame blonde, jalouse, violente, tracassière.

Pour avoir exposé complètement la méthode française, il faut encore parler des réussites.

Nous les étudierons après avoir parlé de la méthode italienne, comme complément aux données particulières et relatives des cartes.

VI. — Méthode italienne.

La méthode italienne diffère peu de la méthode française. Voici comment elle procède.

Après avoir bien battu les cartes, vous les coupez ou les faites couper de la main gauche; vous retournez les cartes trois par trois. Chaque fois que parmi ces cartes il s'en trouve deux de même couleur, on met de côté la plus forte des deux; si elles sont toutes les trois de même couleur, on les met de côté toutes les trois; si elles sont de couleurs différentes, on n'en prend aucune. On bat de nouveau les cartes, à l'exception de celles qui ont été mises de côté; on fait couper et on recommence à tirer les cartes trois par trois jusqu'à ce qu'on ait obtenu quinze cartes, parmi lesquelles doit se trouver celle qui représente le consultant. Si elle ne s'y trouve pas, il fait recommencer le tout jusqu'à ce qu'elle se présente. On étend ensuite ces quinze cartes.

C'est par ce moyen qu'a été obtenu le jeu indiqué par la figure 7.

La femme pour qui l'on consulte est brune; elle est représentée par la dame de trèfle :

Trois as.	Ennuis, infidélité d'amour.
Trois rois dont deux renversés.	Succès douteux dans une affaire grave.
Trois dames.	Mauvais projets, tromperie, danger de mort, parce qu'elles sont debout toutes les trois.
Trois valets.	Chagrins, honneur compromis.

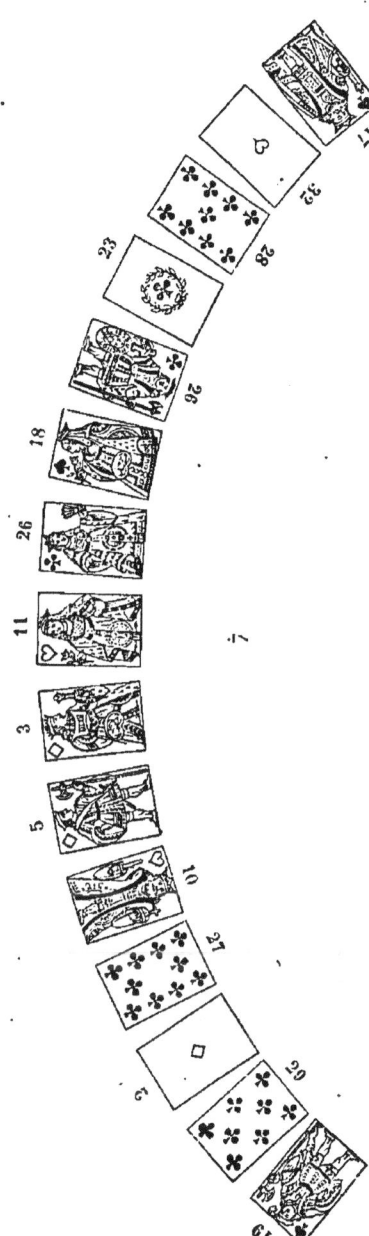

Je compte ensuite 5 à partir de la dame de trèfle et j'arrive au neuf de trèfle : bonheur inattendu. Je continue : neuf de trèfle, 1, puis 2, 3, 4, 5 ; huit de trèfle renversé : amour de peu de durée ; et je continue à compter 5, en répétant 1 sur la dernière carte nommée valet de carreau : mauvais sujet, traître qui s'unit à une ennemie brune et méchante (dame de pique), pour troubler (as de cœur renversé) un grand bonheur d'amour (as de carreau). Lettre d'un personnage autoritaire et emporté (roi de carreau), qui s'allie à un fat (valet de trèfle renversé), et à un homme violent et puissant (roi de pique), pour mettre des obstacles à une entreprise financière (dix renversé), qui réussit cependant. Une amie (dame de cœur), divorcée, affable, vous annonce une grande fortune malgré les intrigues d'un homme peu délicat, de mauvaises mœurs et cruel (valet de pique). (Roi de cœur), personne aimée qui se marie avec la consultante.

Je bats ensuite les cartes et j'en fais cinq paquets :

Le premier pour le consultant, le deuxième pour la maison, le troisième pour ce que l'on attend, le quatrième pour ce qu'on n'attend pas, et le cinquième pour la surprise; on réserve la dernière carte pour la consolation, de sorte que le paquet de la surprise se compose de deux cartes. Nous trouvons :

1er tas. — Pour le consultant :

Dame de cœur.	Amie dévouée grâce à laquelle réussit
Dix de trèfle.	une grande affaire financière malgré
Roi de pique.	un méchant homme.

2e tas. — Pour la maison :

Roi de cœur.	Ami sincère réussit dans une entreprise
As de trèfle.	financière,
Dame de trèfle.	ce qui lui permet le mariage avec vous,

3e tas. — Ce que l'on attend :

Huit de trèfle renversé.	Liaison passagère combattue
Valet de pique.	par un faux ami
Dame de pique.	et une ennemie perfide.

4e tas. — Ce que l'on n'attend pas :

Valet de trèfle.	Jeune homme rusé et hardi cause
Neuf de trèfle.	le gain d'un procès malgré
Valet de carreau.	les fâcheuses nouvelles apportées par un homme méchant, suffisant et malhonnête.

5e tas. — Surprise :

Lettre (as de carreau) d'un personnage influent, despote et tracassier (roi de carreau).

Consolation : Un grand bonheur en amour (as de cœur).

VII. — Méthode mixte.

La méthode la plus généralement employée est la suivante :

Le roi de cœur	représente	un homme blond marié,
Le roi de trèfle	—	un homme brun marié,
La dame de cœur	—	une dame ou une demoiselle blonde,
La dame de trèfle	—	une dame ou une demoiselle brune,
Le valet de cœur	—	un jeune homme blond,
Le valet de trèfle	—	un jeune homme brun.

On bat les cartes après avoir choisi à l'avance celle qui représentera le consultant, on fait couper de la main gauche et on retourne les cartes trois par trois.

Chaque fois que dans ces trois cartes se trouvent deux ou trois cartes de la même couleur (deux ou trois piques, deux ou trois cœurs), etc., on prend la plus forte, et on la met à part. L'as est la plus forte carte. Viennent ensuite le roi, la dame, le valet, le dix, le neuf, le huit, le sept.

Si les trois cartes ont la même valeur (trois as, trois rois, trois dix, etc.), on les prend toutes les trois.

Quand tout le jeu a été vu, on bat et on coupe à nouveau les cartes qui n'ont pas été mises à part, jusqu'à trois fois ; si le nombre de cartes est pair, on en tire une supplémentaire pour en avoir 13, 15, 17, 19 ou 21.

On les étale en éventail dans l'ordre où elles ont été prises et, après avoir examiné s'il y a des rencontres de cartes de même valeur et avoir donné leur signification, on compte les cartes par cinq en commençant par la figure qui représente la personne pour laquelle on consulte ; on s'arrête sur la cinquième carte, qu'on interprète.

Puis, partant de cette cinquième carte, on compte jusqu'à cinq et on continue jusqu'à ce qu'on soit revenu au point de départ. L'interprétation de ces diverses cartes permet de prédire l'avenir à la personne qui consulte.

Exemple : La figure 8 montre le résultat de l'emploi de cette méthode pour un monsieur blond qui est représenté par le roi de cœur.

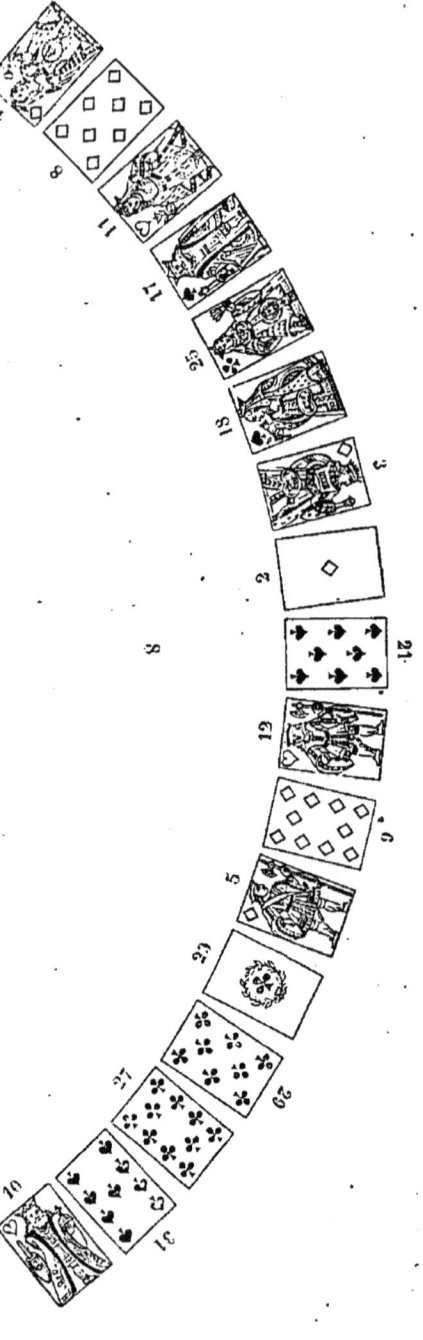

2 as : Alliance pour le mal et pour le bien.
3 rois dont un debout : Affaire grave avec succès certain, mais long à paraître.
4 dames : Médisances. Caquets. Calomnies.
2 valets. : Trahison, danger prochain parce qu'ils sont renversés.

2 dix dont un renversé : Fortune inattendue mais assez lointaine.
3 huit : Amours honnêtes, nouveau mariage.

Je cherche la valeur particulière de chaque carte en comptant par cinq comme il est dit précédemment.

Roi de pique. Méchant homme, quoique puissant, écrit une lettre (as de carreau), qu'il envoie par un fâcheux personnage (valet de carreau), qui annonce grand chagrin (neuf de pique), une catastrophe imprévue, dont une dame blonde (dame de cœur) très aimable essaie de consoler. Un faux ami, violent et tracassier (roi de carreau), fait entreprendre un voyage (dix de carreau), qui aboutit à un gain considérable (dix de trèfle), malgré les méchants propos (huit de carreau) d'une dame brune très violente.

(Valet de cœur.) Un jeune homme blond, aimable, se marie avec une jeune et jolie jeune fille (huit de trèfle). Une méchante dame blonde (dame de carreau) essaie de faire du tort à une dame brune (dame de trèfle), et la met en danger de mort (huit de pique); mais grande joie (as de trèfle), fortune inespérée.

Suivent les 5 tas :

1ᵉʳ tas. — Pour le consultant :

Huit de carreau. Propos sans importance qui m'empêchent pas
As de trèfle. une complète réussite en matière de finances

2ᵉ tas. — Pour la maison :

Roi de carreau. Homme irritable et hautain aime
Dame de cœur. une jeune fille blonde très douce, mais
Huit de trèfle renversé. Liaison de peu de durée.

3ᵉ tas. — Ce qu'on attend :

Huit de pique.	Violente contrariété.
Dix de carreau.	Voyage qui amène
Neuf de pique renversé.	des chagrins domestiques, perte de la fortune.

4ᵉ tas. — Ce qu'on n'attend pas :

As de carreau.	Lettre
Dame de carreau.	d'une dame blonde
Dix de trèfle.	annonce réussite financière.

5ᵉ tas. — La surprise :

Valet de cœur.	Ami fidèle
Valet de carreau.	avec qui un traître amène une rupture
Roi de cœur.	pour le consultant.

VIII. — Les Réussites.

Les réussites se composent en général d'opérations très faciles que l'on peut très bien faire sans connaître l'interprétation absolue et relative de la valeur des cartes. Elles servent souvent de distractions et de passe-temps, mais peuvent aussi répondre à des questions posées.

On demande par exemple si on réussira à se faire aimer de telle ou telle personne, si tel projet réussira, si telle chose que l'on pense se produira.

Voici les réussites les plus en usage, celles qu'on fait toujours après avoir dit la bonne aventure à quelqu'un.

1° Réussite avec 32 cartes.

On arrange les cartes dans cet ordre : as, roi, dame, valet, dix, neuf, huit, sept, etc., jusqu'à la fin. Les cartes ainsi arrangées, on les fait couper sept fois de suite. On les retourne deux à deux. Pour que la réussite aboutisse et pour que la réponse à la question posée soit favorable, il faut que, malgré les coupes, les cartes sortent semblables jusqu'au bout : 2 as, 2 valets, 2 rois, etc. Autrement la réussite est mauvaise et la réponse est défavorable.

2° Réussite avec 32 cartes.

Battez les trente-deux cartes, faites couper de la main gauche et formez-en huit paquets en mettant les cartes sur chaque paquet, la figure en dessous. Cela fait, retournez la première carte de chaque paquet; s'il s'en trouve deux semblables, vous les relevez, vous retournez celles qui suivent et vous continuez ainsi à relever les cartes semblables. Si toutes les cartes sont ainsi relevées deux par deux (2 as, 2 rois, 2 dames, etc.), la réponse est favorable; s'il arrive un moment où les cartes sont dissemblables, la réussite n'aboutit pas et la réponse est défavorable.

3° Réussite avec 32 cartes.

Quand on a bien battu les cartes et qu'on a fait couper de la main gauche, on retourne les treize premières; si parmi ces cartes se trouvent un ou plusieurs as, on les met de côté; on mêle de nouveau les cartes, on fait couper et on retire les as, et ainsi une troisième fois. Si les quatre as sortent en trois fois, la réponse est favorable ; en deux fois, elle est meilleure ; du premier coup, excellente. S'ils ne sortent pas tous les quatre en trois fois, la réponse est défavorable.

IX. — Autres jeux.

Afin de rendre plus claire à nos lectrices la façon de tirer les cartes nous expliquons encore quelques jeux.

Premier Jeu.

Cartes tirées par quinze.

Je mêle un jeu de trente-deux cartes après avoir eu soin de numéroter au crayon les différentes cartes ; je coupe ou je fais deux paquets de seize cartes chacun ; j'en choisis un ; je mets la carte de dessus de côté pour la surprise et j'étale les quinze autres de gauche à droite. Si le consultant n'y est pas, je recommence jusqu'à ce que la carte le représentant soit dans le jeu.

Les quinze cartes se trouvent dans l'ordre suivant :

Sept de pique. Dame de carreau renversée, neuf de pique, dame de trèfle renversée, sept de carreau renversé, neuf de cœur, dix de pique renversé, valet de trèfle renversé, valet de cœur, valet de pique, as de pique renversé, dix de carreau, roi de carreau, sept de trèfle.

3 dames dont 2 renversées.	Manque de tenue, tromperie,
2 valets.	Chagrins, honneur compromis,
2 dix.	Fortune inattendue prochaine,
2 neuf.	Prospérité, joie,
3 sept.	Remords, douleurs.

Je compte ensuite par sept de gauche à droite en commençant par le consultant, la dame de trèfle. Valet de trèfle. Un ami fidèle, adroit et brave.

Je recommence à compter un sur le valet de cœur et arrivée à sept je dis : sept de pique. Petits chagrins d'amour et ainsi de suite :

Dix de pique.	Chagrins qui durent peu à la suite
Dix de carreau.	d'un voyage sans succès, entreprise hasardeuse
Sept de carreau.	qui amène des ennuis.
As de pique renversé.	Le résultat d'une entreprise est douteux.
Neuf de pique.	Une catastrophe imprévue atteint
Dame de cœur.	une amie sûre et véritable.
Sept de trèfle.	On fait un gain honnête et on
Neuf de cœur.	éprouve de la joie en amour malgré
Roi de carreau.	un homme désagréable mais très puissant,
Sept de carreau renversé.	qui attire des contrariétés, allié
Valet de pique.	avec un traître malhonnête et
Dame de carreau.	une femme fourbe.

Je rapproche la première carte de droite et la première carte de gauche et je dis :

Sept de pique et sept de trèfle.	Petits embarras d'argent.
Dame et roi de carreau.	Alliance de deux ennemis.
Neuf de pique et dix de carreau.	Voyage qui apporte une grande douleur.
Dame de trèfle et as de pique.	Succès dans une affaire pour la consultante.
Sept de carreau et valet de pique.	Ennuis causés par un ennemi.
Neuf de cœur et valet de cœur.	Heureux succès grâce à un ami sûr.
Dame de cœur et dix de pique.	Ami dévoué vous fait triompher d'un ennemi puissant.
Valet de trèfle.	Sot ami.

Je relève les cartes, je les bats, je les mets en paquets de cinq cartes; je prends la carte du dessus de chaque paquet pour la joindre à la carte de surprise.

La consultante désigne un paquet pour elle, un pour ce qu'elle n'attend pas, un pour la maison. Je les relève.

1ᵉʳ tas. — Pour elle :

Dame de cœur.	Amie dévouée qui détruit.
Sept de pique.	Petites contrariétés à la suite
Dix de carreau.	d'un voyage
Dame de trèfle.	de la consultante.

2ᵉ tas. — Ce qu'elle n'attend pas :

Valet de cœur.	Ami fidèle s'oppose aux méfaits
Dame de carreau.	d'une ennemie acharnée unie à
Roi de carreau.	un homme influent.
Neuf de cœur.	L'ennui dure peu.

3ᵉ tas. — Pour la maison :

Valet de pique.	Malgré les fourberies d'un homme fourbe
Neuf de pique.	et les tracas
Sept de trèfle.	d'argent.
As de pique.	Réussite. Victoire certaine.

4ᵉ tas. — Surprise :

Valet de trèfle renversé.	Un fat et
Valet de carreau.	un mauvais sujet
Sept de carreau.	causent des ennuis
Dix de pique renversé.	qui n'empêchent pas le succès définitif.

Si la consultante désire consulter l'oracle sur un point quelconque, on fait une réussite et on répond par oui ou non.

Deuxième Jeu.

Même méthode. — Deux paquets de seize cartes, après avoir bien battu les cartes et avoir fait couper de la main gauche. — Une de côté pour la surprise ; les autres étalées de gauche à droite : sept de carreau, as de carreau, huit de carreau, dame de cœur, dix de cœur, neuf de trèfle, sept de trèfle, valet de pique, neuf de cœur, roi de carreau, dame de carreau, as de trèfle, roi de cœur, valet de cœur, dame de trèfle.

2 As.	Alliance avec quelqu'un.
2 Rois.	Réussite dans une entreprise.
3 Dames.	Bavardage, malice, tromperie.
2 Valets.	Trahison.
2 Neuf.	Contentement.
2 Sept.	Amour partagé.

Le consultant est représenté par le roi de cœur : Homme blond, assez âgé.

Je compte de sept en sept et cherche la valeur absolue de chaque carte :

Dame de cœur.	Amie dévouée s'oppose aux agissements
Dame de carreau.	d'une femme querelleuse sans cœur.
As de carreau.	Lettre
Neuf de cœur.	qui annonce succès dans une affaire
Sept de carreau.	et de petits ennuis causés par un
Valet de pique.	homme sans scrupules et déloyal
Dame de trèfle.	à une dame spirituelle et cultivée
Sept de trèfle.	à propos d'argent.
Valet de cœur.	Un ami sûr et délicat aime
Neuf de trèfle.	une jeune fille blonde.
As de trèfle.	Grande réussite financière
Huit de carreau.	malgré des calomnies.

Je bats les cartes, et fais 3 tas, à côté de celui de la surprise.

1ᵉʳ tas. — Pour le consultant :

Roi de carreau.	Un ennemi cherche à lui nuire par
As de carreau.	une lettre voulant détruire
Dix de cœur.	un amour heureux
Roi de cœur.	du consultant.

2ᵉ tas. — Pour ce qu'il n'attend pas :

Sept de carreau.	Petits ennuis.
Huit de carreau.	Calomnies mises à néant
Valet de cœur.	par un ami fidèle qui
Neuf de trèfle.	assure l'heureuse issue d'une entreprise.

3ᵉ tas. — Pour la maison :

Dame de cœur.	Une dame instruite et
Dame de trèfle.	une femme tendre et délicate s'unissent
As de trèfle.	pour assurer le succès d'une entreprise financière
Dame de carreau.	malgré une femme querelleuse et fourbe

4ᵉ tas. — Surprise :

Dix de pique.	Chagrin de peu de durée qui
Sept de trèfle.	ne peut empêcher un gain honnête,
Valet de pique.	malgré un ennemi perfide qui
Neuf de cœur.	essaie de nuire à un amour fidèle..

On fait ensuite une ou plusieurs réussites pour répondre à des questions nettement formulées ou seulement pensées; point n'est besoin de les énoncer à haute voix.

Cartes tirées par trois

Premier Jeu.

Mêlez les cartes pendant une minute, coupez ou faites couper de la main gauche. Retournez successivement les cartes de trois en trois et chaque fois que deux cartes de la même couleur se présentent, mettez de côté la plus forte des deux; si les trois cartes sont de la même couleur ou si ce sont trois as, trois rois, trois dames, trois valets, etc., mettez-les de côté toutes les trois.

Battez de nouveau jusqu'à ce que vous ayez mis de côté,

15, 17, 19 ou 21 cartes; si le consultant ne s'y trouve pas, il faut recommencer les cartes jusqu'à ce qu'il vienne.

Voici l'ordre de cartes ainsi trouvées :

1, roi de pique; 2, dame de pique; 3, valet de trèfle; 4, roi de carreau; 5, valet de carreau; 6, roi de trèfle; 7, neuf de pique; 8, dix de trèfle; 9, huit de cœur; 10, as de cœur; 11, sept de cœur; 12, huit de pique; 13, neuf de carreau; 14, huit de trèfle; 15, dix de carreau; 16, dix de cœur; 17, dix de pique. Le consultant est un monsieur brun, le roi de trèfle.

3 Rois.   Affaire grave dont le résultat est heureux.
2 Valets. Trahison, embarras d'argent.
4 Dix.   Fortune inattendue. Grands honneurs.
2 Neuf.   Joie.
3 Huit.   Remariage. Le consultant doit être veuf ou divorcé.

Je compte 9 à partir du roi de trèfle et répète toujours 1 sur la carte trouvée.

Huit de trèfle.	Une jeune et jolie fille aime
Valet de carreau.	un jeune homme peu honnête mais
Neuf de carreau.	une rupture a bientôt lieu.
Roi de carreau.	Un homme hautain altier est
Huit de pique.	en grand danger de mort.
Valet de trèfle.	Un jeune homme aimable
Sept de cœur.	a un profond amour pour
Dame de pique.	une dame impérieuse acariâtre,
As de cœur.	amour contrarié par l'amour d'un
Roi de pique.	homme puissant, désagréable, sans cœur.
Huit de cœur.	Cet amour n'est que passager.
Dix de pique.	Court chagrin par suite
Dix de trèfle.	d'embarras d'argent qui ne sont que passagers.
Dix de cœur.	Amour profond et honnête.

19

Je reprends les cartes deux par deux, une à droite, l'autre à gauche.

Dix de pique et roi de pique.	Chagrin de peu de durée causé par un méchant homme.
Dix de cœur et dame de pique.	Amour profond d'une femme brune très violente.
Dix de carreau et valet de trèfle.	Insuccès grâce à un jeune homme dévoué.
Huit de trèfle et roi de carreau.	Amour d'une jeune fille blonde pour un méchant homme.
Neuf de carreau et valet de carreau.	Rupture causée par un traître.
Huit de pique et roi de trèfle.	Violente contrariété pour le consultant.
Sept de cœur et neuf de pique.	Profond chagrin d'amour.
Dix de trèfle et as de cœur.	Nouvelle heureuse d'une réussite financière.
Huit de cœur renversé.	Maîtresse inconstante.

Je bats les cartes de nouveau et je fais cinq tas :

1er tas. — Pour le consultant :

Dix de pique.	Chagrin de peu de durée malgré
Valet de carreau.	les agissements d'une foule grâce aux
Valet de trèfle.	bons offices d'un ami pour
Roi de trèfle.	le consultant.

2º tas. — Ce qu'il attend :

Huit de pique.	Chagrin violent à la suite
Dix de carreau.	d'un voyage ou d'une démarche infructueuse
Dame de pique.	près d'une femme hautaine et sans cœur.
Neuf de pique.	Catastrophe imprévue.

3ᵉ tas. — Ce qu'il n'attend pas :

Sept de cœur.	Amour profond et honnête menacé par
Roi de pique.	l'alliance de deux ennemis tout
Roi de carreau.	puissants et hautains.

4ᵉ tas. — Pour la maison :

Dix de trèfle.	Héritage inattendu.
Huit de cœur.	Amour timide d'une jeune fille blonde.
Huit de trèfle.	Grande joie très proche.

5ᵉ tas. — Surprise :

As de cœur.	Lettre qui parle
Dix de cœur.	d'un amour profond et annonce
Neuf de carreau.	quelques querelles qui passeront.

On peut confirmer toutes ces données en faisant tirer 3, 5, 7 ou 9 cartes et en donnant leurs significations absolues et relatives.

Exemple :

As de trèfle.	Succès en matière de finance malgré
Roi de carreau.	un ennemi redoutable qui tient
Huit de carreau.	de mauvais propos.

Neuf de trèfle.   Bonheur inattendu pour
Roi de trèfle.   le consultant grâce
Valet de trèfle.   à un ami parfaitement dévoué
Valet de carreau.   malgré un traître, un faux ami.
Dame de cœur.   Amitié d'une femme tendre et délicate.
Huit de trèfle.   Amour d'une jeune et jolie fille.

Deuxième Jeu.

Les cartes bien battues, coupées de la main gauche, j'opère comme dans le jeu précédent; voici le jeu :
1° As de carreau. 2° Roi de trèfle. 3° Dame de pique. 4° Dame de carreau. 5° Dame de trèfle. 6° Valet de trèfle. 7° Neuf de pique. 8° Valet de cœur. 9° As de pique. 10° Roi de cœur. 11° Sept de carreau. 12° Sept de trèfle. 13° Sept de pique. 14° As de trèfle. 15° Roi de carreau.

La consultante est représentée par la dame de trèfle.

Trois as.   Chagrins d'amour. Infidélités.
Trois rois.   Résultat heureux d'une affaire grave.
Trois dames dont   Danger de mort venant d'une femme.
  deux renversées.
Deux valets.   Revers de fortune, trahison.
3 sept.   Grand chagrin. Annonce d'un enfant.

Je compte ensuite de sept en sept et je trouve :

Sept de trèfle.   Faible gain malgré les efforts d'une
Dame de carreau.   ennemie sans cœur et sans scrupules.
Sept de carreau.   Petits ennuis dus à
Dame de pique.   une méchante femme très redoutable.
Roi de cœur.   Alliance de deux amis sincères et sûrs
Roi de trèfle.   pour surmonter des obstacles qui
As de pique renversé. resteront insurmontés.

As de carreau.	Lettre d'amour d'un
Valet de cœur.	jeune homme blond, timide et délicat.
Roi de carreau.	Un méchant homme hautain et tracassier
Neuf de pique.	est la cause d'une catastrophe doulou-
As de trèfle.	reuse en matière de finances.
Valet de trèfle.	Un ami adroit aplanit
Sept de pique.	de légères peines amoureuses, éprouvées
Dame de trèfle.	par la consultante.

Je prends les cartes deux à deux, une à droite, l'autre à gauche.

Roi de carreau et as de carreau.	Lettre d'un homme indélicat.
Roi de trèfle et as de trèfle.	Réussite financière grâce à un vieil ami.
Dame de pique et sept de pique.	Légers chagrins causés par une ennemie.
Dame de carreau et sept de trèfle.	Gain malgré une femme malhonnête.
Dame de trèfle et sept de carreau.	Un enfant pour la consultante.
Valet de trèfle et roi de cœur.	Alliance de deux amis dévoués.
Neuf de pique et as de pique renversé.	Grave embarras dans les affaires.
Valet de cœur.	Un amour délicat subsiste.

Je fais les cinq tas.

1ᵉʳ tas. — Pour la consultante :

Dame de trèfle.	La consultante en proie aux vexations
Roi de carreau.	d'un ennemi puissant
Dame de pique.	et aux tracasseries d'une méchante femme.

2ᵉ tas. — Pour la maison :

Valet de trèfle. Toutes sortes de joies inattendues grâce
Roi de trèfle.   à ces trois bons amis : 2 jeunes gens et
Valet de cœur.   un homme plus âgé et plus puissant.

3ᵉ tas. — Ce qu'on attend :

As de pique renversé. Graves ennuis.
Neuf de pique.   Violent chagrin par suite
Sept de carreau.   d'un enfant en dehors du mariage.

4ᵉ tas. — Ce qu'on n'attend pas :

Roi de cœur.   Ami serviable et dévoué qui assure une
As de trèfle.   grand réussite financière malgré
Dame de carreau.   les menées d'une femme sans cœur.

5ᵉ tas. — La surprise :

As de carreau.   Lettre qui annonce
Sept de pique.   de légers embarras
Sept de trèfle.   d'argent.

Je fais tirer 5 cartes et voici ce que je trouve :

1° As de carreau.   Lettre prochaine qui annonce
2° Dix de pique renversé.   triomphe sur un ennemi puissant
3° Roi de pique.   représenté par le roi de pique.
4° Sept de carreau.   Ennuis aplanis
5° Roi de trèfle.   par un homme d'action, ami fidèle.

Une réussite peut compléter le jeu.

Autre Jeu de la

Méthode d'Etteila.

Rappelons cette méthode :

Je prends un jeu de 32 cartes auxquelles j'ajoute une carte blanche que je numérote 1. Je numérote ensuite toutes les autres à l'exception de l'as de cœur, du neuf de pique et de l'as de pique. Je commence par l'as de carreau 2 et je continue pour les carreaux, puis je numérote les cœurs, les piques, les trèfles toujours par voie hiérarchique. Le sept de trèfle porte le numéro 30.

Je bats bien les cartes, je coupe ou je fais couper de la main gauche. J'enlève la troisième et la trente-troisième carte du jeu qui constitueront la surprise. Je prends les 12 premières que j'étends de droite à gauche; si le consultant s'y trouve, je commence l'explication (dame de cœur); sinon je bats de nouveau et je coupe jusqu'à ce qu'il y vienne.

Les cartes sont ainsi disposées :

1° Sept de pique. 2° Dame de cœur. 3° As de trèfle. 4° Sept de trèfle. 5° Carte blanche. 6° As de pique (renversé). 7° Roi de cœur. 8° Roi de trèfle. 9° Huit de trèfle. 10° Huit de pique. 11° As de carreau. 12° Dix de cœur.

Sept de pique.	Légères contrariétés d'amour
Dame de cœur.	pour la consultante.
As de trèfle.	Réussite dans une entreprise financière
Sept de trèfle.	et gain honnête.
As de pique.	Tout cela menacé de disparaître malgré
Roi de cœur.	les efforts d'un ami serviable et dévoué
Roi de trèfle.	et d'un homme d'action qui vous protège.
Huit de trèfle.	Une jeune fille, jolie et intelligente,
Huit de pique.	vous cause un violent chagrin par
As de carreau.	une lettre prochaine qui vous fait prévoir
Dix de cœur renversé.	un amour peu durable.

J'additionne ensuite les chiffres des 12 cartes.

Sept de pique	22
Dame de cœur	11
As de trèfle	23
Sept de trèfle	30
Carte blanche	1
As de pique	non numéroté
Roi de cœur	10
Roi de trèfle	24
As de trèfle	29
As de pique	21
As de carreau	2
Dix de cœur	10
	183

Ces faits s'accompliront dans un délai de cent quatre-vingt-trois jours.

Je relève ensuite les cartes deux par deux, l'une à droite, l'autre à gauche, et j'explique de nouveau :

Dix de cœur et sept de pique.	Chagrins passagers d'amour.
As de carreau et dame de cœur.	Une lettre pour la consultante.
As de trèfle et huit de pique.	Des embarras très graves d'argent.
Sept de trèfle et huit de trèfle.	Grande joie prochaine, héritage.
Carte blanche et roi de trèfle.	Un ami très dévoué et une haute influence ne peuvent empêcher des ennuis.
Roi de cœur et as de pique renversé.	

Je relève les deux cartes de la surprise :

Dame de trèfle et dix de pique. Une dame intelligente et distinguée va éprouver un chagrin d'amour dans $25 + 20 = 45$ jours.

On peut, grâce à ce procédé, répondre à toutes les questions. Exemple : Ce que je redoute arrivera-t-il ?

Je bats les cartes, je les coupe de la main gauche et j'étends les cinq premières de droite à gauche :

Ces cartes sont : 1, sept de trèfle ; 2, dame de carreau ; 3, dame de pique ; 4, sept de pique ; 5, dame de cœur.

Un gain honnête est donc compromis par les agissements de deux ennemies acharnées à votre perte et qui ne réussiront qu'à vous causer des ennuis sans importance ni durée. Tout cela dans $30 + 4 + 18 + 22 + 20 = 94$ jours.

On peut ainsi obtenir très facilement la réponse à toutes les questions posées ou simplement pensées et non exprimées.

Voici du reste encore un autre exemple de l'application de cette méthode :

Deuxième Jeu.

Je bats les cartes, je coupe de la main gauche, je mets la troisième et la trente-troisième de côté pour la surprise.

J'étends de droite à gauche les douze premières :

1, huit de trèfle ; 2, huit de pique ; 3, valet de carreau ; 4, huit de cœur ; 5, sept de carreau ; 6, dix de trèfle ; 7, valet de cœur ; 8, sept de cœur ; 9, sept de pique ; 10, dame de cœur ; 11, dix de pique ; 12, dame de carreau.

Le consultant est un jeune homme blond, le valet de cœur.

Je suppose les cartes numérotées comme il a été dit précédemment :

29	Huit de trèfle renversé.	Une liaison de peu de durée causera
21	Huit de pique.	une violente contrariété qui sera due
5	Valet de carreau.	à un faux ami, un traître qui séduit
15	Huit de cœur.	la maîtresse volage. A côté de
9	Sept de carreau.	cela des ennuis peu graves, mais
27	Dix de trèfle.	désagréables, à propos d'argent.
106	(*A reporter.*)	

106 (*Report.*)
12 Valet de cœur.   Le consultant éprouve un amour chaste
16 Sept de cœur.   et timide pour une jeune fille blonde.
22 Sept de pique.   Cet amour lui cause de légers soucis qui
11 Dame de cœur.   disparaissent vite grâce à une dame
                         discrète et aimante.
20 Dix de pique ren-   Triomphe sur une
    versé.
 4 Dame de carreau.   ennemie cruelle et violente.
___
191

Tout cela dans 191 jours.

Je prends les cartes deux à deux, une à gauche, l'autre à droite, et je trouve :

Huit de trèfle renversé et   Liaison de peu de durée avec une
dame de carreau.   méchante femme.

Sept de pique et dix de   Légers chagrins d'amour.
pique.

Valet de carreau et dame   Une véritable amie détruit les calom-
de cœur.   nies d'un traître.

Huit de cœur et sept de   Peines passagères causées par une
pique.   jolie fille.

Sept de carreau et sept de   Ennuis à la suite d'un amour par-
cœur.   tagé.

Dix de trèfle et valet de   Gain d'un procès pour le consul-
cœur.   tant.

Je relève les deux cartes de la surprise :

Neuf de pique renversé; sept de trèfle renversé. Perte de sa fortune. Violent chagrin dans $0 + 30 = 30$ jours.

Question posée : Me marierai-je avec celui auquel je pense ?

Je bats, je coupe de la main gauche et j'étends de droite à gauche les cinq premières cartes.

Valet de pique : Un ennemi acharné, homme sans honneur et sans scrupule, causera à la consultante (dame de cœur) de violents ennuis (sept de pique), qui seront de peu de durée (dix de pique), malgré les calomnies d'une femme malhonnête et sans cœur.

Tout cela dans $19 + 22 + 11 + 20 + 4 = 76$ jours.

Cartes tirées par 7.

Je bats les cartes assez longuement, je fais couper de la main gauche. Je rejette les six premières cartes et je mets la septième de côté; je continue jusqu'à la fin du jeu, et je recommence trois fois. J'obtiens ainsi douze cartes que j'étends de gauche à droite. Si le consultant ne s'y trouve pas, je recommence jusqu'à ce qu'il apparaisse.

Voici l'ordre dans lequel les cartes se présentent :

1, as de trèfle; 2, huit de carreau; 3, dame de cœur; 4, valet de carreau; 5, roi de pique; 6, dix de trèfle; 7, roi de trèfle; 8, as de cœur; 9, huit de cœur; 10, huit de pique; 11, dame de trèfle; 12, as de carreau.

La consultante est une dame brune, la dame de trèfle :

2 rois renversés.	Succès douteux d'une entreprise.
2 dames, 1 renversée.	Rivalité.
3 as.	Chagrins d'amour.
3 huit.	Nouveaux liens de famille : remariage.

Je compte 8 à partir de la consultante, la dame de trèfle :

Dix de trèfle.	Réussite financière
As de carreau.	annoncée par une lettre
Roi de trèfle.	d'un vieux monsieur dévoué.

Huit de carreau.	Rivalité de deux jeunes filles,
Huit de cœur.	toutes deux jolies et aimantes, excitées
Valet de carreau.	par un faux ami et un mauvais confident,
Huit de pique.	D'où violent chagrin.
Roi de pique.	Un homme sans honneur et sans loyauté
As de cœur.	aime violemment une
Dame de cœur.	dame de nature délicate et tendre.
As de trèfle.	Héritage inespéré pour
Dame de trèfle.	la consultante.

Je reprends les cartes deux à deux, une à gauche, une à droite :

As de carreaux et as de trèfle.	Lettre annonçant un héritage.
Huit de carreau et dame de trèfle.	Joie prochaine pour la consultante.
Dame de cœur et huit de pique.	Vive contrariété pour une amie dévouée.
Valet de carreau et huit de cœur.	Amour d'une jeune fille blonde pour un mauvais sujet.
Roi de pique et as de cœur.	Amour violent d'un homme puissant et altier.
Dix de trèfle et roi de trèfle.	Réussite financière grâce à un vieil ami.

Je forme ensuite 5 tas : 2 de 3 cartes et 3 de 2 cartes :

1ᵉʳ tas. — Pour la consultante :

Huit de carreau.	Grande joie prochaine annoncée
Roi de trèfle.	par un homme d'action
As de carreau.	dans une lettre.

2ᵉ tas. — Pour la maison :

Dame de cœur.	Amitié d'une femme délicate et tendre.
Huit de cœur.	Amour éprouvé par une jeune fille blonde et timide.
As de trèfle.	Réussite en matière de finances.

3ᵉ tas. — Pour ce qu'elle attend :

Valet de carreau.	Menées indélicates d'un faux ami qui
As de cœur.	gâtent une joie d'amour.

4ᵉ tas. — Ce qu'elle n'attend pas :

Roi de pique.	Un homme violent et tracassier cause
Huit de pique.	une violente douleur.

5ᵉ tas. — Surprise :

Dame de trèfle.	La consultante fait un gain
Dix de trèfle.	inattendu et inespéré.

Et je termine le tout par une réussite soit à la méthode d'Etteila, soit de la méthode française, soit de celles qui se trouvent à la fin du livre.

Cartes tirées par 21.

Battez bien les 32 cartes. Faites couper de la main gauche, rejetez les 11 premières et étendez les 21 autres. Si le consultant se trouve parmi ces 21 on commence l'explication, s'il n'y est pas, on bat de nouveau les cartes et ainsi jusqu'à ce qu'il vienne. Voici les cartes ainsi trouvées : Le consultant est représenté par le roi de cœur, un monsieur blond.

1, neuf de pique; 2, dame de trèfle; 3, dix de trèfle; 4, roi de carreau; 5, neuf de trèfle; 6, sept de carreau; 7, sept de trèfle; 8, sept de pique; 9, roi de pique; 10, valet de carreau; 11, huit de pique; 12, valet de trèfle; 13, dix de cœur; 14, neuf de carreau; 15, huit de trèfle; 16, as de pique; 17, neuf de cœur; 18, as de trèfle; 19, dix de carreau; 20, roi de cœur; 21, dix de pique.

2 As.   Alliance dans un but ignoré.
3 Rois.   Résultat heureux dans une affaire grave.
4 Dix.   Fortune inespérée.
4 Neuf.   Événements joyeux et inattendus.
2 Huit.   Amourettes sans importance.
3 Sept.   Paternité prochaine.
2 Valets. Danger prochain. Trahison.

Je compte les cartes par 11 à partir de la carte suivant le roi de cœur, la onzième est le valet de carreau; je compte 1 sur la suivante et ainsi de suite.

Valet de carreau. Un faux confident, un traître cause
Dix de pique.   d'abord des peines légères, puis des
Huit de pique.   embarras plus graves et enfin
Neuf de pique.   de vives contrariétés qu'un
Valet de trèfle.   véritable ami ne peut écarter.
Dame de trèfle.   Une dame instruite, distinguée, belle,
Dix de cœur.   qui a un cœur aimant et devient
Dix de trèfle.   riche par suite d'un héritage,
Neuf de carreau.   rompt toutes relations avec le consultant
Roi de carreau.   par suite de l'intervention d'un militaire.
Huit de trèfle renversé. Liaison de peu de durée
Neuf de trèfle renversé. après un succès de peu de durée et
As de pique renversé.   un profond découragement et
Sept de carreau.   des ennuis répétés.

Neuf de cœur.	Heureuse issue d'une affaire qui
Sept de trèfle.	amène un gain suffisant,
As de trèfle renversé.	malgré des obstacles et
Sept de pique.	quelques désagréments.
Dix de carreau.	Démarche infructueuse par suite
Roi de pique.	de la mauvaise volonté d'un homme
Roi de cœur.	hautain pour le consultant.

Je les relève deux par deux, une à droite, une à gauche.

Neuf de pique et dix de pique.	Après de légers chagrins une violente douleur.
Dame de trèfle et roi de cœur.	Mariage d'une femme instruite avec le consultant.
Dix de trèfle et dix de carreau.	Réussite en affaire à la suite d'un voyage.
Roi de carreau et as de trèfle.	Heureux succès d'une entreprise malgré un militaire.
Neuf de trèfle et neuf de cœur.	Joie inattendue causée par le gain d'un procès.
Sept de carreau et as de pique.	Petits ennuis suivis de grands avantages.
Sept de trèfle et huit de trèfle.	Gain inattendu et conquête d'un cœur.
Sept de pique et neuf de carreau.	Légères contrariétés et rupture d'amour.
Roi de pique et dix de cœur.	Un ennemi se met en travers d'un profond amour.
Valet de carreau et valet de trèfle. Huit de pique.	Lutte d'un ami et d'un ennemi d'où résulte pour vous une grande peine.

Je fais 5 paquets dont l'un a 5 cartes et les autres 4.

1ᵉʳ tas. — Pour le consultant :

Sept de pique.	Légers ennuis éprouvés par
Dame de trèfle.	une dame aimée, élégante, distinguée,
As de pique.	aimable, mais grands avantages obtenus
Dix de pique.	malgré des désagréments de courte
Huit de trèfle.	durée causés par une jeune fille blonde.

2ᵉ tas. — Pour la maison :

Valet de carreau.	Un faux ami et mauvais confident
Roi de carreau.	s'unit à un militaire arrogant et hautain
Sept de carreau.	pour s'opposer à un gain loyal et honnête
As de trèfle renversé.	que vous devez faire, et réussissent à mettre des obstacles dans l'accomplissement de vos souhaits.

3ᵉ tas. — Pour ce qu'on attend :

Huit de pique.	Violent chagrin dû
Dix de cœur.	à la perte d'un amour profond et sûr.
Dix de carreau.	Démarches infructueuses qui nécessitent
Sept de trèfle.	un voyage d'où résultera un gain rémunérateur et suffisant.

4ᵈ tas. — Pour ce qu'on n'attend pas :

Neuf de pique.	Catastrophe imprévue, long chagrin
Valet de trèfle.	que consolent deux amis dévoués
Roi de cœur.	et sûrs : un jeune homme blond et un homme plus âgé.
Neuf de carreau.	A la suite de cela, rupture en amour. Fin d'une longue liaison.

5ᵉ tas. — La surprise :

Roi de pique.	Un ennemi déloyal essaie de
Dix de trèfle.	vous nuire dans les affaires et
Neuf de cœur.	surtout dans une entreprise financière
Neuf de trèfle.	mais ne peut empêcher le gain de votre
	procès, l'heureuse issue de vos tracas.

Une réussite termine le jeu et répond à telle question qu'il plaît au consultant de poser.

Cartes obtenues par la méthode italienne.

Battez les cartes une minute, coupez-les ou faites-les couper de la main gauche. Retournez-les trois par trois. Toutes les fois que parmi ces cartes il s'en trouve deux de même couleur, on prend la plus forte ; s'il s'en trouve deux de même valeur on prend celle qui est le plus près du pouce. Si elles sont toutes trois de même couleur ou de même valeur, on les prend toutes les trois. On bat les cartes et on recommence jusqu'à ce qu'on en ait obtenu 15. Si la consultante n'y était pas, il faudrait procéder à une nouvelle opération jusqu'à ce qu'elle vienne.

Voici les cartes ainsi obtenues. La consultante est une dame brune, la dame de trèfle.

1, dame de pique ; 2, as de carreau ; 3, huit de pique ; 4, roi de carreau ; 5, dix de trèfle ; 6, as de trèfle ; 7, valet de cœur ; 8, as de cœur ; 9, dame de cœur ; 10, huit de cœur ; 11, dame de carreau ; 12, valet de carreau ; 13, roi de cœur ; 14, neuf de pique ; 15, dame de trèfle.

3 as.	Chagrins d'amour et infidélités.
2 rois.	Réussite dans une entreprise.
4 dames.	Bavardages et calomnies.

2 valets. Revers de fortune. Trahison.
2 huit. Amourettes sans importance.

Je compte 5 à partir de la consultante, la cinquième carte est le roi de carreau; je compte 5 encore, roi de carreau 1, etc., jusqu'à ce que je revienne à mon point de départ.

Je trouve les cartes suivantes, que j'explique :

Roi de carreau.	Un officier, fier et altier, vous
As de cœur.	écrit une lettre d'amour.
Valet de carreau.	Un faux ami et
Dame de pique.	une ennemie violente et acharnée
Dix de trèfle.	s'opposent à la réussite d'une entreprise financière.
Dame de cœur.	Une véritable amie et
Roi de cœur.	un homme puissant, de grand bon sens,
As de carreau.	s'y intéressent et vous écrivent une lettre
As de trèfle.	vous annonçant pleine réussite.
Huit de cœur.	Une jeune fille blonde cause
Neuf de pique.	une violente douleur,
Huit de pique.	de vives contrariétés, que console
Valet de cœur.	un ami timide, réservé, délicat.
Dame de carreau.	Un ennemi perfide est à craindre
Dame de trèfle.	pour la consultante.

Je réunis les cartes deux par deux, une de droite, une de gauche :

Dame de pique et dame de trèfle.	Ennemie acharnée près de la consultante.
As de carreau et neuf de pique.	Violente douleur annoncée par une lettre.
Huit de pique et roi de cœur.	Grand chagrin pour celui que vous aimez.

Roi de carreau et valet de carreau.	Alliance de deux ennemis contre vous.
Dix de trèfle et dame de carreau.	Réussite financière malgré une ennemie.
As de trèfle et huit de cœur.	Argent et amour, l'un apportant l'autre.
Valet de cœur et dame de cœur.	Mariage d'un jeune homme blond avec une dame de vos amies.
As de cœur.	Profond amour persévérant.

Je fais cinq tas et je relève les cartes :

1ᵉʳ tas. — Pour le consultant :

Dame de carreau.	Une ennemie écrit
As de carreau.	une lettre pleine de médisances
Dame de trèfle.	à la consultante.

2ᵉ tas. — Pour la maison :

Huit de cœur.	Jeune fille blonde éprouve un
Huit de pique.	grand amour qui apporte avec lui
Neuf de pique.	de violents succès et des chagrins.

3ᵉ tas. — Pour ce qu'on attend :

Dame de cœur.	Une amie fidèle empêche un
Roi de carreau.	homme violent de s'opposer à la
As de trèfle.	réussite d'une affaire engagée.

4ᵉ tas. — Pour ce qu'on n'attend pas :

As de cœur.	Violent amour et offre considérable
Dix de trèfle.	d'argent,
Valet de cœur.	par un monsieur blond de vos amis.

5ᵉ tas. — Surprise :

Dame de pique.   Alliance contre vous d'une ennemie
Roi de cœur.   implacable, d'un ennemi sans scrupules
Valet de carreau. et d'un faux ami : d'où danger imminent.

Et je termine le jeu par une ou plusieurs réussites selon les désirs du consultant. Il ne faut pas craindre de poser plusieurs fois la même question, afin d'éviter les réponses peu justes.

Méthode la plus généralement usitée pour dire la bonne aventure.

Prendre un jeu de trente-deux cartes; les numéroter; les bien battre; faire couper de la main gauche ou couper soi-même. Le consultant est représenté par le valet de cœur si c'est un jeune homme blond; un brun l'est par le valet de trèfle. Un homme brun, le roi de trèfle; un homme blond, le roi de cœur.

La dame de cœur représente une femme blonde; la dame de trèfle une femme brune; le 8 de cœur une jeune fille blonde; le 8 de trèfle une jeune fille brune.

Les cœurs et les trèfles sont des cartes favorables; les piques et les carreaux sont toujours de mauvais augure.

On relève les cartes trois par trois, comme il est dit dans la méthode française; si deux cartes de même couleur se rencontrent, on prend la plus forte; si ce sont deux cartes de même valeur, la plus près du pouce; on prend les trois cartes quand elles sont de même couleur ou de même valeur, on recommence par trois fois jusqu'à ce qu'on ait 15, 17, ou 19 cartes. Si on trouvait un chiffre pair, ou s'il manquait des cartes, on ferait tirer le consultant; et si le consultant lui-même manquait on l'ajouterait, ceci simplifie les explications.

Le consultant est un jeune homme brun, le valet de trèfle.

Voici les cartes trouvées ; bien observer les numéros.

1, roi de trèfle ; 2, neuf de carreau ; 3, as de cœur ; 4, as de carreau ; 5, neuf de pique ; 6, valet de pique ; 7, valet de trèfle ; 8, roi de pique ; 9, huit de pique ; 10, sept de carreau ; 11, valet de cœur ; 12, huit de carreau ; 13, dame de trèfle ; 14, dame de pique ; 15, neuf de cœur ; 16, dix de cœur ; 17, dame de cœur.

2 as, 1 renversé.	Alliance en vue du bien.
2 rois renversés.	Réussite après des obstacles.
3 dames, 2 renversées.	Caquets, mais peu funestes.
3 valets, 1 renversé.	Dangers qu'on évitera.
3 neuf renversés.	Discussions et embarras.
2 huit, 1 renversé.	Plaisirs suivis de peine.

Je compte ensuite à partir de la carte qui suit le valet de cœur 9 et je commence par la carte qui suit la neuvième.

As de cœur.	Grand amour qui sera accompagné de
Huit de carreau.	mauvais propos adressés
As de carreau.	dans une lettre
Dame de trèfle.	à une dame brune instruite et aimable
Neuf de pique.	et lui causeront du chagrin.
Dame de pique.	Une ennemie violente et un
Valet de pique renversé.	homme mal élevé et déshonnête ne peuvent
Neuf de cœur.	empêcher la réussite d'une affaire,
Valet de trèfle.	grâce à un ami fidèle et adroit.
Dix de cœur.	Bonheur en amour,
Roi de pique.	malgré un ennemi déloyal,
Dame de cœur.	grâce à une amie aimante et sincère.
Huit de pique.	Grande douleur
Roi de trèfle.	éprouvée pour un vieil ami,
Sept de carreau.	à la suite de propos inconsidérés
Neuf de carreau.	et d'une rupture en amour
Valet de cœur.	pour le consultant.

Je les rassemble deux par deux, une de droite, une de gauche.

Roi de trèfle et dame de cœur.	Alliance d'un protecteur et d'une amie.
Neuf de carreau et dix de cœur.	Contretemps. Rupture.
As de cœur et neuf de cœur.	Grande joie avec un nouvel amour.
As de carreau et dame de pique.	Lettre d'une ennemie.
Neuf de pique et dame de trèfle.	Chagrin violent pour une personne aimée.
Valet de pique et huit de carreau.	Méchants propos d'un ennemi.
Valet de trèfle et valet de cœur.	Deux amis se liguent pour les empêcher.
Roi de pique et sept de carreau.	Persécution d'un ennemi qui
Huit de pique.	cause de vives contrariétés.

Je fais ensuite 5 tas, dont 3 de 3 cartes et 2 de 4 cartes.

1er tas. — Pour le consultant :

Valet de pique.	Ennemi qui essaie de nuire
As de carreau.	par des lettres
Valet de cœur.	dont le mauvais effet est détruit
Dame de cœur.	par deux excellents amis.

2e tas. — Pour la maison :

Valet de trèfle.	Jeune homme aimable et instruit
Neuf de pique.	éprouve de violents ennuis,
Huit de carreau.	à la suite de mauvais propos
Dix de cœur.	sur la personne qu'il aime.

3ᵉ tas. — Pour ce que l'on attend :

Roi de trèfle. Protection d'un homme influent
Roi de pique. à laquelle s'oppose en vain un ennemi,
Dame de trèfle. grâce à une amie dévouée.

4ᵉ tas. — Pour ce que l'on n'attend pas :

Dame de pique. Une ennemie implacable
Huit de pique. amène une catastrophe imprévue
Neuf de carreau. et une rupture en amour.

5ᵉ tas. — Surprise :

As de cœur. Violent amour malgré
Sept de carreau. les bavardages et les médisances
Neuf de cœur. pour une jeune fille blonde.

Le tout se termine par une réussite quelconque ou bien par le tirage de quelques cartes dont on indique la signification, absolue d'abord, par groupements ensuite.

Autres réussites d'après Mˡˡᵉ Lenormand.

I. — *Les Treize.*

On prend un jeu entier ; on place deux rangées de 5 cartes retournées devant soi et on a soin de ne pas oublier que 2 rois valent 13, la dame 12, le valet 11 ; l'as 1 et les autres cartes les points qu'elles indiquent.

On enlève deux par deux les cartes qui en s'additionnant donnent 13 points comme somme et on remplace les cases vides par les autres cartes.

La réussite est favorable si le jeu est complètement épuisé par couples valant 13 points.

Si l'on est arrêté avant la fin, elle est complètement défavorable ; si l'on va assez loin, la réponse est moins mauvaise.

II. — *La babillarde.*

On prend un jeu de 32 cartes que l'on tient dans sa main gauche; on les jette une à une en les retournant et en nommant successivement : as, sept, huit, neuf, dix, valet, dame, roi. Quand on retourne la carte qu'on appelle, on la met de côté et on continue ainsi jusqu'à ce que toutes les cartes soient mises de côté.

Quand on réussit au bout de vingt fois, la réussite est favorable.

III. — *La rouge et la noire.*

On prend deux jeux entiers et on pose une rangée de 10 cartes. On place au-dessus les as que l'on peut trouver ainsi que les cartes qui peuvent prendre place sur les as pour former des générations ascendantes de l'as au roi. On comble les vides produits à mesure et l'on examine si l'on ne trouve pas de cartes pouvant former des lignes descendantes en alternant de couleurs, afin de pouvoir compléter par là les rangées ayant l'as pour base. Exemple : le valet de cœur sur la dame de pique, le 10 de trèfle sur le valet de cœur, et ainsi de suite.

On pose les cartes une à une et on veille à ce qu'aucune carte pouvant être posée sur les souches ou sur les paquets de dépôts ne passe inaperçue; on comble toujours les vides par les cartes du talon.

Le jeu épuisé, on reprend le talon, on recommence la même opération et la réussite est complète si les souches sont régulières.

IV. — *L'Espoir.*

On prend un jeu de 32 cartes et on fait choix d'une couleur, le cœur, par exemple. On prend les 15 premières cartes 3 par 3 et on met de côté les cœurs qui s'y trouvent. On ramasse les cartes qu'on a mises de côté, on les mêle avec les autres et on recommence ; on prend à nouveau 3 par 3 quinze cartes dont on retire les cœurs ; on mêle encore une fois au talon les cartes mises de côté ; on lève 15 cartes 3 par 3. Si au bout de ces trois fois tous les cœurs sont réunis, la réussite est favorable.

V. — *Les couleurs.*

On prend les 4 as d'un jeu de 32 cartes et on les place l'un à côté de l'autre en alternant les couleurs. On tire les cartes et on place sur les as, dans l'ordre ascendant, les cartes de la même famille ; celles qui ne conviennent pas sont placées en 4 talons. Lorsqu'on le peut, on met sur les souches les cartes des talons qui peuvent servir et on les remplace immédiatement. Les talons se relèvent 3 fois, et la réussite est favorable lorsque les souches sont complètes et terminées par les rois.

VI. — *La plus belle.*

Cette réussite se fait avec 52 cartes, dont on laisse de côté 1 as, 2 deux, 1 trois, 2 quatre, 1 six et 1 huit. Ces 8 cartes sont placées sur la table dans l'ordre que l'on vient d'indiquer. Le roi vaut 13, la dame 12, le valet 11 et les cartes les points qu'elles marquent.

On pose les 8 cartes primitives, ainsi :

As	2	3	4
2	4	6	8

On pose les cartes sur la table et dès qu'on rencontre une carte dont la valeur est égale à celle des deux cartes perpendiculaires, on la place sur la carte du bas. On pose ainsi un 3 sur le 2, un 6 sur le 4, un 9 sur le 6, une dame sur le 8.

Quand le total est plus élevé que 13, on retranche le chiffre et on met sur la carte du bas une carte valant la différence.

Exemple : 2 cartes additionnées donnent 16; on retranche 13, il reste 3; on pose un 3 sur la carte inférieure. Quand le jeu est épuisé, on prend garde de déranger l'ordre du talon et on recommence jusqu'à trois fois. Si toutes les cartes sont placées, la réussite est favorable, sinon elle est manquée et tout à fait défavorable.

Pour que la réussite soit bonne, il faut que les 4 paquets inférieurs soient terminés par des rois.

Les cartes se présentent ainsi :

1	2	3	4
2	4	6	8
3	6	9	12
4	8	12	3
5	10	2	7
6	12	5	11
7	1	8	2
8	3	11	6
9	5	1	10
10	7	4	1
11	9	7	5
12	11	10	9
13	13	13	13

Cette réussite est la plus belle et la plus intéressante de toutes.

TABLE DES MATIÈRES

Avant-propos... 5

LES LIGNES DE LA MAIN

I. — Ce que c'est que la Chiromancie........................ 9
II. — Influence de la date de la naissance sur le tempérament. 10
III. — Examen de la main. Considérations générales.......... 13
IV. — Division de la main.................................. 15
V. — Qualité de la main................................... 21
VI. — La paume de la main................................. 21
VII. — Les doigts. Considérations générales................. 23
VIII. — La forme des doigts................................. 24
IX. — Importance du pouce................................. 27
X. — Dispositions particulières des doigts................. 31
XI. — Les ongles.. 33
XII. — Les monts en général................................ 34
XIII. — Le mont de Vénus, le pouce.......................... 36
XIV. — Le mont de Jupiter et l'index....................... 40
XV. — Le mont de Saturne et le doigt du milieu............ 42
XVI. — Le mont du Soleil et l'annulaire.................... 45
XVII. — Le mont de Mercure et l'auriculaire................. 47
XVIII. — Le mont de la Lune.................................. 51
XIX. — Les lignes de la main. Observations générales....... 53
XX. — De la division des lignes........................... 54
XXI. — De la ligne de vie. Pourquoi elle est appelée ligne de vie. 57
XXII. — De la ligne de tête................................. 63
XXIII. — La ligne hépatique.................................. 69
XXIV. — De la ligne du cœur................................. 74

XXV.	— La rascette ou restreinte......................	78
XXVI.	— La ligne de chance...........................	82
XXVII.	— La voie lactée................................	84
XXVIII.	— Signes particuliers...........................	86
XXIX.	— Résumé sur les données fournies par les lignes de la main....................................	87
XXX.	— L'utilité de la Chiromancie..................	89

L'ÉCRITURE

I.	— Utilité de la Graphologie......................	91
II.	— Les principes de la Graphologie...............	97
III.	— Signes graphologiques.........................	100
IV.	— Signes généraux..............................	101
V.	— Les signes particuliers........................	124
VI.	— Les résultantes...............................	156
VII.	— Analyse de l'écriture. — Principes fondamentaux.......	161
VIII.	— Exemples d'analyses graphologiques............	173

LA PHYSIONOMIE

I.	— Principes de la Physionomie...................	187
II.	— Définition de la Physiognomonie...............	188
III.	— Objection contre cette étude..................	189
IV.	— La facilité...................................	189
V.	— Règles générales.............................	190
VI.	— Le front.....................................	195
VII.	— Les yeux....................................	197
VIII.	— Les sourcils..................................	199
IX.	— Le nez......................................	200
X.	— La bouche...................................	203
XI.	— Les dents....................................	205
XII.	— Le menton...................................	206
XIII.	— La barbe....................................	207
XIV.	— Les joues....................................	207
XV.	— Les oreilles..................................	208
XVI.	— Le cou......................................	209
XVII.	— Les cheveux.................................	210
XVIII.	— La face et la couleur de la figure.............	211
XIX.	— L'ensemble de la tête........................	212
XX.	— Physionomies nationales ou provinciales........	213

XXI. — Ressemblance de certaines physionomies avec des animaux ou des fleurs.................................. 214
XXII. — Les silhouettes.. 215
XXIII. — Importance des études physiognomoniques............ 217

L'ÉTUDE DE LA TÊTE

I. — Définition et histoire de la Phrénologie................. 221
II. — Principe fondamental de la Phrénologie................ 222
III. — Divisions du crâne et divisions phrénologiques......... 223
IV. — Les instincts et les penchants........................ 226
V. — Les facultés morales................................. 232
VI. — Facultés intellectuelles............................... 237
VII. — Observations générales.............................. 241

LA CARTOMANCIE

I. — Signification des couleurs............................ 248
II. — Hiérarchie des Cartes................................ 249
III. — Interprétation de chaque carte en particulier.......... 249
IV. — Groupements des différentes cartes................... 255
V. — Diverses méthodes pour battre les cartes............. 260
VI. — Méthode italienne................................... 275
VII. — Méthode mixte...................................... 278
VIII. — Les réussites...................................... 281
IX. — Autres jeux.. 283

Bibliothèque de Classiques

ÉDITÉS SPÉCIALEMENT

POUR LES MAGASINS DU « BON MARCHÉ »

PRIX EXCEPTIONNEL : **1 fr. 95**

Reliure genre amateur, tête rouge

Œuvres de Beaumarchais, Théatre et Mémoires, *illustrées* de 3 dessins de Gravelot d'après les originaux du xviiie siècle, 5 gravures de Saint-Quentin d'après l'édition originale de la *Folle Journée* (1785), 6 dessins inédits de Slom et 2 portraits de Beaumarchais. 1 vol.

Œuvres de Molière (d'après l'édition de 1734), *illustrées des dessins et des culs-de-lampe* de Boucher et du portrait de Molière par Coypel. 2 vol. de 512 pages chacun.

Œuvres de Corneille illustrées des dessins de Gravelot, placés en tête de chaque pièce, de culs-de-lampe et de deux portraits de Corneille. 2 vol. de 512 pages chacun.

Fables de La Fontaine illustrées de 81 gravures du xviiie siècle tirées du *La Fontaine en Estampes,* de 31 fac-simile des dessins d'un manuscrit du xive siècle et du portrait de La Fontaine d'après Ch. Lebrun. 1 vol. de 450 pages.

Œuvres de Racine (d'après l'édition de 1760) *illustrées* d'un portrait, de 12 gravures hors texte, de 12 en-têtes et de 49 culs-de-lampe, par Jacques De Sève. 2 vol. de 450 pages chacun.

VENTE EXCLUSIVE AUX « MAGASINS DU BON MARCHÉ »

BIBLIOTHÈQUE « UTILE A TOUS »

La Cuisine du Siècle. Dictionnaire pratique de recettes culinaires et de recettes de ménage. 200 menus à l'usage de tous, par Catherine de BONNECHÈRE. Un volume de 320 pages avec figures, relié en toile pleine. . . . . **1 fr. 45**

Les Usages du Siècle. Lettres, conseils pratiques, savoir-vivre, par une Parisienne. Un volume relié, de 320 pages, avec figures. **1 fr. 45**

L'Hygiène du Siècle. Dictionnaire de médecine pratique et de pharmacie, par un docteur de la Faculté de Paris, ex-interne des hôpitaux. Un beau volume de 320 pages, relié en toile pleine. . . . **1 fr. 45**

Droit usuel du Siècle. Dictionnaire pratique, nouveau guide en affaires, par un Praticien, docteur en droit. Un joli volume de 320 pages, relié en toile pleine. . . . . **1 fr. 45**

Les Recettes du Siècle. Nouveau Dictionnaire pratique d'économie domestique pour la ville et pour la campagne. Un magnifique volume de 320 pages, relié en toile pleine. . . . . **1 fr. 45**

www.ingramcontent.com/pod-product-compliance
Lightning Source LLC
Chambersburg PA
CBHW071255160426
43196CB00009B/1297